Märchen, Fabeln, Traum-geschichten

Märchen, Fabeln, Traumgeschichten

Mit 100 Illustrationen von Arthur Rackham

Moewig Verlag KG Rastatt

Titel der Originalausgabe: »Once Upon A Time. The Fairy Tale World of Arthur Rackham.«
Übersetzung aus dem Englischen bzw. Neubearbeitung unter Verwendung der deutschen Erstausgaben: Ursula Schmidt-Steinbach

Genehmigte Ausgabe der Viking Press, Inc. 625 Madison Avenue, New York

Umschlaggestaltung: Diethard Kokoska
Buchausstattung: Hans-Dieter Fauti
Satz: Knauer Layoutsatz GmbH, Stuttgart
Druck und Bindung: Uhl, Radolfzell
Printed in Germany
ISBN: 3-8118-0135-X

Inhaltsverzeichnis

		Seite
Washington Irving	Rip van Winkle	*7*
Lewis Carroll	Alice im Wunderland	*33*
Charles und Mary Lamb	Drei Shakespeare-Erzählungen	
	Der Widerspenstigen Zähmung	*105*
	Ein Sommernachtstraum	*113*
	Romeo und Julia	*126*
Charles Dickens	Ein Weihnachtslied in Prosa	*139*
	Äsopische Fabeln	*209*
J. M. Barrie	Peter Pan im Stadtpark	*223*

Rip van Winkle

Washington Irving

Rip van Winkle

Wer jemals eine Reise den Hudson hinauf gemacht hat, muß sich der Kaatskillberge erinnern. Sie sind ein abgesonderter Zweig des großen Stammes der Appalachen. Man kann sie fern im Westen des Flusses sehen, wie sie sich zu einer stattlichen Höhe erheben und die umliegende Gegend beherrschen. Jeder Wechsel der Jahreszeit, jeder Wechsel der Witterung, ja jede Stunde des Tages bringt eine Veränderung in den magischen Farben und Formationen dieser Berge hervor, und alle Hausfrauen weit und breit betrachten sie als ideale Barometer. Bei schönem und beständigem Wetter sind sie in Blau und Purpur gekleidet und drücken ihre kühnen Umrisse am klaren Abendhimmel ab; doch bisweilen, wenn die übrige Landschaft noch wolkenlos ist, sammeln sie um ihre Gipfel einen Kranz grauer Dünste, welcher in den letzten Strahlen der untergehenden Sonne wie eine Ruhmeskrone glitzert und glänzt.

Am Fuße dieser seenhaften Berge hat der Reisende vielleicht schwachen Rauch aus einem Dorf aufsteigen sehen, dessen Schindeldächer zwischen den Bäumen hervorgucken, genau dort, wo das Blau des Himmels mit dem frischen Grün der Landschaft verschmilzt. Es ist ein kleines, sehr altertümliches Dorf, das von einigen holländischen Kolonisten in den frühesten Zeiten der Provinz gegründet wurde, etwa um den Anfang der Regierung des guten Peter Stuyvesant (er ruhe in Frieden!). Noch vor wenigen Jahren standen mehrere Häuser der ursprünglichen Ansiedler da, die aus kleinen gelben, von Holland herübergebrachten Ziegeln erbaut waren, mit Gitterfenstern und Vordergiebeln, auf denen Wetterhähne thronten.

In eben diesem Dorf und just in einem dieser Häuser (welches, um die ungeschminkte Wahrheit zu sagen, kläglich verfallen und verwittert war) lebte vor etlichen Jahren, als das Land noch eine Provinz Großbritanniens war, ein einfältiger, gutmütiger Geselle, namens Rip van Winkle. Er war ein Nachkomme derer van Winkle, die in den ritterlichen Tagen Peter Stuyvesant's eine so kriegerische Rolle spielten und ihn zur Belagerung von Fort Christina begleiteten. Rip hatte jedoch recht wenig von dem kriegerischen Charakter seiner Ahnen geerbt. Ich habe bereits bemerkt, daß er ein einfältiger, gutmütiger Mensch war; außerdem aber war er ein hilfreicher Nachbar und ein gehorsamer, unterm Pantoffel stehender Ehemann. Dem letzteren Umstand verdankte er wahrscheinlich auch jene Sanftmut des Geistes, die ihm so allgemeine Beliebtheit erwarb; denn diejenigen Männer, welche sich zu Hause unter der Zucht eines zänkischen Weibes befinden, pflegen außerhalb meist sehr folgsam und friedfertig zu sein. Zweifelsohne wird ihr Temperament im feurigen Ofen häuslicher Plage biegsam und mürbe gemacht, und eine Gardinenpredigt wiegt alle Predigten der Welt auf, um die Tugenden der Geduld und langen Leidens zu lehren. Eine böse Sieben kann daher in gewisser Beziehung für einen erträglichen Segen gehalten werden; und ist dem so, dann war Rip van Winkle dreimal gesegnet.

So viel ist gewiß, daß er der Liebling aller Hausfrauen im Dorf war, die, wie's beim schönen Geschlecht gewöhnlich der Fall ist, jedesmal bei den Familienzwistigkeiten seine Partei

Die Häuser der ersten Siedler

ergriffen und, so oft sie über diese Verhältnisse bei ihrem Abendklatsch sprachen, auf Frau van Winkle alle Schuld schoben. Auch die Dorfkinder jauchzten vor Freude, so bald er sich näherte. Er half ihnen in ihren Belustigungen, reparierte ihr Spielzeug, lehrte sie Drachen steigen und Murmeln werfen und erzählte ihnen lange Geschichten von Geistern, Hexen und Indianern. Wo er nur immer im Dorf herumschlenderte, umringten ihn die Kinder, die sich an seine Rockschöße hängten, ihm auf den Rücken kletterten und ihm ungestraft tausenderlei Possen spielten; und nicht ein Hund in der ganzen Nachbarschaft bellte ihn je an.

Der große Fehler in Rip's Charakter jedoch war eine unüberwindliche Abneigung gegen alle Arten einträglicher Arbeit. Es konnte nicht aus Mangel an Fleiß oder Ausdauer herrühren; denn er vermochte mit einer Angelrute, die so lang und schwer war wie eine Tartarenlanze, auf einem feuchten Felsen zu sitzen und den ganzen Tag ohne Murren zu angeln, selbst wenn ihn nicht ein einziges Anbeißen ermutigte. Er konnte stundenlang eine Vogelflinte über der Schulter tragen, durch Wälder und Moore, Berg auf, Berg ab traben, um ein paar Eichhörnchen oder wilde Tauben zu schießen. Er würde sich niemals geweigert haben, einem Nachbarn selbst bei der schwersten Arbeit zu helfen, und er war stets der erste bei allen ländlichen Festlichkeiten, wo es Welschkorn auszuhülsen oder steinerne Schutzmauern zu bauen galt. Auch pflegten ihn die Frauen des Dorfes um Botengänge zu bitten und um jene kleinen, leichten Verrichtungen, die ihre weniger dienstbeflissenen Gatten nicht für sie tun wollten. Mit einem Wort, Rip war bereit, jedermanns Geschäfte zu besorgen, ausgenommen seine eigenen; denn seine häuslichen Pflichten zu erfüllen und seine Farm in Ordnung zu halten, das schien ihm unmöglich.

Er erklärte in der Tat, es sei zwecklos, auf seinem Besitztum zu arbeiten; es sei das schändlichste Stückchen Grund und Boden im ganzen Land; alles ginge darauf schief und würde immer schiefgehen, ungeachtet seiner Bemühungen. Seine Einfriedigungen brachen fortwährend zusammen; seine Kuh verlief sich entweder oder geriet unter den Kohl; das Unkraut wuchs auf seinen Feldern schneller als anderswo; der Regen macht sich ein Vergnügen daraus, immer gerade dann zu fallen, wenn Rip etwas außerhalb des Hauses zu schaffen hatte; so daß, obgleich sein väterliches Erbgut unter seiner Wirtschaft Acker für Acker abgenommen hatte, bis nur noch wenig mehr als ein bloßer Fleck für Mais und Kartoffeln übrig blieb, selbst dieser der am schlechtesten bestellte Besitz in der Nachbarschaft war.

Auch seine Kinder liefen so zerlumpt und verwildert herum, als gehörten sie niemandem. Sein Sohn Rip, ein kleiner, ihm sprechend ähnlicher Knirps, verhieß, mit den alten Kleidern seines Vaters auch dessen Gewohnheiten zu erben. Man sah ihn gewöhnlich wie ein Füllen hinter seiner Mutter herlaufen, ausgerüstet mit einem Paar abgelegter Pluderhosen seines Vaters, die er ständig mit einer Hand in die Höhe halten mußte, wie eine feine Dame bei schlechtem Wetter ihre Schleppe hochhebt.

Rip van Winkle war jedoch einer jener glücklichen Sterblichen, einer jener törichten, gutgeölten Charaktere, die es mit der Welt leicht nehmen, Weiß- oder Schwarzbrot essen, je nachdem, welches mit geringerer geistiger oder körperlicher Anstrengung zu bekommen ist, und lieber bei einem Pfennig verhungern als für einen Taler arbeiten. Hätte man ihn in Ruhe gelassen, so würde er sein Leben in völliger Zufriedenheit hingepfiffen haben; aber sein Weib lag ihm beständig in den Ohren wegen seiner Faulheit, seiner Sorglosigkeit und des

Eine Gardinenpredigt wiegt alle Predigten der Welt auf, um die Tugenden der Geduld und langen Leidens zu lehren.

Verderbens, welches er noch über seine Familie bringen werde. Morgens, mittags und abends war ihre Zunge unaufhörlich in Gang, und alles, was er nur sagte oder tat, rief sicherlich einen neuen Strom häuslicher Beredtsamkeit hervor. Rip kannte nur eine Art, auf derartige Predigten zu antworten, und diese war ihm durch häufigen Gebrauchs zur Gewohnheit geworden. Er zuckte die Achseln, schüttelte sein Haupt, richtete seine Augen gen Himmel, aber sprach kein Wort. Dies hatte jedoch stets eine frische Salve von seiten seiner Frau zur Folge, so daß er froh war, seine Streitkräfte zusammenzuziehen und das Freie zu gewinnen – in der Tat der einzige Ausweg für einen unterm Pantoffel stehenden Gatten.

Rip's einziger Freund im Haus war sein Hund Wolf, der ebenso wie sein Herr unter dem Pantoffel stand; denn Frau van Winkle betrachtete sie als Kameraden im Nichtstun und blickte mit besonders bösem Auge auf Wolf, den sie für die Ursache hielt, daß sein Gebieter so oft auf Abwege geriet. Wahr ist: in allen Punkten des Mutes, die einen ehrenwerten Hund zieren, war er das kühnste Tier, das je die Wälder durchstreifte; – doch welcher Mut vermag dem ewig dauernden und alles lähmenden Schrecken einer Weiberzunge Widerstand zu leisten? In dem Moment, in dem Wolf das Haus betrat, ließ er den Kopf hängen, senkte den Schwanz zur Erde oder klemmte ihn zwischen die Beine, schlich mit einem Armesündergesicht umher, warf manchen Seitenblick auf Frau van Winkle, und beim geringsten Geräusch eines Besenstiels oder eines Kochlöffels flog er mit rasender Geschwindigkeit zur Türe.

Mit der Zeit wurde es schlimmer und schlimmer für Rip van Winkle, so wie die Jahre der Ehe dahinrollten; ein harter Charakter wird mit dem Alter nicht weicher, und eine scharfe Zunge ist das einzige Schneidewerkzeug, das durch fortwährenden Gebrauch spitzer wird. Lange pflegte er sich damit zu trösten, wenn er wieder einmal aus dem Hause gejagt worden war, eine Art ständiger Versammlung der Gelehrten, Philosophen und anderer müßiger Personen im Dorf zu besuchen, die ihre Sitzungen auf einer Bank vor einer kleinen, durch ein rötliches Bild Seiner Majestät Georg's des Dritten gekennzeichneten Schenke hielten. Hier saßen sie gewöhnlich an den langen, faulen Sommertagen im Schatten, wobei sie gleichgültig vom Dorfklatsch schwatzten oder endlose, einschläfernde Geschichten über nichts erzählten. Und doch würde mancher Staatsmann etwas dafür gegeben haben, hätte er die gründlichen Erörterungen hören können, die zuweilen stattfanden, wenn zufällig ein altes Zeitungsblatt von irgendeinem durchreisenden Fremden in ihre Hände fiel. Wie feierlich lauschten sie da auf den Inhalt, den ihnen Derrick van Bummel, der Schulmeister, entzifferte, ein flinkes, gescheites Männchen, das selbst das riesenhafteste Wort nicht aus der Fassung bringen konnte. Und wie weise beratschlagten sie alsdann über öffentliche Ereignisse, die bereits vor einigen Monaten stattgefunden hatten!

Die Ansichten dieser Gesellschaft wurden vollkommen beeinflußt von Nikolaus Vedder, einem Patriarchen des Dorfes und Wirt der Herberge, vor deren Tür er vom Morgen bis zum Abend saß und sich nur gerade soviel rührte, um die Sonne zu vermeiden und sich im Schatten eines großen Baumes zu halten, so daß die Nachbarn nach seinen Bewegungen ebenso genau die Zeit berechnen konnten wie nach einer Sonnenuhr. Freilich hörte man ihn selten sprechen; dafür aber rauchte er fortwährend sein Pfeifchen. Seine Anhänger indessen (denn jeder große Mann hat seine Anhänger) verstanden ihn sehr wohl und wußten seine Meinung zu ergründen. Mißfiel ihm irgend etwas, das vorgelesen oder erzählt wurde, so sah man ihn heftig an seiner Pfeife ziehen und kurze, häufige, zornige Paffe ausstoßen; gefiel es ihm je-

Und nicht ein Hund in der ganzen Nachbarschaft bellte ihn je an.

doch, so pflegte er den Rauch langsam und ruhig einzuziehen und ihn in leichten und friedlichen Wolken von sich zu blasen. Zuweilen nahm er die Pfeife auch aus dem Mund, ließ sich den wohlriechenden Duft um seine Nase ringeln und nickte würdevoll mit dem Haupt zum Zeichen vollständiger Billigung.

Sogar aus dieser Festung wurde der unglückliche Rip eines Tages von seiner zänkischen Frau gejagt, welche plötzlich in die Ruhe der Versammlung einbrach und die Mitglieder samt und sonders Nichtsnutze schalt; nicht einmal die erlauchte Persönlichkeit eines Nikolaus Vedder wurde von der kecken Zunge dieses schrecklichen Mannweibes für heilig gehalten, ja, sie klagte ihn offen an, ihren Gatten in seinem Hang zur Faulheit zu ermuntern.

Der arme Rip war der Verzweiflung nahe; und das einzige Mittel, sich vor der Arbeit auf dem Hof und vor dem Gekeife seiner Frau zu retten, war, die Flinte zur Hand zu nehmen und hinaus in die Wälder zu streifen. Hier setzte er sich manchmal am Fuß eines Baumes hin und teilte den Inhalt seines Quersackes mit Wolf, mit welchem er als seinem Leidensgefährten Mitgefühl empfand. „Armer Wolf", sprach er dann, „deine Meisterin läßt dich ein Hundeleben führen; doch keine Angst, mein Junge; so lange ich da bin, soll es dir niemals an einem Freund fehlen, der dir beisteht." Wolf pflegte darauf mit dem Schwanz zu wedeln, nachdenklich in seines Herrn Gesicht zu schauen, und wenn Hunde Mitleid fühlen können, so glaube ich wahrhaftig, daß er diese Empfindung von ganzem Herzen erwiderte.

Die Dorfkinder jauchzten vor Freude.

Für die Frauen des Dorfes verrichtete er alle kleinen Arbeiten …

Er konnte den ganzen Tag auf einem feuchten Felsen sitzen und angeln.

Bei einem solchen langen Streifzug an einem schönen Herbsttag hatte Rip unbewußt einen der höchsten Gipfel der Kaatskillberge erstiegen. Er ging seinem Lieblingsvergnügen, der Jagd auf Eichhörnchen, nach, und die stille Einsamkeit hallte wider vom Knallen seiner Büchse. Keuchend und müde warf er sich spät am Nachmittag auf einen grünen, mit Gebirgskräutern bewachsenen Hügel, der den Rand eines Abhanges krönte. Durch die Bäume hindurch konnte er die ganze Gegend, viele Meilen reichen Forstes, überblicken. Er sah in einiger Entfernung den herrlichen Hudson weit, weit unter sich seinen stillen, aber majestätischen Lauf verfolgen, sah eine purpurne Wolke oder das Segel einer langsam dahingleitenden Barke, die hier und dort auf seinem kristallenen Busen zu schlummern schien, sich in ihm spiegeln und zuletzt sich im blauen Hochland verlieren.

Auf der anderen Seite schaute er hinunter in eine tiefe Bergschlucht, wild, einsam und rauh, deren mit Felsbrocken bedeckter Grund nur spärlich vom Strahlenwiderschein der untergehenden Sonne beleuchtet wurde. Eine Weile lag Rip über diesem Anblick in Gedanken versunken da; der Abend brach allmählich herein; die Berge begannen ihre langen, blauen Schatten über die Täler zu werfen; er erkannte, daß es dunkel sein würde, lange bevor er das Dorf erreichen konnte, und ein schwerer Seufzer entrang sich ihm, als er daran dachte, welche Zornesausbrüche Frau van Winkle über ihn entladen würde.

Während er im Begriff war hinabzusteigen, vernahm er aus der Ferne eine Stimme, die rief: „Rip van Winkle! Rip van Winkle!“ Er sah sich um, konnte aber nichts bemerken, als eine Krähe, die in einsamem Flug über den Berg hinzog. Er glaubte, seine Phantasie habe ihn genarrt, und wandte sich wieder zum Hinabsteigen, als er denselben Ruf durch die stille Abendluft erschallen hörte: „Rip van Winkle! Rip van Winkle!“ – Gleichzeitig sträubten sich Wolf's Haare, er gab ein leises Knurren von sich, schlich an seines Herrn Seite und blickte furchtsam in die Schlucht. Rip fühlte sich jetzt von unbestimmter Angst ergriffen; er sah ängstlich nach derselben Richtung und entdeckte eine sonderbare Gestalt langsam die Felsen erklimmen, gebeugt unter einer schweren Last, die sie auf ihrem Rücken trug. Er war überrascht, an diesem verlassenen Ort ein menschliches Wesen zu finden, aber im Glauben, es sei jemand aus der Nachbarschaft, der seines Beistandes bedürfe, eilte er hinab, um ihm zu helfen.

Als er näher kam, staunte er noch mehr über das eigentümliche Aussehen des Fremden. Es war ein untersetzter, vierschrötiger alter Bursche, mit buschigem Haar und grauem Bart. Seine Kleidung war nach dem altertümlichen holländischen Schnitt – eine rund um die Weste gegürtete Tuchjacke – mehrere Paar Hosen mit Schleifen an den Knien und an den Seiten mit einer Reihe Knöpfe geschmückt. Er trug auf seiner Schulter ein großes Faß, das Likör zu enthalten schien, und gab Rip ein Zeichen, heranzutreten und ihm tragen zu helfen. Wenn auch ziemlich scheu und mißtrauisch gegenüber dieser neuen Bekanntschaft, gehorchte Rip doch in seiner gewöhnlichen Gutmütigkeit; und sich gegenseitig ablösend, kletterten sie einen engen Wassergraben hinauf, der anscheinend das trockene Bett eines Bergstromes war. Beim Hinaufsteigen hörte Rip in Zwischenräumen ein lang dahinrollendes Geräusch, fernem Donner ähnlich, der aus einer tiefen Schlucht oder Spalte zwischen hohen Felsen zu dringen schien. Er blieb einen Augenblick stehen; weil er aber glaubte, es sei das Getöse eines jener vorübergehenden Gewitterschauer, die häufig in hohen Bergen eintreten, setzte er seinen Weg fort. Nachdem sie die Schlucht hinter sich gebracht hatten, kamen

Seine Kinder liefen so zerlumpt und verwildert herum, als gehörten sie niemandem.

sie an eine Höhle, die von jähen Abgründen umgeben war, über deren Ränder überhängende Bäume ihre Zweige schlossen, die lediglich einen Durchblick auf den azurblauen Himmel und die glänzenden Abendwolken gestatteten. Während der ganzen Zeit waren Rip und sein Genosse schweigend vorangeschritten; denn obwohl sich Rip höchst verwundert fragte, zu welchem Zweck ein Faß Likör wohl diesen wilden Berg hinaufgeschleppt würde, umhüllte doch den Unbekannten ein seltsames und unerklärliches Etwas, das Ehrfurcht einflößte und jede Vertraulichkeit verhinderte.

Beim Eintritt in die Höhle boten sich ihm neue Gegenstände der Verwunderung dar. Auf einer glatten Fläche in der Mitte spielte eine Gesellschaft schnurrig aussehender Personen Kegel. Sie waren in drollig fremdländische Tracht gekleidet. Etliche trugen kurze Wämse, andere Jacken mit langen Messern im Gürtel, und die meisten von ihnen staken in ungeheuren Hosen, von ähnlichem Schnitt wie die des Führers. Dazu waren ihre Gesichter ganz absonderlich: der eine hatte einen großen Kopf, eine breite Stirn und kleine Schweinsaugen; das Gesicht eines andern schien nur aus einer ungeheuren Nase zu bestehen und wurde von einer weißen, zuckerhutartigen kleinen roten Kopfbedeckung überragt, die eine Hahnenfeder zierte. Sie hatten sämtlich Bärte von verschiedener Form und Farbe. Einer schien der Hauptmann zu sein. Dies war ein kräftiger alter Herr mit wettergebräuntem Gesicht; er trug ein mit Schnüren verziertes Wams, einen breiten Gurt nebst Wehrgehäng, einen hohen, spitzen Hut mit einer Feder daran, rote Strümpfe und Schuhe mit hohen Hacken und Rosetten. Die ganze Gruppe erinnerte Rip an die Figuren auf einem alten flämischen Gemälde im Wohnzimmer des ehrwürdigen Herrn van Schaick, des Dorfpfarrers, das zur Zeit der Ansiedelung von Holland herübergeschafft worden war.

Was Rip besonders wunderlich vorkam, war die Tatsache, daß diese Leute, obwohl sie sich offenbar belustigten, doch eine sehr ernste Miene machten und ein äußerst geheimnisvolles Schweigen bewahrten; sie gaben so die melancholischste Gesellschaft ab, welcher er je beigewohnt hatte. Nichts unterbrach die Stille der Szene als das Geräusch der Kugeln, die, sobald sie geschoben wurden, längs der Berge ein Echo erweckten gleich dumpf hinrollenden Donners.

Als Rip und sein Begleiter sich ihnen näherten, hielten sie plötzlich mit ihrem Spiel inne und starrten ihn mit so starrem, stechendem Blick und mit einem so eigentümlichen, plumpen, glanzlosen Ausdruck an, daß sich Rip das Herz in der Brust umdrehte und seine Knie schlotterten. Sein Gefährte füllte nun den Inhalt des Fasses in große Flaschen um und winkte ihm, der Gesellschaft aufzuwarten. Er gehorchte mit Furcht und Zittern; sie schlürften den Trank in tiefem Schweigen und wandten sich dann wieder ihrem Spiel zu.

Allmählich verlor Rip seine Angst und Scheu. Er wagte, wenn sich kein Auge auf ihn richtete, selbst von dem Getränk zu probieren, das, wie er fand, viel vom Geschmack guten Wacholderbranntweins hatte. Er war von Natur eine durstige Seele und fühlte sich bald versucht, den Schluck zu wiederholen. Ein Zug verlockte zum zweiten, und er wiederholte seine Besuche bei der Flasche so häufig, daß ihm am Ende die Sinne schwanden, seine Augen im Kopf schwammen, sein Haupt nach und nach auf die Brust und er in tiefen Schlummer fiel.

Beim Erwachen fand er sich auf dem grünen Hügel, von dem aus er zuerst den alten Mann im Hohlweg erblickt hatte, wieder. Er rieb sich die Augen – es war heller, sonniger Morgen.

Lange pflegte er sich damit zu trösten, eine Art ständiger Versammlung der Gelehrten, Philosophen und andere müßiger Personen im Dorf zu besuchen.

Dazu waren ihre Gesichter ganz absonderlich.

Die Vögel hüpften und zwitscherten im Gebüsch, und ein Adler kreiste hoch in der Luft und trotzte dem reinen Bergwind. „Sicherlich", dachte Rip, „habe ich hier nicht die ganze Nacht geschlafen." Er rief sich die Ereignisse vor seinem Einschlafen ins Gedächtnis zurück. Der Fremde mit einem Faß Branntwein – die Bergschlucht – der wilde Schlupfwinkel zwischen den Felsen – die düstere Kegelgesellschaft – die Flasche – „oh, diese Flasche! Diese verfluchte Flasche!" dachte Rip – „welche Entschuldigung soll ich nur Frau van Winkle vorbringen?"

Er schaute sich nach seiner Flinte um; doch anstatt der sauberen, gutgeölten Vogelbüchse fand er ein altes Feuergewehr neben sich liegen, dessen Lauf mit Rost überzogen, dessen Schloß abgefallen und dessen Schaft wurmstichig war. Jetzt argwöhnte er, die ernsten Zecher des Berges hätten ihm einen Streich gespielt und ihm seine Flinte gestohlen, nachdem sie ihn mit Branntwein berauscht hatten. Auch Wolf war verschwunden, doch der konnte hinter einem Eichhörnchen oder Rebhuhn her sein. Er pfiff nach ihm, rief seinen Namen, aber alles vergeblich; das Echo wiederholte sein Pfeifen und Rufen, doch kein Hund ließ sich blicken.

Er entschloß sich, den Schauplatz der traurigen Zecherei noch einmal aufzusuchen, und, wenn er jemanden von der Gesellschaft treffe, seinen Hund und seine Flinte zurückzuverlangen. Als er sich zum Gehen erhob, fühlte er sich in den Gelenken steif und unbeweglich. „Dies Lager auf dem Berg bekommt mir nicht gut", meinte Rip, „und sollte mir diese Nacht

Einer schien der Hauptmann zu sein.

mit einem Anfall von Rheumatismus beschweren, so werde ich meine liebe Not mit Frau van Winkle haben." Unter vielen Mühen stieg er hinunter in die Schlucht; er fand die Spalte, welche er und sein Genosse am vergangenen Abend hinaufgeklommen waren; doch zu seinem Erstaunen rauschte nun ein Bergstrom darin herab, von Fels zu Fels springend und den Hohlpaß mit geschwätzigem Gemurmel erfüllend. Er strengte sich sehr an, an den Wänden der Spalte hinaufzuklettern und sich mühsam einen Weg durch das Birken-, Sassafras- und Haselnußdickicht zu bahnen; manchmal strauchelte er oder verwickelte sich im wilden Wein, der seine Reben und Ranken von Baum zu Baum flocht und eine Art Netzwerk über seinen Pfad breitete.

Endlich erreichte er den Punkt, wo sich der Spalt durch die Klüfte nach der Höhle hin geöffnet hatte, doch davon war nun keine Spur mehr. Die Felsen bildeten einen hohen, undurchdringlichen Wall, über den sich der Bergstrom in flockigem Schaumwirbel dahinstürzte und in ein breites, tiefes Becken fiel, das dunkel war vom Schatten des umliegenden Waldes. Hier wurde denn der arme Rip zum Halten gezwungen. Er rief und pfiff wieder nach seinem Hund, doch erhielt er nur das Krächzen eines Schwarmes müßiger Krähen zur Antwort, die hoch in der Luft um einen dürren Baum, der über einem sonnigen Abgrund hing, flogen und, in ihrer Höhe gesichert, hinunterzuschauen und über des armen Mannes Unruhe zu spotten schienen. Was tun? Der Morgen war nach und nach dahingegangen, und Rip verspürte einen wahren Heißhunger. Es schmerzte ihn, Hund und Flinte verloren zu geben; er zögerte, ohne sie seinem Weib unter die Augen zu treten, aber er wollte doch auch nicht in den Bergen Hungers sterben. Er schüttelte verzagt sein Haupt, hängte sich das verrostete Gewehr über die Schulter und lenkte mit einem Herzen voll Sorge und Angst seine Schritte heimwärts.

Als er sich dem Dorf näherte, traf er einen Haufen Leute, doch nicht einen, welchen er kannte, worüber er sich einigermaßen wunderte, denn er hatte gedacht, mit jedem in der Gegend ringsum bekannt zu sein. Dazu hatten sie Kleider an, wie sie kein Mensch im Dorf je getragen hatte. Sie glotzten ihn alle mit dem gleichen Ausdruck der Überraschung an, und, sobald sie einen Blick auf ihn geworfen hatten, strichen sie sich jedesmal das Kinn. Die ständige Wiederholung dieser Geste veranlaßte Rip unwillkürlich, dasselbe zu tun, wobei er zu seinem Erstaunen feststellte, daß sein Bart um dreißig Zentimeter gewachsen war.

Er hatte das Dorf inzwischen erreicht. Eine Schar fremder Kinder lief ihm auf den Fersen nach, schrie hinter ihm her und zeigte auf seinen grauen Bart. Auch die Hunde, von denen er nicht einen einzigen als alten Bekannten wiedererkannte, bellten ihn an, als er vorbeiging. Das Dorf selber sah verändert aus; es war größer und bevölkerter. Da dehnten sich ganze Reihen von Häuser aus, die er nie zuvor gesehen hatte, und diejenigen, welche seine vertrauten Stätten gewesen, waren verschwunden. Fremde Namen standen über den Türen, – fremde Gesichter guckten aus den Fenstern, – alles war fremd. Nun wurde er unruhig; er begann zu zweifeln, ob nicht beide, er und die Welt um ihn her, verhext seien. Ganz gewiß, das war sein Heimatdorf, das er erst am Tag vorher verlassen hatte! Hier lagen die Kaatskillberge, – da floß in einiger Entfernung der silberhelle Hudson, – dort war jeder Hügel und jedes Tal noch genau so, wie immer; – Rip wurde schmerzlich verwirrt. „Jene Flasche von gestern Abend", dachte er, „hat meinen armen Kopf hart mitgenommen!"

Nur mit ziemlicher Mühe fand er den Weg zu seiner eigenen Wohnung, der er sich mit stummer Scheu näherte; denn jeden Augenblick erwartete er die schrille Stimme von Frau

Sie gaben die melancholischste Gesellschaft ab, welcher er je beigewohnt hatte.

Sie betrachteten ihn neugierig vom Scheitel bis zur Fußsohle.

van Winkle zu hören. Er fand das Haus völlig verfallen vor – das Dach eingestürzt, die Fenster eingeworfen und die Türen aus den Angeln. Ein halb verhungerter Hund, der wie Wolf aussah, schlich darum herum. Rip rief ihn beim Namen; doch der Köter knurrte, fletschte die Zähne und entfernte sich. Das war in der Tat ein unfreundliches Willkommen. „Mein eigener Hund", seufzte der arme Rip, „hat mich vergessen!"

Er betrat das Haus, das, um die Wahrheit zu gestehen, Frau van Winkle stets in nettester Ordnung gehalten hatte. Es war leer, öde und augenscheinlich verlassen. Diese Verwüstung besiegte jede eheliche Furcht; laut rief er nach Weib und Kindern; die einsamen Stuben tönten eine Weile von seiner Stimme wider, dann war alles still.

Nun jagte er davon und eilte zu seinem alten Asyl, der Dorfschenke; doch auch diese war verschwunden. Ein großes, morsches Holzgebäude, mit weit geöffneten Fenstern, von denen einige zerbrochen und mit alten Hüten und Unterröcken verstopft waren, stand an ihrer Stelle, und über der Tür stand gemalt: „Das Unionshotel von Jonathan Doolittle." An Stelle des großen Baumes, der die ruhige, kleine holländische Kneipe zu beschatten pflegte, war jetzt eine mächtige kahle Stange aufgerichtet, an deren Spitze etwas hing, das einer roten Nachtmütze glich, und an der eine Flagge flatterte, auf welcher sich eine eigentümliche Zusammenstellung von Sternen und Streifen befand; – All dies war für Rip sonderbar und un-

Er wagte es, von dem Getränk zu probieren, das, wie er fand, viel vom Geschmack guten Wacholderbranntweins hatte.

begreiflich. Er erkannte jedoch auf dem Schilde das rötliche Gesicht des Königs Georg, unter welchem er so manche friedliche Pfeife geraucht hatte; doch sogar dieses war seltsam umgeformt: Der rote Rock war blau und hellgelb geworden; statt des Szepters hielt er ein Schwert in der Hand; den Kopf zierte ein aufgekrempter Hut, und darunter stand in großen Buchstaben: General Washington.

Wie gewöhnlich waren eine Menge Leute vor der Tür, aber Rip erkannte nicht einen einzigen. Der ganze Charakter der Bevölkerung schien wie umgewandelt. Es herrschte ein geschäftiger, lärmender, streitsüchtiger Ton, an Stelle des gewohnten Phlegma's und der schläfrigen Ruhe. Vergeblich schaute er sich um nach dem weisen Nikolaus Vedder mit seinem breiten Gesicht, dem Doppelkinn und der schönen langen Pfeife, aus welcher er statt hohler Worte Wolken von Tabaksrauch hervorblies; oder nach van Bummel, dem Schulmeister, der vielleicht den Inhalt eines alten Zeitungsblattes mitteilte. Stattdessen erhitzte sich ein magerer, gallenbitter aussehender Bursche, die Taschen voll Zettel über die Bürgerrechte, Wahlen, Kongreßmitglieder, Freiheit, Bunkershill, die Helden von sechsundsiebzig und andere Dinge, welche dem verwirrten van Winkle babylonisches Kauderwelsch schienen.

Rip's Erscheinung mit seinem langen grauen Bart, seinem rostigen Gewehr, seiner auffälligen Kleidung und der Schar von Weibern und Kindern, die sich an seine Fersen hefteten, erregte bald die Aufmerksamkeit der Wirtshauspolitiker. Sie sammelten sich um ihn und betrachteten ihn neugierig vom Scheitel bis zur Fußsohle. Der Redner drängte sich bis zu ihm durch, zog ihn zur Seite und fragte, für welche Partei er stimme? Rip stierte ihn in verständnisloser Einfalt an. Ein anderer, untersetzter, aber geschäftiger kleiner Bursche ergriff ihn beim Arm und flüsterte ihm, indem er sich auf die Zehenspitzen stellte, ins Ohr: „Bist du Föderalist oder Demokrat?" Rip verstand noch immer nicht. Da bahnte sich ein weißhaariger, wichtigtuender alter Herr mit spitzem, gekremptem Hut seinen Weg durch die Menge, indem er sie im Vorbeigehen nach rechts und links mit seinem Ellbogen auseinanderstieß. Er pflanzte sich vor van Winkle auf, stemmte den einen Arm in die Seite, stützte sich mit dem andern auf seinen Stock und fragte ihn, als wolle er mit seinen scharfen Augen und dem spitzen Hut bis ins Innerste seiner Seele dringen, in hoheitsvollem Tone, was ihn veranlasse, zur Wahl mit einer Flinte über der Schulter und einem Pöbelhaufen auf den Fersen zu erscheinen, und ob er einen Aufruhr im Dorf anzustiften beabsichtige? – „Ach, ihr Herren", rief Rip bestürzt, „ich bin ein armer, friedfertiger Mann, in diesem Ort geboren und ein treuer Untertan des Königs, den Gott segne!"

Hier brach ein allgemeiner Lärm unter den Umstehenden aus. – „Ein Tory[1]! ein Tory! ein Spion! ein Flüchtling! packt ihn! fort mit ihm!" Nur mit großer Mühe stellte der wichtigtuende Herr mit dem gekrempten Hut die Ordnung wieder her; und nachdem er eine zehnfach strengere Miene aufgesetzt hatte, fragte er noch einmal den unbekannten Verbrecher, warum er hierherkäme, und wen er suche? Der arme Rip versicherte ihn demütig, daß er nichts Schlimmes vorhabe, sondern lediglich gekommen sei, einige seiner Nachbarn aufzusuchen, welche sich im Wirtshaus aufzuhalten pflegten.

„Schön, – wer sind sie? nennt sie!"

[1] Tory = Bezeichnung für die Anhänger der königstreuen Partei in England

Er fand das Haus völlig verfallen vor.

Rip besann sich eine Minute und fragte: „Wo ist Nikolaus Vedder?“

Eine kurze Weile herrschte Stillschweigen, bis ein alter Mann mit dünner, pfeifender Stimme antwortete: „Nikolaus Vedder? Ei, der ist bereits seit achtzehn Jahren tot und dahin! Ein hölzernes Grabmal befand sich auf dem Kirchhof, welches alles über ihn erzählte, aber auch das ist vermodert und längst verschwunden!“

„Wo ist Brom Dutcher?“

„Oh, der trat bei Ausbruch des Krieges in das Heer ein; Etliche sagen, er sei beim Sturm auf Stoney-Point umgekommen, – andere melden, er sei in einem Orkan am Vorgebirge von Antonius’ Nase ertrunken. Ich weiß es nicht, – er kehrte nie zurück.“

„Wo ist van Bummel, der Schulmeister?“

„Der ging auch mit in den Krieg, wurde ein großer Milizgeneral und sitzt nun im Kongreß.“

Rip sank der Mut, als er diese furchtbaren Veränderungen in seiner Heimat und unter seinen Freunden vernahm und sich so ganz allein in der Welt befand. Dazu verwirrte ihn jede Antwort, weil sie solch ungeheure Zeiträume und Vorfälle behandelte, aus denen er nicht klug werden konnte: Krieg – Kongreß – Stoney-Point; er hatte nicht das Herz, sich noch nach anderen Freunden zu erkundigen, sondern rief verzweifelt aus: „Kennt denn keiner hier Rip van Winkle?“

„Oh, Rip van Winkle!“ schrien zwei oder drei, „aber natürlich! Der da ist Rip van Winkle, der da, welcher sich gegen den Baum lehnt.“ Rip blickte hin und gewahrte ein genaues Ebenbild seiner selbst, wie er damals den Berg hinaufstieg; augenscheinlich ebenso träge und sicherlich ebenso zerlumpt. Der Ärmste geriet jetzt vollständig in Bestürzung. Er zweifelte an seiner eigenen Identität, und ob er er selber oder ein anderer sei. Mitten in seiner Verwirrung fragte ihn der Mann mit dem gekrempten Hut, wer er denn sei und wie er hieße?

„Das weiß Gott!“ rief er, denn mit seinem Verstand war's aus. „Ich bin nicht ich selbst – ich bin jemand anderer – der da bin ich – nein – das ist jemand anderer, der sich in meine Schuhe gesteckt hat. – Ich war gestern Abend noch ich selbst, aber ich schlief auf dem Berg ein, und man vertauschte meine Flinte, und alles veränderte sich, und ich selbst veränderte mich, und ich kann weder sagen, wie ich heiße, noch wer ich bin!“

Die Umstehenden fingen jetzt an, sich gegenseitig anzusehen, zu nicken, sich bedeutsam zuzuzwinkern und mit dem Finger auf die Stirn zu zeigen. Auch entstand ein Geflüster: man solle sich der Flinte versichern, um den alten Mann daran zu hindern, ein Unheil anzurichten. Beim bloßen Hören dieses Wortes entfernte sich der wichtigtuende Herr mit dem gekrempten Hut mit ziemlicher Geschwindigkeit. In diesem kritischen Moment drängte sich eine junge, nette Frau durch den Haufen, um einen Blick auf den graubärtigen Mann zu werfen. Sie trug ein pausbäckiges Kind in ihren Armen, welches, durch Rips wildes Äußeres erschreckt, zu weinen begann. „Ruhig, Rip!“ rief sie, „ruhig, du kleiner Narr; der alte Mann wird dir kein Leid tun.“ Der Name des Kindes, das Gesicht der Mutter, der Klang ihrer Stimme, das alles weckte eine Reihe von Erinnerungen in ihm. „Wie heißt Ihr, liebe Frau?“ fragte er.

„Judith Gardenier.“

„Und Eures Vaters Name?“

„Ach, der arme Mann! Sein Name war Rip van Winkle. Es sind schon zwanzig Jahre her, daß er von zu Hause mit seiner Flinte fortging, und man hat seitdem nie wieder etwas von ihm gehört. Sein Hund kam ohne ihn zurück; doch niemand kann sagen, ob er sich erschoß oder von Indianern weggeschleppt wurde. Ich war damals erst ein kleines Mädchen.“

Rip hatte nur noch eine Frage zu stellen; er brachte sie mit stammelnder Stimme vor:

„Wo ist Eure Mutter?“

„Oh, sie starb vor ganz kurzer Zeit; sie zersprengte sich ein Blutgefäß bei einem Wutanfall über einen Hausierer aus Neuengland.“

In dieser Nachricht lag zumindest ein Tropfen Trost. Der ehrliche Mann konnte nicht länger an sich halten. Er schloß seine Tochter und ihr Kind in seine Arme. „Ich bin dein Vater!“ rief er, „einst der junge Rip van Winkle, der alte Rip van Winkle jetzt! Kennt denn niemand mehr den armen Rip van Winkle?“

Alle standen erstaunt da, bis eine alte Frau aus der Menge herauswankte, ihre Hand über die Augen hielt und, darunter hervor ihm für eine Minute ins Gesicht blickend, rief: „Ja wirklich! das ist Rip van Winkle – er ist's selber! Willkommen daheim, alter Nachbar! Nun, wo waret Ihr eigentlich die langen zwanzig Jahre?“

Rip's Geschichte war bald erzählt, denn die ganzen zwanzig Jahre schienen ihm nur wie eine Nacht. Die Nachbarn starrten ihn ungläubig an, als sie dies hörten. Einige sah man sich gegenseitig zunicken und die Zunge in die Backen stecken, und der wichtigtuende Mann mit dem gekrempten Hut, der inzwischen wieder auf den Kampfplatz zurückgekehrt war, zog seine Mundwinkel herunter und schüttelte sein Haupt – worauf ein allgemeines Kopfschütteln bei der Versammlung entstand.

Man beschloß daraufhin, die Ansicht des alten Peter Vanderdonk, welchen man langsam die Straße heraufschreiten sah, zu hören. Er war ein Abkömmling des Historikers gleichen Namens, der einen der frühesten Berichte über die Provinz verfaßt hatte. Peter war der älteste Einwohner des Dorfes und in allen merkwürdigen Vorfällen und Überlieferungen der Gegend wohl bewandert. Er erkannte Rip sogleich und bekräftigte dessen Erzählung in allen Einzelheiten. Er versicherte der Gesellschaft, es sei eine von seinem Vorfahren, dem Geschichtsschreiber, behandelte Tatsache, daß die Kaatskillberge von jeher von fremden Wesen heimgesucht worden seien; daß es sich bestätigt habe, daß der große Hendrick Hudson, der erste Entdecker des Stromes und des Landes, dort alle zwanzig Jahre mit seiner Mannschaft vom Halbmond eine Art Fastnacht feiere, und es ihm so vergönnt sei, den Schauplatz seiner Unternehmung wieder zu besuchen und ein wachsames Auge auf den Fluß und die große nach ihm benannte Stadt zu haben; daß sein Vater sie einst in ihrer alten holländischen Tracht in einer Höhle des Berges habe Kegel schieben sehen und er selbst eines Sommernachmittags das Geräusch ihrer Kugeln wie fernes Donnerrollen vernommen habe.

Um eine lange Geschichte kurz zu beenden: die Gesellschaft brach auf und kehrte zu den wichtigeren Angelegenheiten der Wahl zurück. Rip's Tochter nahm ihn mit zu sich, damit er bei ihr lebe. Sie besaß ein hübsches, behaglich eingerichtetes Häuschen und hatte einen strammen, munteren Landmann zum Gatten, in dem Rip einen der Buben wiedererkannte, die auf seinen Rücken zu klettern pflegten. Was Rip's Sohn und Erben betraf, der sein Ebenbild war und den er am Baum hatte lehnen sehen, so wurde er zur Arbeit auf dem Hof verwendet, zeigte aber einen angeborenen Hang, alles andere, nur nicht sein eigenes Geschäft zu besorgen.

Rip nahm jetzt seine alten Spaziergänge und Gewohnheiten wieder auf; er fand bald etliche seiner früheren Kameraden, welche jedoch sämtlich von den Plagen und Tücken der Zeit ziemlich hart mitgenommen waren; so zog er es denn vor, sich Freunde unter der heranwachsenden Jugend zu erwerben.

Weil er daheim nichts zu schaffen und das glückliche Alter erreicht hatte, wo sich ein Mensch ungestraft dem Nichtstun hingeben kann, nahm er seinen Platz auf der Bank bei der Schenktür wieder ein und wurde als einer der Patriarchen des Dorfes und als Chronik der alten Zeiten „vor'm Krieg" verehrt. Es dauerte einige Zeit, bis er in das richtige Fahrwasser der Geschwätzigkeit kam und die merkwürdigsten Ereignisse fassen konnte, die während seiner Erstarrung stattgefunden hatten: daß beispielsweise ein Revolutionskrieg gewesen war, daß das Land Altenglands Joch abgeschüttelt hatte, und daß er, statt ein Untertan Seiner Majestät Georg des Dritten zu sein, nun ein freier Bürger der Vereinigten Staaten geworden war. Rip war in der Tat kein Politiker, die Veränderungen der Staaten und Reiche machten nur geringen Eindruck auf ihn; doch es gab eine Art Tyrannei, unter der er lange geseufzt hatte, und das war – das Unterrockregiment. Zum Glück hatte dies ein Ende; er hatte seinen Hals aus dem Ehejoch gezogen und konnte nach Belieben aus- und eingehen

Jedem Gast, der in Herrn Doolittles Hotel abstieg, pflegte er seine Geschichte zu erzählen.

ohne Angst vor dem Gekreische der Frau van Winkle. Wenn aber ihr Name nur genannt wurde, schüttelte er den Kopf, zuckte mit den Achseln und schlug die Augen gen Himmel, was sowohl als Ausdruck der Ergebung in sein Los wie auch als Freude über seine Befreiung gelten durfte.

Jedem Gast, der in Herrn Doolittle's Hotel abstieg, pflegte er seine Geschichte zu erzählen. Anfangs bemerkte man, daß er jedesmal, wenn er sie vortrug, einige Punkte veränderte, was zweifelsohne daher kam, daß er so lange bewußtlos gewesen war. Zuletzt rundete sie sich genau zu der Fassung ab, wie ich sie hier niedergeschrieben habe, und jeder Mann, jede Frau, jedes Kind in der Nachbarschaft wußte sie auswendig. Einige wollten immer noch an der Wahrheit zweifeln und beharrten darauf, Rip sei nicht bei Sinnen gewesen und dies sei ein Punkt, in welchem er schon immer als unzuverlässig gegolten habe. Die alten holländischen Einwohner schenkten der Geschichte jedoch allgemein vollen Glauben. Sogar bis auf den heutigen Tag sagen sie noch bei jedem Gewitter an einem Sommernachmittag in den Kaatskillbergen Hendrick Hudson und seine Schiffsmannschaft spielten Kegel; und es ist der Wunsch aller unter dem Pantoffel stehenden Ehemännern der Nachbarschaft, daß sie, wenn das Leben mit schwerer Hand auf ihnen ruht, einen Schlaftrunk aus Rip van Winkle's Flasche haben möchten.

Alice im Wunderland

Lewis Carroll

Alice im Wunderland

Im Kaninchenbau

Alice wurde es langsam leid, bei ihrer Schwester auf der Bank zu sitzen und nichts zu tun zu haben. Ein- oder zweimal hatte sie in das Buch geschaut, das ihre Schwester las, aber es waren keine Bilder darin, „und was ist schon ein Buch ohne Bilder?“ dachte Alice.

Deshalb überlegte sie (so gut sie an diesem heißen Tag, der sie ganz schläfrig machte, überhaupt noch überlegen konnte), ob das Vergnügen, eine Kette aus Gänseblümchen zu machen, der Mühe wert wäre, aufzustehen und die Gänseblümchen zu pflücken, als plötzlich ein weißes Kaninchen mit rosafarbenen Augen dicht an ihr vorbeilief.

Daran war eigentlich nichts besonderes, und Alice fand auch nichts besonderes dabei, als sie das Kaninchen sagen hörte: „Meine Güte, meine Güte, ich komme zu spät!“ (Als sie später darüber nachdachte, fiel ihr ein, daß sie sich eigentlich hätte wundern müssen, aber im Augenblick schien ihr alles ganz natürlich.) Erst als das Kaninchen *eine Uhr aus seiner Westentasche zog,* einen Blick darauf warf und dann weitereilte, sprang Alice auf die Füße, da sie sich ganz plötzlich bewußt wurde, daß sie noch nie in ihrem Leben ein Kaninchen mit einer Weste und schon gar nicht mit einer Uhr gesehen hatte, und brennend vor Neugier lief sie dem Kaninchen über die Wiese nach, gerade noch rechtzeitig, um es in einem Kaninchenloch unter der Hecke verschwinden zu sehen.

Im nächsten Augenblick sprang Alice hinterher, ohne auch nur eine Sekunde zu überlegen, wie in aller Welt sie wieder herauskommen sollte.

Der Kaninchengang verlief ein paar Meter waagerecht wie ein Tunnel und fiel dann plötzlich ab, und zwar so plötzlich, daß Alice gar keine Zeit mehr zum Stehenbleiben fand, denn schon fühlte sie sich in einen tiefen Brunnen fallen.

Entweder war der Brunnen sehr tief oder sie fiel sehr langsam, denn sie hatte beim Fallen genügend Zeit, sich umzuschauen und zu fragen, was wohl als Nächstes passieren würde. Zunächst blickte sie nach unten, um zu erfahren, wohin sie gelangen würde, doch es war zu dunkel, um irgend etwas zu erkennen. Dann besah sie sich die Wände des Brunnens und stellte fest, daß sie angefüllt waren mit Geschirrschränken und Bücherregalen; hier und da sah sie Landkarten und Bilder hängen. Im Vorbeifallen nahm sie ein kleines Töpfchen von einem der Regale, auf dem ein Schildchen mit der Aufschrift „ORANGENMARMELADE“ klebte, doch zu ihrer großen Enttäuschung war es leer. Aus Angst, jemanden unter sich zu treffen, wollte sie das Töpfchen nicht fallenlassen, und es gelang ihr auch, es im Vorübergleiten in eines der Schränkchen zu stellen.

„Mann, oh Mann!“ dachte Alice, „verglichen mit einem solchen Fall, ist das Treppe-Herunterpurzeln überhaupt nichts! Selbst vom Dach unseres Hauses zu fallen, würde mir nichts mehr ausmachen!“ (Was wahrscheinlich auch stimmte.)

Hinunter, hinunter, hinunter. Würde denn das Fallen *nie* aufhören? „Ich möchte nur wissen, wieviele Meilen ich schon gefallen bin“, sagte sie laut. „Ich muß wohl bald zum Mittelpunkt der Erde kommen. Warte, das wären dann ungefähr viertausend Meilen, glaube ich ..." (Wie du siehst, hat Alice einiges darüber in der Schule gelernt, und obwohl das nicht gerade die allerbeste Gelegenheit war, zu zeigen, was sie konnte, da niemand da war, der ihr zuhörte, war es doch eine gute Übung, sich alles vorzusagen.) „Ja, das dürfte wohl die Entfernung sein, aber dann möchte ich doch wissen, auf welchem Längengrad und auf welchem Breitengrad ich bin." (Alice hatte keine Ahnung, was ein Längen- oder Breitengrad ist, aber die Wörter waren so schön und klangen großartig.)

Bald begann sie wieder: „Ich möchte wissen, ob ich wohl direkt durch die Erde hindurchfalle, und dann bei den Leuten herauskomme, die auf dem Kopf laufen. Bei den Antipathien, glaube ich ..." (Jetzt war sie recht froh, daß niemand da war, der ihr zuhörte, denn das schien absolut nicht das richtige Wort zu sein.) „Aber ich werde sie nach dem Namen des Landes fragen müssen. „Bitte, gnädige Frau, bin ich hier in Neuseeland oder Australien?" (und sie versuchte, einen Knicks dazu zu machen – stellt euch das einmal vor! Einen Knicks zu machen, während ihr durch die Luft fliegt! Meint ihr, ihr würdet es schaffen?) Doch für wie dumm müßten sie mich dann halten! Nein, nach dem Namen des Landes fragen, das kann ich nicht! Aber vielleicht sehe ich ihn irgendwo angeschrieben."

Hinunter, hinunter, hinunter. Da sie sonst nichts tun konnte, begann Alice wieder mit sich selbst zu sprechen. „Dina wird mich heute abend sehr vermissen. (Dina war ihre Katze.) Ich hoffe, sie vergessen ihre Milch nicht. Dina, mein Kätzchen, ich wollte, du wärst jetzt bei mir. Hier unten gibt es zwar leider keine Mäuse, aber du könntest ja eine Fledermaus fangen, und das ist beinahe dasselbe wie eine Maus. Ob Katzen wohl Fledermäuse fressen?" Hier überfiel Alice die Müdigkeit, und halb im Traum wiederholte sie immer wieder: „Fressen Katzen Fledermäuse? Fressen Katzen Fledermäuse?" Und manchmal: „Fressen Fledermäuse Katzen?" Doch da sie keine der Fragen beantworten konnte, war es ziemlich gleichgültig, wie herum sie sie stellte. Sie merkte, wie sie einnickte, und hatte gerade zu träumen begonnen, sie ginge Hand in Hand mit Dina und fragte sie sehr ernsthaft: „Komm, Dina, sag' mir die Wahrheit: Hast du schon einmal eine Fledermaus gefressen?" als sie, holterdipolter, auf einem Haufen trockener Blätter landete und der große Fall schließlich ein Ende hatte.

Alice hatte sich überhaupt nicht wehgetan und sprang sofort auf die Füße. Sie schaute nach oben, aber über ihr war alles dunkel. Vor ihr lag wieder ein langer Gang, und sie konnte das weiße Kaninchen gerade noch davonhoppeln sehen. Jetzt war keine Sekunde mehr zu verlieren. Alice stob wie der Wind hinter ihm her, und bevor es um eine Ecke bog, hörte sie es noch sagen: „Oh, meine armen Ohren! Meine armen Barthaare! Wie spät es schon wieder ist!" Alice war dicht hinter ihm, als sie um die Ecke bog, doch plötzlich war von dem Kaninchen keine Spur mehr zu sehen. Sie fand sich selbst in einer langen, niederen Halle, die von einer Reihe von der Decke hängender Lampen beleuchtet wurde.

An den Wänden war eine Tür neben der anderen, doch alle waren verschlossen. Und als Alice auf der einen Seite hinunter und auf der anderen wieder hinaufgegangen war und es an jeder Tür versucht hatte, trat sie traurig in die Mitte der Halle und fragte sich, wie sie hier jemals wieder herauskommen sollte.

Plötzlich bemerkte sie einen kleinen, dreibeinigen Tisch ganz aus Glas. Auf ihm lag nichts als ein winziger goldener Schlüssel, und Alices erster Gedanke war, daß er in eine der Türen passen müßte, doch dem war nicht so. Entweder die Schlüssellöcher waren alle zu groß oder der Schlüssel war zu klein, auf jeden Fall wollte sich keine von ihnen öffnen. Doch als sie das zweitemal um den ganzen Saal gegangen war, bemerkte sie einen kleinen Vorhang, den sie beim erstenmal nicht gesehen hatte. Dahinter befand sich eine kleine Tür, nicht höher als einen halben Meter. Alice öffnete die Tür und sah, daß sie auf einen kleinen Gang führte, der nicht größer als ein Rattenloch war. Sie kniete nieder und sah durch den Gang in den herrlichsten Garten, den man sich nur vorstellen kann. Wie gerne hätte sie die dunkle Halle hinter sich gelassen und wäre zwischen den hübschen bunten Blumenbeeten und den kühlen Springbrunnen spazierengegangen, aber sie konnte ja nicht einmal ihre Hand durch den Gang stecken. „Und selbst wenn ich meine Hand hindurchbekäme", dachte die arme Alice, „würde sie mir ohne meine Schultern auch nichts nützen. Wenn ich mich nur zusammenklappen könnte wie ein Taschenmesser! Ich bin sicher, ich könnte es auch, wenn ich nur wüßte, wie ich es anzufangen hätte!" Da in der letzten Zeit so viele ungewöhnliche Dinge geschehen waren, war Alice zu der Überzeugung gelangt, daß nur sehr wenige Dinge tatsächlich unmöglich waren.

Da es keinen Sinn hatte, bei der kleinen Tür zu warten, ging Alice zum Tisch zurück, halb in der Hoffnung, dort einen weiteren Schlüssel zu finden oder zumindest ein Buch mit Anleitungen über das Zusammenklappen von Menschen wie Taschenmesser. Was sie fand, war jedoch eine kleine Flasche (die mit Sicherheit vorher nicht dagestanden hatte) mit einem Etikett, auf dem in großen Buchstaben geschrieben stand: „TRINK MICH".

Das war zwar schön und gut, aber die kluge kleine Alice war weit davon entfernt, der Aufforderung sofort Folge zu leisten. „Nein", sagte sie sich, „ich werde zuerst schauen, ob nicht irgendwo ‚Gift' steht", denn sie hatte schon mehrere Geschichten über Kinder gelesen, die verbrannten, von wilden Tieren aufgefressen wurden oder andere unerfreuliche Dinge erlebten, nur weil sie nicht auf das gehört hatten, was ihnen ihre Freunde gesagt hatten, zum Beispiel: daß man sich an einem glühend heißen Feuerhaken verbrennt, wenn man ihn zu lange in der Hand hält; oder daß es, wenn man sich mit dem Messer sehr tief in den Finger schneidet, normalerweise blutet; und daß es, wenn man viel aus einer Flasche trinkt, auf der „Gift" steht, mit ziemlicher Sicherheit früher oder später Schwierigkeiten gibt.

Da auf dieser Flasche jedoch *nicht* „Gift" stand, wagte Alice, ein wenig von dem Inhalt zu versuchen, und da es sehr gut schmeckte (wie eine Mischung aus Kirschkuchen, Vanillesoße, Ananas, gebratenem Truthahn, Sahnebonbons und warmem Toastbrot mit Butter), war die Flasche bald leer.

„Was für ein seltsames Gefühl!" sagte Alice. „Mir ist, als würde ich zusammenklappen wie ein Taschenmesser!"

Und so war es tatsächlich: sie war jetzt nur noch ungefähr fünfundzwanzig Zentimeter groß, und ihr Gesicht strahlte vor Freude bei dem Gedanken, daß sie nun genau die richtige Größe hatte, um durch die Tür in den herrlichen Garten zu gelangen. Sie wartete jedoch noch einige Minuten, um zu sehen, ob sie noch weiter schrumpfte. Der Gedanke beunruhigte sie etwas, „denn es hätte ja damit enden können", sagte Alice später, „daß ich ganz ausgegangen wäre wie eine Kerze. Ich möchte nur wissen, wie ich dann aussähe!" Und sie versuchte sich vorzustellen, wie eine Kerzenflamme aussieht, wenn man sie ausgeblasen hat, doch sie konnte sich nicht erinnern, jemals so etwas gesehen zu haben.

Als Alice eine Weile gewartet und festgestellt hatte, daß nichts mehr geschah, entschloß sie sich, nun den Garten zu betreten. Doch arme Alice! Als sie zu der Tür kam, merkte sie, daß sie den kleinen goldenen Schlüssel vergessen hatte, und als sie deshalb zum Tisch zurückging, sah sie, daß sie nicht mehr an ihn heranreichen konnte: sie konnte ihn zwar durch die gläserne Tischplatte deutlich sehen und versuchte auch mit allen Kräften, an einem der Tischbeine hinaufzuklettern, doch es war zu glatt. Schließlich war sie bei all ihren vergeblichen Versuchen so müde geworden, daß sie sich hinsetzte und weinte.

„Es hat keinen Zweck, dazusitzen und zu weinen!" sagte Alice nach einiger Zeit entschieden zu sich selbst, „ich kann dir nur raten, sofort damit aufzuhören!" Im allgemeinen gab sich Alice sehr gute Ratschläge (obwohl sie sie sehr selten befolgte), und manchmal schimpfte sie so heftig mit sich, daß ihr die Tränen kamen. Einmal hatte sie sogar versucht, sich selbst eine Ohrfeige zu geben, weil sie bei einem Krocket-Spiel, das sie mit sich selbst gespielt hatte, gemogelt hatte, denn dieses sonderbare Kind stellte sich gerne vor, es sei zwei Personen. „Doch es hat jetzt keinen Sinn", dachte die arme Alice, „sich vorzustellen, man sei zwei Personen. Von mir ist ja kaum noch genug übrig, um *eine* richtige Person auszumachen!"

Bald fielen ihre Augen auf ein kleines gläsernes Schächtelchen, das unter dem Tisch lag. Sie öffnete es und fand darin einen kleinen Kuchen, auf dem in Rosinenschrift geschrieben stand: „ISS MICH". „Gut", sagte Alice, „ich werde ihn essen, und wenn er mich größer macht, kann ich an den Schlüssel kommen. Wenn er mich aber kleiner macht, kann ich unter der Tür hindurchkriechen, also komme ich auf beide Arten in den Garten, und mir ist es gleich, auf welche!"

Sie aß ein kleines Stück und fragte sich ängstlich: „Kleiner oder größer? Kleiner oder größer?" und dabei legte sie sich die Hand auf den Kopf, um zu spüren, in welche Richtung sie wuchs. Sie war jedoch sehr erstaunt, als sie feststellte, daß sich nichts tat. Sicher, das ist im allgemeinen so, wenn man ein Stück Kuchen ißt, doch Alice hatte sich inzwischen so sehr an ungewöhnliche Dinge gewöhnt, daß ihr das Leben, wenn es wieder seinen gewohnten Gang ging, recht langweilig und dumm vorkam.

Also machte sie sich an den Kuchen und hatte ihn bald ganz aufgegessen.

Der Tränenteich

„Das wird ja immer guter!“ rief Alice (sie war so überrascht, daß sie ihre ganzen Grammatikkenntnisse vergessen hatte), „jetzt öffne ich mich plötzlich wie das größte Taschenmesser, das es je gab! Auf Wiedersehen, Füße!“ (denn als sie an sich heruntersah, waren ihre Füße schon beinahe außer Sichtweite). „Oh, meine armen kleinen Füßchen, wer soll euch denn jetzt Schuhe und Strümpfe anziehen? *Ich* kann es sicher nicht mehr! Ich werde viel zu weit weg sein, um mich noch um euch kümmern zu können. Ihr müßt versuchen, es so gut wie möglich selbst zu machen – aber ich muß recht freundlich zu ihnen sein“, dachte Alice dann, „sonst gehen sie vielleicht nicht mehr in die Richtung, in die ich möchte! Ich hab's! Ich werde ihnen zu jedem Weihnachtsfest ein neues Paar Stiefel schenken.“

Und sie begann bereits Pläne zu machen, wie sie es bewerkstelligen könnte. „Das Geschenk muß durch Boten überbracht werden“, dachte sie laut, „doch wie sieht denn das aus: seinen eigenen Füßen Geschenke zu machen! Und wie merkwürdig erst die Adresse aussehen wird!

An Herrn
Rechter Fuß von Alice
Wohnzimmerteppich
nahe dem Kamin

Meine Güte! Was rede ich da für Unsinn!“

In diesem Augenblick stieß sie mit dem Kopf an die Decke der Halle. Sie war jetzt über zwei Meter groß. Rasch nahm sie den kleinen goldenen Schlüssel vom Tischchen und eilte zum Gartentor.

Arme Alice! Alles, was sie tun konnte, war, sich auf die Seite zu legen und mit einem Auge in den Garten hinauszuschauen, denn durch die Türe zu kommen, war hoffnungsloser denn je. Sie setzte sich hin und begann zu weinen.

„Du solltest dich schämen!“ sagte sie zu sich selbst, „ein großes Mädchen wie du (und das konnte sie ja nun laut sagen) weint doch nicht! Hör' sofort auf damit!“ Doch sie weinte weiter und vergoß literweise Tränen, bis sich ein großer Teich um sie herum gebildet hatte, der beinahe zehn Zentimeter tief war und die halbe Halle ausfüllte. Nach einem Weilchen hörte sie leichte Schritte nahen und trocknete rasch die Augen, um zu sehen, wer da käme. Es war das weiße Kaninchen, das in Frack und Zylinder zurückkam, ein Paar Glacéhandschuhe in der einen und einen großen Fächer in der anderen Hand. Das Kaninchen war wie immer in großer Eile und keuchte beim Laufen vor sich hin. „Oh, die Herzogin, die Herzogin! Die Herzogin! Was wird sie wütend sein, weil ich sie hab' warten lassen!“ Alice war so verzweifelt, daß sie jeden, der ihr über den Weg gelaufen wäre, um Hilfe angefleht hätte, und so begann sie, als das Kaninchen näherkam, mit leiser, schüchterner Stimme: „Bitte, mein Herr, könnten Sie ...“ Das Kaninchen drehte sich auf dem Absatz herum, ließ Handschuhe und Fächer fallen und rannte so schnell es konnte in die Dunkelheit davon.

Alice hob den Fächer und die Handschuhe auf, und da es sehr heiß in der Halle war, fächelte sie sich Kühlung zu, während sie weiterredete: „Was soll ich nur tun? Gestern ging alles noch seinen gewohnten Gang, und heute passieren mir die seltsamsten Dinge! Ob ich wohl über Nacht verwandelt worden bin? Laß mich einmal nachdenken: War ich noch dieselbe, als ich heute morgen aufstand? Wenn ich mich richtig erinnere, glaube ich fast, daß ich mich ein wenig verändert fühlte. Wenn ich aber nicht mehr dieselbe bin, stellt sich die Frage: Wer, um alles in der Welt, bin ich dann?“ Ja, das war das große Rätsel! Und sie begann, sich alle Kinder, die sie kannte und die in ihrem Alter waren, ins Gedächtnis zu rufen, um herauszufinden, ob sie sich vielleicht in eines von ihnen verwandelt hätte.

„Anne kann ich nicht sein“, sagte sie, „denn die hat hübsche Locken, und meine Haare sind ganz glatt; Kathi kann ich auch nicht sein, denn ich weiß so viele Dinge und die – du liebe Zeit –, die weiß ja beinahe gar nichts! Außerdem ist *sie* sie und *ich* bin ich, und – du liebe Zeit – wie verwirrend das alles ist! Ich will mich einmal prüfen, ob ich noch alles weiß, was ich früher gewußt habe. Also: vier mal fünf ist zwölf, und vier mal sechs ist dreizehn, und vier mal sieben ist – du liebe Zeit! So komme ich nie bis zwanzig! Doch das kleine Einmaleins will noch nichts heißen. Ich will es einmal mit Erdkunde versuchen: London ist die Hauptstadt von Paris, Paris ist die Hauptstadt von Rom, und Rom – nein, das ist ja alles falsch! Jetzt bin ich sicher: ich muß in Kathi verwandelt worden sein. Vielleicht versuche ich es noch einmal mit einem Lied ...“ Und sie faltete die Hände im Schoß wie in der Schule, wenn sie beteten, und begann, doch ihre Stimme klang so heiser und fremd, und die Worte kamen ganz anders als sonst über ihre Lippen:

„Alle Vöglein sind schon da,
Alle Vöglein, alle:
Schwein und Kuh und Krokodil
Und der Tausendfüßler viel
Wünschen dir ein frohes Jahr,
Gewitter, Sturm und Regen.

Ich bin sicher, das Lied geht anders“, seufzte Alice, und ihre Augen füllten sich wieder mit Tränen, als sie fortfuhr: „Dann bin ich also tatsächlich Kathi, muß in diesem armseligen kleinen Häuschen wohnen, habe keine Spielsachen, und – was das Schlimmste ist – ich muß immer so viel lernen! Aber eines ist sicher: Wenn ich wirklich Kathi bin, bleibe ich hier unten. Dann können sie lange ihre Köpfe in das Kaninchenloch stecken und bitten: ‚Komm doch herauf, Liebes!‘ Ich werde nur hinaufschauen und fragen: ‚Wer bin ich denn?‘ Und wenn ich es dann weiß und die Person auch sein mag, komme ich hoch, wenn nicht, bleibe ich unten bis ich jemand anderer bin. Aber ...“ Alice brach plötzlich wieder in Tränen aus, „wenn doch erst einmal jemand seinen Kopf in das Kaninchenloch stecken wollte! Ich habe es so satt, alleine hier unten zu sitzen!“

Bei diesen Worten schaute sie zufällig auf ihre Hände und war sehr erstaunt, als sie sah, daß sie während des Redens einen der kleinen Handschuhe des Kaninchens angezogen hatte. „Wie ist das nur möglich?“ fragte sie sich. „Ich muß wieder kleiner geworden sein.“ Sie stand auf und lief zu dem Tischchen, um sich daran zu messen, und stellte bald fest, daß sie nur noch einen halben Meter groß war und ständig weiterschrumpfte. Der Grund für dieses Schrumpfen war, wie sie rasch feststellte, der Fächer, den sie in der Hand hielt. Sie ließ ihn gerade noch rechtzeitig fallen, um zu verhindern, daß sie ganz zusammenschmolz.

„Das ist noch einmal gut gegangen!“ seufzte Alice, der die rasche Verwandlung einen ziemlichen Schrecken eingejagt hatte, doch sie war froh, sich immer noch am Leben zu finden. „Jetzt aber nichts wie in den Garten!“ und sie rannte so schnell sie konnte zu der kleinen Tür zurück. Doch was mußte sie sehen! Die kleine Tür war wieder zu und der kleine Schlüssel lag wie zu Anfang auf dem gläsernen Tischchen, „und die Dinge stehen schlimmer denn je“, dachte das arme Kind, „denn ich war noch nie so winzig wie im Augenblick, und überhaupt ist es schrecklich, jawohl, schrecklich!“

Bei diesen Worten glitt sie aus und, platsch! lag sie bis zum Kinn in Salzwasser. Ihr erster Gedanke war, daß sie irgendwie ins Meer gefallen sein mußte, „und in diesem Fall kann ich mit dem Zug nach Hause fahren“, tröstete sie sich. (Alice war schon einmal am Meer gewesen und war dort zu der Erkenntnis gelangt, daß – an welcher Küste man sich auch immer befindet – es dort immer ein Paar Maschinen gibt, die im Wasser baden, Kinder, die mit hölzernen Spaten im Sand graben, dann eine lange Reihe Ferienhäuser und dahinter ein Bahnhof.) Doch sie merkte bald, daß sie in dem Tränenteich war, den sie geweint hatte, als sie noch zwei Meter groß war.

„Hätte ich nur nicht so viel geweint“, dachte sie nun, als sie schwimmend versuchte, wieder an Land zu kommen. „Das ist nun die Strafe. Wahrscheinlich muß ich in meinen eigenen Tränen ertrinken! Das wäre zwar wahrhaftig etwas Außergewöhnliches, aber heute geschehen ja nur außergewöhnliche Dinge.“

Im Tränenteich

In diesem Augenblick hörte sie in einiger Entfernung noch jemanden in dem Teich herumplanschen, und sie schwamm näher heran, um zu sehen, wer es sei. Zuerst dachte sie, es müsse ein Walroß sein oder ein Nilpferd, doch dann kam ihr wieder in den Sinn, wie klein sie war, und bald erkannte sie in dem Fremdling eine Maus, die wie sie selbst ins Wasser gefallen war.

„Ob es wohl einen Sinn hätte", fragte sich Alice, „die Maus anzusprechen? Aber hier unten ist ja alles anders, so daß ich beinahe sicher bin, sie kann sprechen. Ich kann es auf jeden Fall einmal versuchen." Und so begann sie: „O Maus, weißt du vielleicht, wie man wieder aus diesem Teich herauskommt? Ich mag nicht mehr länger herumschwimmen, O Maus." (Alice glaubte den richtigen Ton gefunden zu haben, um mit einer Maus zu sprechen. Sie hatte so etwas zwar noch nie zuvor getan, doch sie erinnerte sich, in der Lateingrammatik ihres Bruders einmal gelesen zu haben: „Die Maus – Der Maus – Der Maus–Die Maus – O Maus".) Die Maus schaute sie fragend an und schien ihr mit einem Auge zuzuzwinkern, doch sie sagte nichts.

Vielleicht versteht sie meine Sprache nicht", dachte Alice. „Ich glaube fast, es ist eine französische Maus, die mit Napoleon herübergekommen ist." Trotz all ihrer geschichtlichen Kenntnisse hatte Alice keine klare Vorstellung davon, wie lange das alles schon her ist. Deshalb nahm sie einen neuen Anlauf: „Où est ma chatte?" Das war der erste Satz aus ihrem Französischbuch. Die Maus machte einen plötzlichen Satz aus dem Wasser und schien vor Furcht am ganzen Körper zu zittern. „Oh, ich bitte vielmals um Entschuldigung!" rief Alice hastig, und es tat ihr leid, daß sie die Gefühle des armen Tieres verletzt hatte. „Ich habe ganz vergessen, daß du keine Katzen magst."

„Keine Katzen mögen!" rief die Maus mit schriller Stimme. „Würdest *du* Katzen mögen, wenn du an meiner Stelle wärst?"

„Wahrscheinlich nicht", sagte Alice beschwichtigend. „Sei mir nicht böse deshalb. Und doch würde ich dir gerne einmal unsere Katze Dina zeigen. Ich bin sicher, du würdest Gefallen an Katzen finden, wenn du sie nur sehen könntest. Sie ist so ein liebes, stilles Ding", fuhr Alice halb zu sich selbst fort, während sie sich im Wasser treiben ließ, „und es sieht so hübsch aus, wenn sie beim Feuer sitzt, sich die Pfoten leckt und das Gesicht wäscht – und sie läßt sich so gerne streicheln und ist unheimlich gut im Mäusefangen ... Oh, Entschuldigung!" rief Alice wieder, denn dieses Mal sträubten sich der Maus alle Haare, und das Mädchen war sicher, sie ernstlich beleidigt zu haben. „Wir wollen nicht mehr darüber sprechen, wenn du nicht magst."

„Wir, daß ich nicht lache!" rief die Maus, die bis in die Schwanzspitze zitterte. „Als ob *ich* über ein solches Thema sprechen wollte! Unsere Familie *haßt* Katzen seit jeher. Häßliche, niedere, gemeine Tiere! Ich will den Namen nicht noch einmal hören!"

„Ich sage bestimmt nichts mehr", beeilte sich Alice, das Thema zu wechseln. „Magst du, magst du – Hunde?" Da die Maus keine Antwort gab, fuhr Alice fort: „Ganz in unserer Nähe gibt es einen lieben kleinen Hund, den würde ich dir gerne einmal zeigen! Ein lustiger kleiner Terrier, weißt du, mit lockigem, braunem Fell. Wenn man etwas wegwirft, holt er es einem wieder, und er macht Männchen und bettelt um sein Essen und noch viel mehr – ich kann mich nicht einmal an die Hälfte erinnern – und er gehört einem Bauern, mußt du wissen, und der sagt, er sei so nützlich, er sei mindestens eine Million wert! Er sagt, er tötet

Ratten und – ach du liebe Zeit!“ rief Alice erschrocken. „Es tut mir leid, wenn ich dich schon wieder beleidigt habe.“ Denn die Maus schwamm so schnell sie konnte von ihr weg, und verursachte dabei einen richtigen Aufruhr im ganzen Teich.

Alice versuchte sie mit sanfter Stimme zurückzurufen: „Liebe Maus!“ rief sie, „komm doch zurück! Wir wollen auch nie mehr über Katzen oder Hunde sprechen, wenn du es nicht magst!“ Als die Maus das hörte, machte sie kehrt und schwamm langsam zu Alice zurück. Ihr Gesicht war ganz blaß (vor Wut, dachte Alice), und sie sprach mit leiser, zitternder Stimme: „Wir wollen ans Ufer schwimmen, dort will ich dir meine Geschichte erzählen, und dann wirst du verstehen, weshalb ich Katzen und Hunde so hasse.“

Es war höchste Zeit, ans Ufer zu schwimmen, denn der Teich füllte sich mit allen möglichen Vögeln und Tieren, die sämtlich hineingefallen waren: da waren Duck und Dodo, Lory und ein junger Adler und andere seltsame Lebewesen. Alice schwamm voran, und die ganze Gesellschaft folgte ihr ans Ufer.

Der Wirrlauf

Es war wirklich eine seltsame Gesellschaft, die sich da am Ufer versammelte: die Vögel mit schmutzig-nassen Federn, die anderen Tiere mit triefendem Fell, und alle froren, fühlten sich unwohl und waren verdrießlich.

Das Wichtigste war im Augenblick, ein Mittel zu finden, um wieder trocken zu werden. Sie hatten eine lange Diskussion darüber, und nach ein paar Minuten schien es Alice ganz natürlich, inmitten der Tiere zu sitzen und so vertraut mit ihnen zu reden, als hätten sie sich ihr ganzes Leben lang gekannt. Sie hatte eine längere Auseinandersetzung mit der Eule, die zum Schluß ganz böse wurde und nur noch mit dem Satz argumentierte ‚Ich bin älter als du und muß es besser wissen‘, ein Argument, das Alice nicht gelten lassen wollte, bevor sie nicht genau wußte, wie alt die Eule war. Und als diese sich strikt weigerte, ihr Alter zu nennen, gab es für Alice nichts weiter zu sagen.

Schließlich rief die Maus, die eine gewisse Autorität zu besitzen schien, den anderen zu: „Setzt euch alle hin und hört mir zu! *Ich* werde euch im Handumdrehen trocken machen!“

Alle setzten sich in einem großen Kreis mit der Maus in der Mitte nieder. Alice wartete ängstlich auf das, was nun kommen würde, denn sie fühlte, daß sie sich ganz sicher eine schlimme Erkältung holen würde, wenn sie nicht bald wieder trocken wäre.

„Ahem“, begann die Maus mit wichtiger Miene. „Seid ihr alle bereit? Das ist die trokkenste Sache der Welt. Ruhe bitte! Die Engländer, die einen neuen Führer brauchten und seit geraumer Zeit an Eroberung und Enteignung gewöhnt waren, unterwarfen sich sehr bald Wilhelm dem Eroberer, dessen Sache vom Papst unterstützt wurde. Edwin und Morcar, die Grafen von Mercia und Northumbria ...“

„Huhu“, machte die Eule und erschauerte.

Alle versammelten sich um ihn, schnappten nach Luft und fragten: „Wer hat gewonnen?“

„Verzeihung bitte“, sagte die Maus stirnrunzelnd, aber sehr höflich, „wolltest du etwas sagen?“

„Nein, nein“, erwiderte die Eule hastig.

„Ich dachte nur“, sagte die Maus. „Ich fahre fort: Edwin und Morcar, die Grafen von Mercia und Northumbria, stellten sich auf seine Seite, und selbst Stigand, der patriotische Erzbischof von Canterbury, fand es ratsam …“

„Fand *was*?“ fragte die Ente.

„Fand *es*“, erwiderte die Maus ärgerlich. „Du weißt doch hoffentlich, was *es* bedeutet!“

„Natürlich weiß ich, was *es* bedeutet, aber wenn *ich* etwas finde, dann ist *es* normalerweise ein Frosch oder ein Wurm“, sagte die Ente. „Die Frage ist, was fand der Erzbischof?“

Die Maus ging auf diese Frage gar nicht ein, sondern fuhr rasch fort: „… fand es ratsam, sich mit Edgar Atheling auf den Weg zu William zu machen und ihm die Krone anzubieten. William verhielt sich sehr bescheiden, doch die Überheblichkeit seiner Normannen … Wie fühlst du dich, meine Liebe?“ unterbrach sie sich, an Alice gewandt.

„So naß wie eh und je“, antwortete Alice ergeben, „es scheint mich kein bißchen trocken zu machen.“

„In diesem Falle“, sprach der Schuhschnabel mit ernster Miene, „beantrage ich die Vertagung der Sitzung und das sofortige Übergehen zu energievolleren Heilmethoden.“

„Sprich doch wie normale Menschen auch“, unterbrach ihn der Adler, „ich verstehe nicht die Hälfte von dem, was du sagst, und ich bin sicher, dir geht es genauso!“ Und der Adler senkte den Kopf, um ein Lächeln zu verbergen. Ein paar der anderen Vögel kicherten hörbar.

„Was ich sagen wollte“, fuhr der Schuhschnabel beleidigt fort, „war, daß das beste Mittel, um trocken zu werden, ein Wirrlauf wäre.“

„Und was ist ein *Wirrlauf*?“ fragte Alice. Nicht, daß sie es wirklich interessierte, aber der Schuhschnabel hatte eine Pause gemacht, als warte er darauf, daß jemand spräche, doch niemand schien bereit, etwas zu sagen.

„Also“, meinte der Schuhschnabel, „die beste Erklärung ist, ihn ganz einfach zu machen.“ (Da ihr es an einem kalten Wintertag vielleicht selbst einmal ausprobieren wollt, werde ich euch jetzt erzählen, wie der Schuhschnabel den Wirrlauf veranstaltete:)

Zunächst bezeichnete er eine Bahn, eine Art Kreis (die genaue Form spielt keine Rolle, sagte er), und dann mußte sich die ganze Gesellschaft entlang dieser Bahn aufstellen, hier einer, hier einer und dort einer. Es gab kein ‚Auf die Plätze, fertig, los!‘, sondern jeder begann zu laufen, wann er wollte und hörte auch wieder auf, wann er wollte, so daß es nicht ganz einfach war, das Ende des Rennens abzusehen. Doch als alle ungefähr eine halbe Stunde gerannt und wieder vollkommen trocken waren, rief der Schuhschnabel plötzlich: „Das Rennen ist vorbei!“, und alle versammelten sich um ihn, schnappten nach Luft und fragten: „Wer hat gewonnen?“

Um diese Frage beantworten zu können, mußte der Schuhschnabel erst angestrengt nachdenken, und er saß lange Zeit da, einen Finger an die Stirn gepreßt (die Position, in der man sich von Bildern her normalerweise Shakespeare vorstellt), während der Rest schweigend wartete. Schließlich unterbrach der Schuhschnabel das Schweigen und sagte: „*Alle* haben gewonnen, und *jeder* muß einen Preis haben.“

„Aber wer vergibt die Preise?“ riefen gleich eine ganze Menge Stimmen auf einmal.

„Sie natürlich!“ erwiderte der Schuhschnabel und zeigte auf Alice, woraufhin sich die ganze Gesellschaft um Alice scharte und durcheinanderschrie: „Preise! Preise!“

„Alice wußte nicht, was tun, und in ihrer Verzweiflung steckte sie eine Hand in die Tasche, wo sie noch eine Dose Bonbons fand (glücklicherweise hatte das Salzwasser sie nicht verdorben), die sie als Preise verteilte. Jeder bekam genau ein Stück.

„Aber sie muß auch einen Preis haben!“ verlangte die Maus.

„Selbstverständlich“, bestätigte der Schuhschnabel mit Nachdruck. „Was hast du noch in deiner Tasche?“ fragte er, zu Alice gewandt.

„Nur noch einen Fingerhut“, erwiderte Alice traurig.

„Gib ihn mir“, sagte der Schuhschnabel.

Noch einmal scharte sich alles um Alice, während der Schuhschnabel ihr feierlich den Fingerhut überreichte und sprach: „Wir würden uns außerordentlich freuen, wenn du diesen hübschen Fingerhut von uns annehmen wolltest.“ Als er seine kleine Rede zu Ende gebracht hatte, applaudierten alle.

Alice schien das ganze recht absurd, da die Tiere aber so ernst dreinschauten, wagte sie nicht zu lachen, und da ihr nichts einfiel, was sie sagen könnte, machte sie nur einen Knicks, nahm den Fingerhut entgegen und bemühte sich, ein ernstes Gesicht dabei zu machen.

Dann ging es an das Verspeisen der Bonbons, was einigen Lärm und Ärger mit sich brachte, da die großen Vögel sich beklagten, sie würden ihres gar nicht schmecken, und die kleinen brachten sie nicht hinunter, und man mußte ihnen auf den Rücken klopfen. Doch bald war auch das vorüber, und alle setzten sich wieder im Kreis auf den Boden und baten die Maus, noch etwas zu erzählen.

„Du hast versprochen, mir deine Geschichte zu erzählen“, erinnerte sie Alice, „und weshalb du – K und H haßt“, fügte sie im Flüsterton hinzu, aus Angst, die Maus könnte wieder beleidigt sein.

„Es ist eine sehr traurige Geschichte, und sie ist so lang wie mein Schwanz“, sprach die Maus und wandte sich seufzend an Alice.

„Er ist tatsächlich sehr lang“, meinte Alice und schaute bewundernd auf den Schwanz der Maus, aber weshalb ist die Geschichte so traurig?“

Während die Maus zu erzählen begann, blickte Alice gebannt auf den Schwanz, wobei sie sich die Geschichte ungefähr folgendermaßen vorstellte:

Sprach die Furie
zur Maus, die sie
traf in ihrem Haus:
„Komm, wir gehen
vor Gericht, ich
verklage dich.
Ich akzeptiere
kein ‚nein‘,
der Prozeß muß
sein, denn es
gibt heute mor-
gen nichts
Bess’res für
mich.“ Sprach
die Maus:
„Werter Herr,
der Prozeß
stört mich
sehr, denn
ohne Richter
und Gericht
mach ich das
nicht.“
Brüstet die
Furie sich:
„Der Richter
bin ich und
ich sprech’
dich auch
schuldig
und verur-
teile dich!“

„Du hörst ja gar nicht zu“, sagte die Maus vorwurfsvoll zu Alice. „An was denkst du gerade?“

„Entschuldige bitte“, sagte Alice sehr bescheiden, „du warst gerade beim fünften Kringel, habe ich recht?“

„War ich nicht!“ schrie die Maus verärgert, „du beleidigst mich mit jedem Wort, das du sagst!“

„Das wollte ich ganz bestimmt nicht“, beteuerte die arme Alice, „aber du bist auch so schrecklich leicht beleidigt!“

Die Maus brummte nur als Antwort.

„Komm doch bitte zurück und erzähle deine Geschichte zu Ende!“ rief Alice hinter ihr her, und die anderen Tiere stimmten ein: „Ja, bitte, tu es!“ Doch die Maus schüttelte nur ungeduldig den Kopf und ging noch ein wenig schneller.

„Wie schade, daß sie nicht dableiben wollte“, seufzte die Eule, als die Maus nicht mehr zu sehen war. Und eine alte Krabbe nahm die Gelegenheit wahr, ihre Tochter zu belehren: „Daran siehst du, meine Liebe, was passiert, wenn man sich nicht beherrschen kann!“ „Halt doch den Mund, Mami", erwiderte die kleine Krabbe schnippisch, „du schaffst es, daß selbst eine Auster die Beherrschung verliert!"

„Wenn jetzt unsere Dina hier wäre", sagte Alice, ohne sich an jemand bestimmtes zu wenden, „die würde sie bald zurückbringen."

„Und wer ist Dina, wenn ich mir die Frage erlauben darf?" sagte die Eule.

Da sie immer gerne über ihr Kätzchen sprach, erklärte Alice eifrig: „Dina ist unsere Katze, und im Mäusefangen gibt es keine bessere. Und wenn ihr sie erst beim Vögelfangen sehen könntet! Sie ist so schnell dabei, daß man ihr gar nicht zuschauen kann."

Diese Worte brachten Bewegung in die Menge. Einige der Vögel flogen gleich davon, während eine alte Elster sich sorgfältig das Gefieder zurechtzustreichen begann und bemerkte:

„Ich muß jetzt wirklich gehen. Die Nachtluft ist nicht gut für meinen Hals." Und eine Ente rief mit zitternder Stimme ihre Kinder zusammen: „Kommt, Kinder! Es ist höchste Zeit, daß ihr ins Bett kommt!" Unter verschiedenen Vorwänden standen sie alle auf, und Alice blieb schließlich ganz alleine zurück.

„Hätte ich doch nur nicht von Dina gesprochen", sagte sie traurig zu sich selbst. „Niemand scheint sie hier unten zu mögen, und sie ist doch die beste Katze auf der ganzen Welt! Oh, meine liebe Dina! Ob ich dich wohl jemals wiedersehe?!" Und hier begann die arme Alice wieder zu weinen, weil sie sich so schrecklich einsam und hilflos vorkam. Nach einer kleinen Weile jedoch hörte sie in einiger Entfernung wieder Schritte und lauschte aufmerksam, in der Hoffnung, daß die Maus sich besonnen hätte und zurückkäme, um ihre Geschichte zu Ende zu erzählen.

Es war das weiße Kaninchen, das langsam zurückkam, und beim Gehen ängstlich um sich schaute, als suche es etwas. Alice hörte, wie es zu sich selbst sagte: „Die Herzogin, die Herzogin! Oh, meine armen Pfoten! Oh, mein schönes Fell und meine Schnurrbarthaare! Sie wird mir den Kopf abhauen lassen, so wahr zwei mal zwei vier ist! Wo kann ich sie nur verloren haben?“ Alice erriet sofort, daß es nach seinem Fächer und den Handschuhen suchte, und hilfsbereit, wie sie war, machte sie sich auch auf die Suche danach, doch sie konnte sie nirgends finden. Überhaupt schien sich seit ihrem Bad im Tränenteich alles ringsum verändert zu haben. Die große Halle mit dem kleinen gläsernen Tischchen und der kleinen Tür war völlig verschwunden.

Bald bemerkte das Kaninchen Alice, die suchend herumlief, und rief ihr ärgerlich zu: „Was machst du denn hier, Marianne? Lauf sofort nach Hause und hole mir einen Fächer und ein Paar Handschuhe. Aber schnell, schnell!“ Und Alice war so verdutzt, daß sie augenblicklich in die angegebene Richtung lief, ohne das Kaninchen über seine Verwechslung aufzuklären.

„Es dachte, ich sei sein Hausmädchen“, murmelte sie im Laufen, „wie würde es sich wundern, wenn es wüßte, wer ich bin! Aber zuerst bringe ich ihm wohl besser die Handschuhe und den Fächer – das heißt, wenn ich sie finden kann.“ Bei diesen Worten kam sie an ein hübsches Häuschen, an dessen Tür ein Namensschild aus Messing angebracht war, auf dem stand: ‚W. Kaninchen.‘ Sie trat ohne zu klopfen ein und eilte die Treppe hinauf, aus Angst, die richtige Marianne zu treffen und hinausgeworfen zu werden, bevor sie die Handschuhe und den Fächer gefunden hatte.

„Es ist schon ein recht merkwürdiges Gefühl“, sagte sich Alice, „Besorgungen für ein Kaninchen zu machen! Als nächstes wird mich wohl Dina herumkommandieren!“ Alice stellte sich vor, wie das zuginge: ‚Fräulein Alice! Komm sofort her und mache dich für den Spaziergang fertig!‘ ‚Einen Augenblick noch, Tante! Ich muß nur noch dieses Mausloch bewachen, bis Dina zurückkommt, und aufpassen, daß die Maus nicht entwischt.‘

„Ich glaube allerdings nicht, daß sie Dina länger im Haus behalten würden, wenn sie anfinge, die Leute so herumzukommandieren“, fuhr Alice in ihren Überlegungen fort.

Inzwischen war sie in einen kleinen Raum gekommen, unter dessen Fenster ein kleiner Tisch stand, auf dem (wie sie gehofft hatte) ein Fächer lag und zwei oder drei Paar winziger weißer Glacéhandschuhe. Sie war bereits wieder im Begriff zu gehen, als ihr Blick auf ein Fläschchen fiel, das neben dem Spiegel stand. Dieses Mal war kein Etikett mit den Worten ‚Trink mich‘ darauf, doch sie entkorkte es trotzdem und setzte es an die Lippen.

„Irgendetwas passiert immer, wenn ich etwas esse oder trinke“, sagte sie sich, „ich bin gespannt, was der Inhalt dieser Flasche für eine Wirkung hat. Hoffentlich läßt er mich wieder wachsen, denn ich bin es inzwischen leid, so ein winziges Ding zu sein!“

Sie wuchs tatsächlich, und noch viel rascher als sie gedacht hatte. Bevor sie die halbe Flasche ausgetrunken hatte, stieß sie schon mit dem Kopf an die Zimmerdecke und mußte sich bücken, um sich nicht den Hals zu brechen. Hastig setzte sie die Flasche ab und sagte: „Das ist genug – hoffentlich wachse ich nicht weiter – ich komme ja jetzt schon nicht mehr aus der Tür – hätte ich nur nicht so viel getrunken!“

Doch jetzt war es zu spät. Sie wuchs und wuchs und mußte sich bald auf den Boden niederknien. Doch schon in der nächsten Minute genügte auch das nicht mehr, und sie versuchte es mit einer anderen Stellung: sie legte sich auf den Boden, preßte den einen Arm gegen die Tür und den anderen ganz dicht an die Brust. Doch immer noch wuchs sie weiter, und als letzten Ausweg streckte sie einen Arm zum Fenster hinaus und einen Fuß in den Kamin und dachte: „Wenn ich jetzt noch weiterwachse, ist es aus und vorbei mit mir! Was soll nur aus mir werden?"

Zum Glück hatte die Zauberflasche nun ihre volle Wirkung erreicht, und Alice wurde nicht mehr größer. Doch sie war immer noch in einer sehr unbequemen Lage, und da sie keine Möglichkeit sah, jemals wieder aus dem Zimmer herauszukommen, war es kein Wunder, daß sie ziemlich niedergeschlagen war.

„Zu Hause war es viel schöner", dachte die arme Alice, „da wurde man nicht ständig größer und kleiner und mußte sich nicht von Mäusen und Kaninchen herumkommandieren lassen. Ich wünschte, ich hätte den Kaninchenbau nie betreten – und doch – und doch hat es etwas für sich, dieses Leben hier unten! Wenn ich nur wüßte, was mit mir geschehen ist! Wenn ich früher solche Dinge in einem Märchenbuch gelesen habe, habe ich immer geglaubt, die gibt es nicht wirklich, und nun bin ich hier mittendrin! Man sollte ein Buch über mich schreiben, jawohl! Und wenn ich groß bin, schreibe ich auch eines – aber groß genug bin ich ja jetzt", fügte sie niedergeschlagen hinzu, „größer kann ich auf jeden Fall *hier* nicht mehr werden! Bedeutet das dann eigentlich auch, daß ich nicht älter werden kann?" fragte sie sich. „Es hätte schon seine Vorteile, nie eine alte Frau zu werden – aber auf der anderen Seite: immer Schularbeiten machen zu müssen, ist auch nicht das Wahre!"

„Ach, was bist du doch dumm, Alice!" wies sie sich selbst zurecht. „Wie willst du denn hier drinnen Schularbeiten machen? Es ist ja kaum Platz für dich selbst, geschweige denn für ein Schulbuch!"

Sie fuhr in ihren Selbstgesprächen fort, indem sie zunächst die eine und dann die andere Seite beleuchtete. Doch nach ein paar Minuten hörte sie draußen Stimmen und brach ihr Zwiegespräch mit sich selbst ab, um zu lauschen.

„Marianne, Marianne!" rief eine Stimme, „bring mir augenblicklich meine Handschuhe!" Darauf hörte man leichte Schritte auf der Treppe. Alice wußte, daß nun das Kaninchen kam, um nach ihr zu sehen, und bei dem Gedanken begann sie zu zittern, daß das ganze Haus wackelte. Sie hatte völlig vergessen, daß sie ja nun tausendmal so groß war wie das Kaninchen und keine Angst mehr vor ihm zu haben brauchte.

Jetzt war das Kaninchen an der Tür und versuchte, sie zu öffnen. Da die Tür jedoch nach innen aufging und Alices Ellbogen fest dagegendrückte, gelang es ihm nicht. Alice hörte ihn vor sich hinmurmeln: „Dann versuche ich es eben durch das Fenster."

„*Das* wirst du nicht!" dachte Alice, und, nach einer Weile, als sie glaubte, das Kaninchen direkt unter dem Fenster zu hören, streckte sie plötzlich die Hand aus und griff in die Luft. Sie bekam zwar nichts zu fassen, aber sie hörte einen spitzen Schrei und ein Splittern von zerbrochenem Glas, woraus sie schloß, daß das Kaninchen in ein Frühbeet oder etwas ähnliches gefallen war.

Dann erscholl eine ärgerliche Stimme – die des Kaninchens – „Willi! Willi! Wo bist du?" und dann eine Stimme, die sie nicht kannte: „Ja doch, hier bin ich, beim Äpfelgraben."

„Was machst denn du hier, Marianne?“

„Beim Äpfelgraben! rief das Kaninchen ärgerlich. „Komm lieber hierher und hilf mir heraus!“ (Wieder das Splittern von Glas.)

„Sag, Willi, was ist das in dem Fenster dort?“

„Ein Arm, Euer Ehren!“ (Er sprach es ‚Arrem‘ aus.)

„Ein Arm, du dumme Gans! Hast du schon jemals einen Arm von dieser Größe gesehen? Er füllt ja das ganze Fenster aus!“

„Sicher tut er das, Euer Ehren, aber ein Arm ist es trotzdem.“

„Mag sein, mag sein, aber zu suchen hat er hier nichts, das steht fest. Schaff ihn fort!“

Danach war es still, und Alice konnte nur hier und da ein paar geflüsterte Worte vernehmen, wie: „Nein, ich mag es nicht tun, Euer Ehren, ganz und gar nicht, ganz und gar nicht!“ „Tu, was ich dir sage, du Feigling!“ bis Alice ihre Hand noch einmal ausstreckte und wieder in die Luft griff. Dieses Mal ertönten zwei spitze Schreie, und noch mehr Glas zersplitterte. „Da unten muß es aber eine Menge Frühbeete geben“, dachte Alice. „Ich bin nur gespannt, was sie als nächstes tun werden! Was das Herausziehen aus dem Fenster betrifft, so wäre es mir nur recht, wenn es ihnen gelingen würde. Ich habe es satt, länger in diesem engen Zimmer zu bleiben!“

Eine Zeitlang geschah draußen überhaupt nichts. Schließlich hörte sie das Rumpeln von kleinen Wagenrädern und dann viele Stimmen, dic wirr durcheinander sprachen. Sie verstand nur: „Wo ist die andere Leiter?“ – „Ich sollte doch nur eine bringen. Bill hat die andere.“ – „Bill! Faß’ mal mit an, Junge!“

„Hier, stellt sie hierher!“ – „Nein, bindet sie zuerst zusammen. Sie reichen ja nicht einmal bis zur halben Höhe!“ – „Aber natürlich, sei nicht so pingelig.“ – „Hier, Bill, halte ’mal das Seil!“ – „Ob das Dach es wohl aushält?“ – „Gib acht auf den lockeren Ziegel!“ – „Achtung, er fällt! In Deckung!“ (ein lauter Krach) – „Wer war das schon wieder?“ – „Ich glaube Bill.“ – „Wer kriecht überhaupt den Kamin hinunter?“ – „Nein, ich nicht. Du!“ – „Bill wird hinuntersteigen.“ – „Hierher, Bill. Der Meister sagt, du mußt in den Kamin hinuntersteigen.“

„Dann wird also Bill herunterkommen müssen“, dachte Alice. „Sie scheinen alles auf den armen Bill abzuwälzen. Ich möchte nicht in seiner Haut stecken. Der Kamin ist zwar eng, aber ich denke, ich kann meinen Fuß noch gebrauchen.“

Sie zog den Fuß, der im Kamin steckte, so weit als möglich an und wartete, bis sie ein kleines Tier (sie konnte nicht herausfinden, was für eines es war) dicht über ihr im Kamin rumoren hörte. Dann ließ sie mit den Worten: „Das ist Bill!“ ihren Fuß nach oben schnellen und wartete, was passieren würde.

Das erste, was sie hörte, war ein Chor von Stimmen, die riefen: „Da kommt Bill!“ dann die Stimme des Kaninchens allein: „Fangt ihn auf, ihr bei der Hecke dort!“ darauf Stille, und dann wieder ein Stimmengewirr: „Haltet seinen Kopf hoch!“ – „Einen Whisky her!“ – „Ihr erstickt ihn ja!“ – „Na, wie war es, alter Junge? Was ist denn passiert? Du mußt uns alles erzählen!“

Schließlich kam ein dünnes, zitterndes Stimmchen (‚das muß Bill sein‘, dachte Alice): „Ich, ich weiß gar nicht, wie mir geschah – Nein danke, es reicht; ich fühle mich schon besser – aber ich bin noch zu durcheinander, um zu berichten – ich weiß nur, daß irgend etwas wie ein Schachtelteufelchen auf mich losfuhr, und da flog ich auch schon wie eine Rakete in den Himmel!“

„Das stimmt, alter Junge", bestätigten die anderen.
„Wir müssen das Haus niederbrennen", ertönte die Stimme des Kaninchens. Und Alice rief so laut sie konnte: „Wenn ihr das tut, hetze ich Dina auf euch!"
Augenblicklich trat Todesstille ein, und Alice dachte: „Wenn ich nur wüßte, was sie machen wollen! Wenn sie auch nur ein Fünkchen Verstand hätten, würden sie das Dach abdekken." Nach ein oder zwei Minuten begann es sich unten wieder zu regen, und Alice hörte das Kaninchen sagen: „Ein Schubkarren voll wird für den Anfang genügen."
„Ein Schubkarren voll *was*?" fragte sich Alice. Aber sie brauchte nicht lange zu rätseln, denn im nächsten Augenblick kam eine Ladung kleiner Kieselsteine durch das Fenster, und einige Steinchen trafen sie ins Gesicht. „Das hört mir auf!" dachte sie, und laut rief sie: „Das macht ihr besser nicht noch einmal!" worauf abermals Todesstille eintrat.
Erstaunt stellte Alice plötzlich fest, daß die Kieselsteine auf dem Fußboden sich in kleine Kuchen verwandelten, und ihr kam eine glänzende Idee: „Wenn ich einen von diesen Kuchen esse, ändert sich meine Größe mit Sicherheit wieder. Und da sie mich nun wahrhaftig nicht mehr größer machen können, müssen sie mich wohl kleiner machen, nehme ich an."
Also aß sie einen der Kuchen, und war höchst erfreut, als sie merkte, daß sie augenblicklich zu schrumpfen begann. Sobald sie klein genug war, um durch die Tür zu schlüpfen, rannte sie aus dem Haus. Draußen fand sie eine Menge kleiner Tiere aller Art versammelt. Bill, die arme kleine Eidechse, war in der Mitte, gestützt von zwei Meerschweinchen, die ihr den Inhalt einer Flasche einzuflößen versuchten. Sie alle stürzten auf Alice zu, sobald sie sich in der Tür zeigte, doch sie lief so schnell sie konnte und war bald in einem tiefen Wald in Sicherheit.
„Als erstes", sagte sich Alice, als sie im Wald herumwanderte, „muß ich wieder meine normale Größe erlangen, und dann muß ich endlich den Weg in den herrlichen Garten finden. Jawohl, so muß ich es machen!"
Das hörte sich zwar alles sehr schön an, die Schwierigkeit war nur die, daß sie keine Ahnung hatte, wie sie ihre Pläne verwirklichen sollte. Als sie so ängstlich zwischen den Bäumen hindurchblinzelte, ließ sie ein kurzes Bellen direkt über ihrem Kopf erschreckt aufblicken.
Ein riesengroßer junger Hund schaute sie mit großen runden Augen an und streckte vorsichtig eine Pfote vor, um sie zu berühren. „Armes kleines Ding", sagte Alice schmeichelnd und versuchte, ihn durch Pfeifen auf seinem Platz zu halten, doch sie hatte die ganze Zeit über schreckliche Angst, er könnte Hunger haben und sie trotz ihrer Schmeicheleien fressen.
Unbewußt nahm sie ein kleines Ästchen auf und hielt es dem Hündchen hin, woraufhin dieses mit einem entzückten Quieken mit allen vier Beinen gleichzeitig in die Luft sprang, dann einen großen Satz auf das Stöckchen zumachte und so tat, als wolle es ihr das Holz aus der Hand reißen. Alice brachte sich schnell hinter einer großen Distel in Sicherheit, um nicht überrannt zu werden; doch sobald sie auf der anderen Seite wieder hervorkam, stürzte das Hündchen von neuem auf sie zu, und zwar mit einem so gewaltigen Satz, daß es kopfüber ins Gras purzelte. Aus Angst, überrollt zu werden, lief Alice wieder hinter die Distel, doch das Hündchen hatte noch nicht genug von dem Spiel. Es machte noch ein paar stürmische Angriffe auf den Stock, indem es unter heiserem Gebell ein kleines Stück vor und ein großes Stück wieder zurückrannte, bis es sich schließlich in einiger Entfernung niedersetzte, keuchend, mit heraushängender Zunge und halb geschlossenen Augen.

Dies schien Alice eine gute Gelegenheit zur Flucht. Sie lief und lief, bis sie ganz außer Atem war und das Bellen des Hündchens nur noch ganz schwach in weiter Ferne hörte.

„Und es war doch ein liebes kleines Hündchen", sagte Alice. Sie lehnte an einer Butterblume, um auszuruhen und fächelte sich mit einem Blatt Luft zu. „Ich hätte ihm gern ein paar Kunststückchen beigebracht, wenn – ja, wenn ich nur die richtige Größe dazu gehabt hätte! Wie soll ich es nur anfangen? Etwas zu essen oder zu trinken wäre wohl das Sicherste. Die Frage ist nur: was?" Die große Frage war tatsächlich *was*? Alice betrachtete die Blumen und Gräser ringsum, doch nichts schien ihr unter den gegebenen Umständen zum Essen oder Trinken geeignet. Gleich neben ihr stand ein großer Pilz (ungefähr genauso groß wie sie), und nachdem sie unter dem Dach, auf beiden Seiten und hinter dem Pilz nach etwas Eßbarem ausgeschaut hatte, überlegte sie sich, daß sie genauso gut einmal *auf* dem Pilz nachsehen könnte.

Sie streckte sich auf Zehenspitzen und blinzelte über den Rand des Pilzdaches – und schaute direkt in die Augen einer großen blauen Raupe, die mit verschränkten Armen auf dem Dach saß, gemütlich eine lange Wasserpfeife rauchte und weder von Alice noch von sonst etwas auch nur die geringste Notiz nahm.

Alice und die Raupe sahen sich eine Zeitlang schweigend an; endlich nahm die Raupe die Pfeife aus dem Mund und wandte sich mit einer schleppenden, schläfrigen Stimme an Alice:

„Wer bist denn *du*?“ fragte sie.

Das war eine nicht gerade ermutigende Einleitung zu einem Gespräch. Alice antwortete ziemlich schüchtern: „Ich – ich weiß es im Augenblick nicht so genau – ich weiß zwar, wer ich *war*, als ich heute aufstand, aber ich muß mich seither ein paarmal verwandelt haben.“

„Was willst du damit sagen?“ fragte die Raupe streng. „Erkläre dich!“

„Es tut mir leid, mein Herr, aber *mich* kann ich leider nicht erklären“, sagte Alice, „da ich nicht mehr ich selber bin.“

„Wie meinst du das?“ fragte die Raupe.

„Ich fürchte, ich kann mich nicht klarer ausdrücken“, erwiderte Alice sehr höflich, „da ich es selbst nicht verstehe. An einem einzigen Tag so viele verschiedenen Größen zu haben, ist recht verwirrend.“

„Ist es nicht“, sagte die Raupe.

„Nun, vielleicht hast du es noch nicht mitgemacht“, meinte Alice, „aber wenn du dich in eine Puppe verwandeln mußt – und das mußt du sicherlich eines Tages – und dann später in einen Schmetterling, dann wirst du dich wohl auch ein wenig seltsam fühlen, meinst du nicht auch?“

„Nicht im geringsten“, sagte die Raupe.

„Nun ja, vielleicht sind deine Gefühle anders“, antwortete Alice, „doch eines steht fest: Ich würde mich sehr seltsam fühlen!“

„Du!“ sagte die Raupe verächtlich, „wer bist denn *du*?“ Womit sie wieder am Anfang ihres Gespräches waren. Alice war ein bißchen irritiert durch die extrem kurzen Bemerkungen der Raupe, doch sie faßte sich ein Herz und sagte sehr bestimmt: „Ich denke, zuerst solltest du mir einmal sagen, wer *du* bist!“

„Warum?“ sagte die Raupe.

Schon wieder eine so verwirrende Frage! Und da Alice kein triftiger Grund einfiel und die Raupe ausgesprochen schlecht gelaunt zu sein schien, drehte sie sich um und ging weg.

„Komm zurück!“ rief ihr die Raupe nach, „ich habe dir etwas Wichtiges zu sagen!“

Das hörte sich sehr vielversprechend an. Alice drehte sich um und kam zurück.

„Reg' dich nicht auf“, sagte die Raupe.

„Ist das alles?“ fragte Alice und schluckte ihren Ärger so gut es ging hinunter.

„Nein“, sagte die Raupe.

Da Alice nichts zu tun hatte, dachte sie sich, sie könnte genauso gut hier warten, und vielleicht hatte die Raupe doch noch etwas Hörenswertes zu sagen. Diese paffte einige Minuten schweigend weiter, dann endlich nahm sie die Pfeife aus dem Mund und sagte: „Du glaubst also, du seist verwandelt worden?“

„Ich fürchte, so ist es“, sagte Alice. „Ich kann mich nicht mehr an Dinge erinnern, die ich früher wußte, und ich behalte nicht zehn Minuten lang dieselbe Größe!“

„An *welche* Dinge kannst du dich nicht mehr erinnern?“ fragte die Raupe.

„Nun ja, ich habe versucht ‚Alle Vöglein sind schon da‘ aufzusagen, aber die Worte kamen alle ganz verdreht heraus“, antwortete Alice traurig.

„Versuch' es einmal mit ‚Du bist alt, Vater William‘“, sagte die Raupe.

Alice faltete die Hände und begann:

„‚Du bist alt, Vater William‘, sprach sein Sohn bang,
‚Und dein Haar ist doch schon recht grau,
Trotzdem stehst du noch auf dem Kopf stundenlang,
Wird es dir dabei denn nicht flau?‘

‚In meiner Jugend‘, Vater William zur Antwort gab,
‚Bangte ich um mein Gehirn,
Doch jetzt, da ich weiß, daß ich gar keines hab'
Kann ich es auch nicht verlier'n.‘

‚Du bist alt‘, sprach der Junge zum zweitenmal,
‚Und dick und rund wie ein Kloß,
Doch per Purzelbaum purzelst du noch in den Saal,
Sag mir, wie machst du das bloß?‘

‚In meiner Jugend‘, sprach der Alte und schüttelt den Kopf,
‚Hielt ich meine Glieder beweglich
Mit dieser Salbe – drei Penny der Topf –
Ich geb' sie dir unentgeltlich.‘

‚Du bist alt, Vater William, und deine Zähne zu schlecht
Zum Kauen von Fleisch oder Brot,
Doch du futtertest jüngst einen Stier, hab' ich recht?
Und hattest damit keine Not.‘

‚In meiner Jugend‘, sprach der Vater ernst und gesetzt,
‚Da war ich ein großer Jurist,
Und hab' mir am Gegner die Zähne gewetzt,
Was heute noch gut für mich ist.‘

‚Du bist alt, Vater William, und auch schon recht kahl,
Doch dein Aug' ist noch sicher und scharf,
Denn auf der Nase balanciertest du einen Aal,
Wozu es doch einiges bedarf.‘

‚Drei Antworten hab' ich gegeben, das reicht',
Vater William ärgerlich sprach.
‚Glaubst du, dein Geschwätz interessiert mich vielleicht?
Hau ab, sonst helfe ich nach!'"

„Das stimmt nicht", sagte die Raupe.

„Es stimmt nicht *ganz*, fürchte ich", sagte Alice schüchtern, „einige Wörter waren verkehrt."

„Es stimmt von Anfang bis Ende nicht", sagte die Raupe entschieden. Darauf herrschte ein paar Minuten lang Schweigen. Die Raupe begann als erste wieder zu sprechen.

„Welche Größe möchtest du denn haben?" fragte sie.

„Oh, auf ein paar Zentimeter mehr oder weniger kommt es mir nicht an", erwiderte Alice hastig, „Hauptsache, ich verändere mich nicht jeden Augenblick, weißt du."

„Ich weiß es *nicht*", sagte die Raupe.

Alice sagte nichts. Ihr war in ihrem ganzen Leben noch nicht so oft widersprochen worden, und sie fühlte, wie sie langsam die Geduld verlor.

„Bist du mit dieser Größe zufrieden?" fragte die Raupe.

„Nun ja, ich wäre gerne ein *bißchen* größer", erwiderte Alice, „zehn Zentimeter ist doch keine Größe!"

„Und ob es eine Größe ist!" sagte die Raupe ärgerlich und richtete sich auf (sie war genau zehn Zentimeter groß).

„Aber ich bin nicht daran gewöhnt", entschuldigte sich die arme Alice kläglich. Und sie dachte bei sich: „Wenn die Tiere nur nicht so schnell beleidigt wären!"

„Du wirst dich schon noch daran gewöhnen", sagte die Raupe, steckte ihre Wasserpfeife in den Mund und begann wieder zu rauchen.

Diesmal wartete Alice geduldig, bis sie wieder zu sprechen beliebte. Nach ein oder zwei Minuten nahm die Raupe die Wasserpfeife wieder aus dem Mund, gähnte ein- oder zweimal und schüttelte sich. Dann stieg sie von ihrem Pilz herunter und kroch durch das Gras davon, wobei sie lediglich noch bemerkte: „Eine Seite macht dich größer, die andere Seite macht dich kleiner."

„Eine Seite *wovon*? Die andere Seite *wovon*?" dachte Alice.

„Von dem Pilz", sagte die Raupe, gerade als ob Alice die Frage laut gestellt hätte. Im nächsten Moment war sie verschwunden. Alice betrachtete minutenlang nachdenklich den Pilz und versuchte herauszubekommen, wo seine zwei Seiten waren. Da er vollkommen rund war, stellte sich diese Frage als ziemlich schwierig heraus. Schließlich breitete sie die Arme aus, so weit sie konnte, und brach mit jeder Hand ein Stück vom Rand des Pilzes ab.

„Was ist nun was?" fragte sie sich und knabberte ein bißchen von dem Stück in ihrer rechten Hand, um die Wirkung auszuprobieren. Im nächsten Augenblick spürte sie einen heftigen Schlag gegen das Kinn: es war auf ihre Füße gestoßen! Diese plötzliche Veränderung erschreckte sie ganz furchtbar, doch sie spürte, daß keine Zeit zu verlieren war, da sie von Sekunde zu Sekunde weiterschrumpfte, deshalb machte sie sich sofort daran, etwas von dem anderen Stück zu essen. Das war gar nicht so einfach, da ihr Kinn bereits fest auf ihre Füße gepreßt war. Endlich schaffte sie es, etwas von dem Stück in ihrer linken Hand abzubeißen.

„Endlich habe ich meinen Kopf wieder frei!" freute sich Alice, doch ihre Freude verwandelte sich im nächsten Augenblick in Entsetzen, als sie feststellte, daß ihre Schultern verschwunden waren. Alles, was sie sah, wenn sie an sich hinunterblickte, war ein schrecklich langer Hals, der wie ein Leuchtturm aus einem weit unter ihr liegenden See von grünen Blättern herauszuragen schien.

„Was kann dieses grüne Zeug nur sein?" fragte sich Alice. „Und wo sind meine Schultern geblieben? Und ihr, meine armen kleinen Hände, warum kann ich euch nicht sehen?" Sie bewegte sie beim Sprechen, doch es schien sich nichts zu rühren außer einem leisen Rauschen der grünen Blätter unter ihr.

Da es völlig ausgeschlossen schien, die Hände zum Kopf hinaufzubekommen, versuchte sie, den Kopf zu ihnen hinunterzubeugen, wobei sie erfreut feststellte, daß sie ihren Hals in jede beliebige Richtung drehen konnte wie eine Schlange. Es war ihr gelungen, ihn in graziösem Zickzack nach unten zu neigen, und sie war gerade im Begriff, in die grünen Blätter unterzutauchen, die sich als nichts anderes als die Wipfel der Bäume herausstellten, unter denen sie herumspaziert war, als sie noch ein winziges Ding war, als ein plötzliches scharfes Zischen sie erschreckt wieder hochfahren ließ: eine große Taube war ihr ins Gesicht geflogen und schlug heftig mit den Flügeln auf sie ein.

„Schlange!" kreischte die Taube.

„Ich bin keine Schlange!" sagte Alice beleidigt, „laß mich in Frieden!"

„Schlange, sage ich!" wiederholte die Taube, doch in einem etwas gemäßigteren Ton, und fügte beinahe mit einem Schluchzen hinzu: „Ich habe alles versucht, doch nichts scheint ihnen recht zu sein!"

„Ich habe nicht die geringste Ahnung, wovon du sprichst", sagte Alice.

„Ich habe es mit Baumwurzeln versucht und mit Uferbänken und mit Hecken", fuhr die Taube fort, ohne sich um Alice zu kümmern, „aber diese Schlangen! Man kann ihnen nichts recht machen!"

Alice wunderte sich immer mehr, doch sie sah ein, daß es wohl keinen Zweck hatte, irgend etwas zu sagen, bevor die Taube nicht zu Ende gesprochen hatte.

„Als ob man mit dem Ausbrüten der Eier nicht schon genug Schwierigkeiten hätte", sagte die Taube, „aber nein, ich muß auch noch Tag und Nacht vor Schlangen auf der Hut sein. Seit drei Wochen schon habe ich kein Auge mehr zugetan!"

„Es tut mir leid, daß du solchen Ärger hattest", sagte Alice, die anfing zu verstehen.

„Und gerade als ich den höchsten Baum im ganzen Wald genommen hatte", fuhr die Taube fort und erhob ihre Stimme zu einem schrillen Kreischen, „und gerade, als ich dachte, ich hätte Ruhe vor ihnen, müssen sie sich vom Himmel herunterschlängeln! Nein, diese Schlangen!"

„Aber ich bin keine Schlange, glaub' mir!" beteuerte Alice. „Ich bin ein – ich bin ein …"

„Ha! *Was* bist du?" fragte die Schlange. „Ich sehe es dir an, daß du etwas erfinden willst!"

„Ich – ich bin doch noch ein kleines Mädchen", sagte Alice, doch wenn sie an die vielen Veränderungen dachte, die sie an diesem Tag schon mitgemacht hatte, war sie sich nicht mehr so sicher.

„So siehst du auch aus!" sagte die Taube verächtlich. „Ich habe schon viele kleine Mädchen in meinem Leben gesehen, aber noch keines mit einem solch langen Hals. Nein,

Der Rat der Raupe

nein, du bist eine Schlange, und es hat gar keinen Zweck, das abzustreiten. Ich nehme an, demnächst willst du mir auch noch weismachen, du hättest noch nie ein Ei gegessen!"

„Natürlich habe ich schon Eier gegessen", sagte Alice, die ein sehr wahrheitsliebendes Kind war, „aber kleine Mädchen essen eben genauso häufig Eier wie Schlangen."

„Das glaube ich nicht", sagte die Taube, „aber wenn sie es tun, sind sie auch eine Art von Schlangen, das ist meine Meinung."

Das war ein ganz neuer Aspekt für Alice, der sie ein oder zwei Minuten schweigen ließ, was der Taube Gelegenheit gab hinzuzufügen: „Du suchst auf jeden Fall nach Eiern, das steht fest, was für einen Unterschied macht es dann für mich, ob du ein kleines Mädchen bist oder eine Schlange?"

„Für *mich* macht das einen gewaltigen Unterschied", sagte Alice hastig, „aber ich suche zufällig nicht nach Eiern, und wenn ich es täte, dann wollte ich *deine* ganz bestimmt nicht. Ich mag sie nämlich nicht roh."

„Dann verschwinde!" sagte die Taube böse und begab sich wieder in ihr Nest.

Alice arbeitete sich so gut sie konnte durch die Bäume, doch immer wieder mußte sie innehalten, weil sich ihr Hals in den Ästen verfangen hatte. Nach einer Weile erinnerte sie sich daran, daß sie ja immer noch die Pilzstückchen in den Händen hielt, und vorsichtig machte sie sich daran, zuerst von dem einen und dann von dem anderen ein bißchen abzuknabbern, wobei sie jedesmal entweder größer oder kleiner wurde, bis sie es schließlich geschafft hatte, sich auf ihre normale Größe zu bringen.

Es war schon so lange her, seit sie zum letztenmal auch nur annähernd ihre richtige Größe gehabt hatte, daß sie sich zunächst ganz seltsam fühlte, doch sie hatte sich bald daran gewöhnt und begann wie üblich mit sich selbst zu sprechen: „Die Hälfte meines Planes wäre also ausgeführt. Die ständigen Veränderungen sind doch recht verwirrend! Ich bin mir nie sicher, was ich in der nächsten Minute sein werde. Doch jetzt habe ich wenigstens meine normale Größe wieder. Bleibt die Frage: wie komme ich in den herrlichen Garten?" Bei diesen Worten hatte sie einen freien Platz erreicht, auf dem ein kleines Haus von nur ungefähr einem Meter Höhe stand. „Wer immer auch darin lebt", dachte Alice, „in *dieser* Größe kann ich mich nicht zeigen. Man würde vor lauter Angst den Verstand verlieren!" Also begann sie wieder an dem Pilzstückchen in ihrer rechten Hand zu knabbern und wagte sich erst in die Nähe des Hauses, als sie sich auf zwanzig Zentimeter heruntergegessen hatte.

Alice betrachtete noch das Haus und überlegte sich, was wohl als nächstes zu tun sei, als plötzlich ein Lakai in Livree aus dem Wald gelaufen kam – (sie dachte sich zumindest, daß es ein Lakai war, da er eine Livree trug; seinem Gesicht nach hätte sie ihn allerdings eher für einen Fisch gehalten) – und laut an die Tür klopfte. Sie wurde von einem anderen Lakai in Livree geöffnet, der ein rundes Gesicht und Augen wie ein Frosch hatte. Beide Lakaie hatten, wie Alice feststellte, ihr Haar gepudert, das ihnen in langen Locken auf die Schultern fiel. Sie war neugierig, was das alles zu bedeuten hätte, und schlich sich ein Stückchen aus dem Wald heraus, um zu lauschen.

Der Fisch-Lakai zog einen riesigen Brief, der beinahe so groß war wie er selbst, unter dem Arm hervor und überreichte ihn dem anderen mit den feierlichen Worten: „Für die Herzogin. Eine Einladung der Königin zum Krocket-Spiel." Der Frosch-Lakai wiederholte im selben feierlichen Ton, nur daß er die Worte ein wenig umstellte: „Von der Königin. Eine Einladung für die Herzogin zum Krocket-Spiel." Dann verneigten sich die beiden tief voreinander, und ihre Locken verwickelten sich.

Alice mußte bei diesem Anblick so laut lachen, daß sie schnell in den Wald zurücklief, um nicht gehört zu werden. Als sie wieder herausschaute, war der Fisch-Lakai verschwunden; der andere saß neben der Tür auf dem Boden und starrte dümmlich in die Luft. Alice trat schüchtern zur Tür und klopfte an.

„Es hat überhaupt keinen Sinn zu klopfen", sagte der Lakai, „und zwar aus zweierlei Gründen. Erstens, weil ich auf derselben Seite der Tür bin wie du, und zweitens, weil sie da drinnen einen solchen Krach machen, daß man dich kaum hören wird." Der Lärm im Haus war allerdings beträchtlich: ein beständiges Heulen und Niesen und zwischendurch ein gewaltiges Krachen, als ob Teller oder Schüsseln zerbrächen.

„Wie kann ich dann bitte hineinkommen?" fragte Alice.

„Dein Klopfen hätte vielleicht einen Sinn", fuhr der Frosch-Lakai fort, ohne sie zu beachten, „wenn wir die Tür zwischen uns hätten. Wenn du zum Beispiel *drinnen* wärst, könntest

du klopfen, und ich könnte dich herauslassen." Er schaute, während er sprach, die ganze Zeit in die Luft, was Alice ausgesprochen unhöflich fand. „Aber vielleicht kann er nichts dafür", dachte sie dann, „weil seine Augen so schrecklich weit oben am Kopf sitzen. Aber meine Fragen könnte er trotzdem beantworten. – Wie komme ich hinein?" wiederholte sie.

„Ich werde hier sitzenbleiben", bemerkte der Frosch-Lakai, „bis morgen –"

In diesem Augenblick ging die Tür auf, und ein großer Teller kam herausgeflogen, genau auf seinen Kopf zu. Er streifte seine Nase und zerbrach dann an einem der Bäume.

„– oder bis übermorgen vielleicht", fuhr der Lakai fort, als sei nichts geschehen.

„Wie komme ich hinein?" fragte Alice wieder, noch lauter dieses Mal.

„Bist du überhaupt befugt hineinzugehen?" fragte der Lakai. „Das ist nämlich die erste Frage, mußt du wissen."

Das stimmte allerdings. Doch Alice haßte es, wenn so mit ihr gesprochen wurde. „Es ist wirklich schrecklich", murmelte sie, „wie diese Tiere argumentieren. Es macht einen ganz krank!" Der Lakai hielt das für eine gute Gelegenheit, seine Bemerkung mit einigen kleinen Abwandlungen zu wiederholen: „Ich bleibe hier sitzen", sagte er, „bis übermorgen, bis überübermorgen ..."

„Aber was soll ich denn tun?" fragte Alice ungeduldig.

„Was du willst", erwiderte der Lakai und begann zu pfeifen.

„Ach, es hat überhaupt keinen Zweck, mit ihm zu reden", sagte Alice verzweifelt. Er ist vollkommen übergeschnappt!" Und sie öffnete die Tür und trat ein.

Die Tür führte direkt in eine große Küche, die von einem Ende zum anderen voll Rauch war. In der Mitte saß die Herzogin auf einem Schemel und wiegte ein Baby; die Köchin beugte sich über das Feuer und rührte in einem großen Kessel, in dem Suppe kochte.

„Ich bin sicher, in der Suppe ist viel zu viel Pfeffer", sagte Alice zu sich selbst, doch vor lauter Niesen konnte sie kaum sprechen.

Es war sicherlich viel zu viel davon in der Luft. Selbst die Herzogin nieste gelegentlich. Das Baby nieste und heulte abwechselnd ohne Pause. Die einzigen, die nicht niesen mußten, waren die Köchin und eine große Katze, die auf dem Herd saß und von einem Ohr zum anderen grinste.

„Könntest du mir bitte sagen", begann Alice schüchtern, denn sie war nicht ganz sicher, ob es dem guten Ton entsprach, wenn sie zuerst redete, „warum deine Katze so grinst?"

„Es ist eine Lachkatze", sagte die Herzogin, „deshalb. Du Schwein!"

Das letzte Wort kam mit einer solchen Heftigkeit heraus, daß Alice erschreckt einen Schritt zurücksprang. Doch dann merkte sie, daß es nicht ihr galt, sondern dem Baby, und sie faßte sich ein Herz und fuhr fort: „Ich wußte gar nicht, daß Lachkatzen immer grinsen. Ich wußte nicht einmal, daß Katzen überhaupt grinsen *können.*"

„Sie können es alle", sagte die Herzogin, „und die meisten tun es auch."

„Ich weiß keine, die es tut", sagte Alice sehr höflich, und freute sich, die Herzogin in ein Gespräch verwickelt zu haben.

„Du weißt überhaupt nichts", sagte die Herzogin, „und das ist eine Tatsache."

Alice gefiel dieser Ton überhaupt nicht, und sie hielt es für besser, das Thema zu wechseln. Sie suchte noch nach einem geeigneten Gesprächsstoff, als die Köchin plötzlich den Suppentopf vom Feuer nahm und die Herzogin und das Baby mit allem, was in ihrer Reich-

Zuerst kamen die Feuerhaken geflogen, dann folgte ein Hagel von Soßenschüsseln, Tellern und Tassen.

weite war, zu bewerfen begann: zuerst kamen die Feuerhaken geflogen, dann folgte ein Hagel von Soßenschüsseln, Tellern und Tassen. Die Herzogin nahm von alldem keine Notiz, selbst wenn sie getroffen wurde, und das Baby heulte schon die ganze Zeit so laut, daß es völlig unmöglich war festzustellen, ob es ihm wehtat oder nicht.

„Paß doch auf, was du tust!" schrie Alice und hüpfte in panischer Angst auf und ab. „Oh, seine Nase!" Eine besonders große Soßenschüssel war dicht an dem Baby vorbeigeflogen und hatte sie beinahe mitgenommen.

„Wenn jeder sich nur um seine eigenen Angelegenheiten kümmern würde", brummte die Herzogin heiser, „würde sich die Welt um etliches schneller drehen, als sie es jetzt tut."

„Was sicherlich *nicht* von Vorteil wäre!" bemerkte Alice, die froh war, endlich einmal zeigen zu können, was sie wußte. „Stell dir nur vor, was das für eine Umstellung mit Tag und Nacht wäre! Du weißt, die Erde braucht vierundzwanzig Stunden, um sich um ihre Achse zu drehen ..."

„Wenn wir gerade von Äxten sprechen: Hau ihr den Kopf ab!" sagte die Herzogin.

Alice blinzelte ängstlich zur Köchin hinüber, um zu sehen, ob diese Anstalten machte, der Aufforderung nachzukommen, doch sie schien emsig damit beschäftigt, ihre Suppe umzurühren und hörte überhaupt nicht zu, deshalb wagte sie fortzufahren: „Vierundzwanzig Stunden – glaube ich wenigstens – oder sind es zwölf? Ich ..."

„Ach, laß mich damit in Frieden", sagte die Herzogin, „ich konnte Zahlen noch nie ausstehen!" Und damit begann sie wieder, ihr Kind zu schaukeln, wobei sie ihm eine Art Wiegenlied sang und es nach jeder Zeile heftig schüttelte:

„Sprich nicht zu sanft mit deinem Kind
und schlag es, wenn es niest,
denn es wird frech und neckt geschwind
dich, wenn du es vergißt."

Refrain:
(In den die Köchin und das Baby einstimmten)

„Wau! Wau! Wau!"

Während die Herzogin die zweite Strophe sang, schüttelte sie ihr Baby so heftig auf und nieder, und das arme Ding heulte so, daß Alice kaum die Worte verstehen konnte:

„Ich spreche streng mit meinem Kind
und schlag es, wenn es niest,
denn ihm gefällt der Pfefferwind,
wenn er am stärksten ist."

Refrain:

„Wau! Wau! Wau!"

Das Baby grunzte wieder, und Alice schaute angstvoll in sein Gesicht.

„Hier, du kannst es ein bißchen haben, wenn du magst!“ sagte die Herzogin zu Alice und warf ihr das Kind zu. „Ich muß mich fertigmachen für das Krocket-Spiel mit der Königin“, und sie eilte davon. Die Köchin warf noch eine Bratpfanne hinter ihr her, verfehlte sie jedoch knapp.

Alice fing das Baby auf, was gar nicht so einfach war, da es ein ganz seltsam gestaltetes kleines Ding war und die Arme und Beine nach allen Richtungen davonstreckte. Das arme kleine Ding schnaufte wie eine Dampfmaschine, als sie es auffing, und hörte nicht auf, sich zusammenzukrümmen und wieder zu strecken, so daß Alice während der ersten zwei oder drei Minuten alle Hände voll zu tun hatte, um es festzuhalten.

Sobald sie herausgefunden hatte, wie es am besten zu handhaben war (sie mußte es dazu zu einer Art Knoten zusammenbinden und dann das rechte Ohr und den linken Fuß ganz fest halten, um zu verhindern, daß sich der Knoten wieder löste), trug sie es an die frische Luft. „Wenn ich das Kind nicht mitnehme“, dachte Alice, „ist es spätestens in ein, zwei Tagen tot. Es wäre Mord, das Kind hierzulassen!“ Die letzten Worte hatte sie laut gesagt, und das kleine Ding grunzte als Antwort (es hatte inzwischen aufgehört zu niesen). „Grunze nicht“, sagte Alice, „das ist absolut nicht die richtige Art und Weise, sich auszudrücken.“

Das Baby grunzte wieder, und Alice schaute angstvoll in sein Gesicht, um zu sehen, was ihm fehle. Es war ganz offensichtlich, daß es eine *arge* Stupsnase hatte; sie sah schon mehr nach einer Schnute aus, als nach einer richtigen Nase. Außerdem waren seine Augen für ein Baby erschreckend klein. Alles in allem mochte Alice sein Gesicht überhaupt nicht. „Aber vielleicht hat es nur geschluchzt“, dachte sie und schaute ihm noch einmal in die Augen, ob sie vielleicht ein paar Tränen darin sähe.

Nein, es waren keine Tränen darin. „Falls du vorhast, dich in ein Schweinchen zu verwandeln, mein Liebes, nimm dich in acht!“ Das arme kleine Ding schluchzte wieder (oder grunzte, ein Unterschied war unmöglich festzustellen), und sie gingen eine Weile schweigend weiter.

Alice überlegte gerade, was sie mit dem Baby tun könnte, wenn sie wieder nach Hause käme, als es so heftig grunzte, daß sie in seinem Gesicht erschreckt nach den Ursachen suchte. Diesmal war kein Zweifel möglich: sie hielt ein Schweinchen in den Armen, nicht mehr und nicht weniger, und sie überlegte sich, daß es keinen Sinn hätte, es weiter mit sich herumzutragen.

Also setzte sie das kleine Ding auf den Boden und war sehr erleichtert, als sie sah, daß es gemächlich in den Wald hineintrottete. „In ein paar Jahren“, sagte sie zu sich selbst, „wäre es ein furchtbar häßliches Kind geworden, doch als Schwein ist es ganz hübsch.“ Sie dachte an einige andere Kinder, die sie kannte und die sich auch ganz gut als Schweinchen machen würden, und sagte gerade zu sich selbst: „Wenn man nur die richtige Methode wüßte, sie zu verwandeln –“, als sie plötzlich die Lachkatze vor sich auf einem Baum sitzen sah. Die Katze grinste nur, als sie Alice sah. „Sie sieht zwar recht gutmütig aus“, dachte Alice, „aber sie hat doch *sehr* lange Krallen und eine ganze Menge spitzer Zähne, deshalb wird es wohl angebracht sein, sie mit einigem Respekt zu behandeln.

„Lachmieze“, begann sie ziemlich schüchtern, da sie nicht wußte, ob ihr der Name gefallen würde. Die Katze grinste nur noch etwas breiter. „Er scheint ihr zu gefallen“, dachte Alice und fuhr fort: „Könntest du mir bitte sagen, welchen Weg ich einschlagen muß?“

„Das hängt zum großen Teil davon ab, wohin du gehen willst“, antwortete die Katze.
„Es ist mir eigentlich egal, wohin ...“, sagte Alice.
„Dann spielt es auch keine Rolle, welchen Weg du einschlägst“, erwiderte die Katze.
„... wenn ich nur *irgendwo* ankomme“, fügte Alice als Erklärung hinzu.
„Oh, das tust du auf jeden Fall“, sagte die Katze, „wenn du nur lange genug gehst.“
Das war nicht zu leugnen, deshalb versuchte es Alice mit einer anderen Frage: „Was für Leute wohnen denn hier?“

„In dieser Richtung“, sagte die Katze und wedelte mit ihrer rechten Pfote, „wohnt ein Hutmacher; und in dieser Richtung (ein Wedeln mit der anderen Pfote) wohnt ein Osterhase. Du kannst dir aussuchen, wen du besuchen willst, sie sind beide gleich verrückt.“
„Mit Verrückten möchte ich aber nichts zu tun haben“, meinte Alice.
„Das wirst du kaum vermeiden können“, erwiderte die Katze, „wir sind alle verrückt hier. Ich bin verrückt, und du bist auch verrückt.“
„Woher weißt du das?“ fragte Alice.
„Du mußt verrückt sein“, antwortete die Katze, „sonst wärst du nicht hierhergekommen.“
Das bewies für Alice zwar gar nichts, trotzdem fuhr sie fort: „Und woher weißt du, daß du verrückt bist?“

„Zunächst muß festgehalten werden“, meinte die Katze, „daß ein Hund nicht verrückt ist. Das gibst du doch zu, oder?“

„Nun ja“, meinte Alice.

„Gut“, fuhr die Katze fort. „Wie du weißt, knurrt ein Hund, wenn er böse ist, und er wedelt mit dem Schwanz, wenn er sich freut. *Ich* dagegen knurre, wenn ich mich freue, und wedle mit dem Schwanz, wenn ich böse bin. Deshalb bin ich verrückt.“

„*Ich* würde es schnurren nennen, nicht knurren“, sagte Alice.

„Nenne es, wie du willst“, erwiderte die Katze. „Spielst du heute Krocket mit der Königin?“

„Ich würde sehr gerne“, sagte Alice, „doch ich habe bis jetzt noch keine Einladung erhalten!“

„Wir sehen uns dort“, sagte die Katze und verblich. Alice wunderte sich nicht weiter darüber; sie hatte sich inzwischen an all die unnatürlichen Dinge gewöhnt, die um sie herum geschahen. Während sie noch auf den Ast starrte, auf dem die Katze gesessen hatte, erschien diese plötzlich wieder.

„Übrigens“, sagte sie, „was ist denn aus dem Baby geworden? Beinahe hätte ich vergessen zu fragen.“

„Es wurde ein Schwein“, antwortete Alice so gelassen, als wäre die Katze auf natürlichem Weg zurückgekommen.

„Dachte ich es mir doch“, sagte die Katze und verblich wieder.

Alice wartete ein Weilchen, doch als die Katze nicht wieder erschien, machte sie sich auf den Weg in die Richtung, in der der Osterhase wohnen sollte. „Hutmacher habe ich schon mehrere gesehen“, sagte sie sich, „aber noch keinen Osterhasen. Und da wir schon Mai haben, ist er vielleicht wieder normal – oder zumindest nicht mehr so verrückt wie im März.“ Bei diesen Worten sah sie auf und bemerkte die Katze, die wie zuvor auf einem Baum saß.

„Sagtest du Schwein oder Schwan?“ fragte sie.

„Ich sagte Schwein“, wiederholte Alice. „Aber ich wünschte, du würdest nicht laufend so plötzlich verschwinden und wieder auftauchen, das macht mich ganz schwindelig.“

„In Ordnung“, sagte die Katze und verschwand diesmal ganz langsam, zuerst der Schwanz, dann weiter bis zum Grinsen, das noch einige Zeit in der Luft stand, während alles andere sich schon aufgelöst hatte.

„Also, ich habe ja schon oft eine Katze ohne Grinsen gesehen“, dachte Alice, „aber ein Grinsen ohne Katze! Etwas Komischeres ist mir in meinem ganzen Leben noch nicht vorgekommen!“

Sie war noch nicht weit gegangen, als sie das Haus des Osterhasen sah. Sie nahm zumindest an, daß es sein Haus war, weil die Schornsteine aussahen wie Ohren und das Dach mit Fell gedeckt war. Das Haus war so groß, daß sie sich erst näher heranwagte, als sie ein Stück Pilz aus ihrer linken Hand gegessen und sich auf eine Größe von ungefähr 60 Zentimeter gebracht hatte. Doch selbst dann näherte sie sich dem Haus noch ziemlich vorsichtig, aus Angst, der Osterhase könnte vielleicht doch noch verrückt spielen. Sie wünschte beinahe, sie wäre lieber zu dem Hutmacher gegangen.

Unter einem Baum vor dem Haus stand ein Tisch, an dem der Osterhase und der Hutmacher Tee tranken. Zwischen ihnen saß in tiefem Schlaf eine Haselmaus; die beiden anderen stützten ihre Ellbogen auf ihr auf und unterhielten sich über ihren Kopf hinweg. „Nicht gerade angenehm für die Haselmaus", dachte Alice, „aber wenn sie fest genug schläft, merkt sie es vielleicht gar nicht."

Der Tisch war ziemlich groß, doch die drei hatten sich an einer Ecke zusammengedrängt. „Kein Platz! Kein Platz!" riefen sie, als sie Alice kommen sahen. „Da ist ja noch massenhaft Platz", sagte diese entrüstet und ließ sich in einem großen Lehnstuhl an der Stirnseite des Tisches nieder.

„Etwas Wein gefällig?" fragte der Osterhase einladend.

Alice sah sich auf dem Tisch um, konnte jedoch nur Tee entdecken. „Ich sehe keinen Wein", bemerkte sie.

„Es ist auch gar keiner da", sagte der Osterhase.

„Dann war es nicht eben höflich, mir welchen anzubieten", stellte Alice ärgerlich fest.

„Es war auch nicht sehr höflich von dir, dich ohne Einladung zu uns zu setzen", sagte der Osterhase.

„Ich wußte nicht, daß es *dein* Tisch war", erwiderte Alice, „er ist doch für weit mehr als nur drei Personen gedeckt."

„Du solltest dir mal wieder die Haare schneiden lassen", sagte der Hutmacher. Er hatte Alice die ganze Zeit über neugierig angeschaut, und das war seine erste Bemerkung.

„Und du solltest keine persönlichen Bemerkungen machen", wies ihn Alice zurecht, „das tut man nicht."

„Der Hutmacher schaute sie nur mit großen Augen an; dann sagte er: „Was ist der Unterschied zwischen einem Raben und einem Schreibtisch?"

„Jetzt wird es lustig", dachte Alice. „Es freut mich, daß sie nun anfangen, Rätsel aufzugeben. – Ich glaube, ich kann es erraten", fügte sie laut hinzu.

„Soll das heißen, du glaubst, du könntest die Antwort darauf finden?" fragte der Osterhase.

„Genau das", erwiderte Alice.

„Dann solltest du auch sagen, was du meinst", fuhr der Osterhase fort.

„Das tu ich ja auch", beeilte sich Alice zu erwidern. „Zumindest ... zumindest meine ich, was ich sage – das kommt auf dasselbe heraus."

„Ganz und gar nicht", belehrte sie der Osterhase. „Dann könntest du ja auch sagen: ‚Ich sehe, was ich esse' ist dasselbe wie ‚Ich esse, was ich sehe'!"

„Oder du könntest sagen: ‚Ich liebe, was ich kriege' ist dasselbe wie ‚Ich kriege, was ich liebe'!" folgerte der Osterhase.

„Oder du könntest sagen", fügte die Haselmaus hinzu, die im Schlaf zu sprechen schien, „‚Ich atme, wenn ich schlafe' ist dasselbe wie ‚Ich schlafe, wenn ich atme'!"

„Bei *dir* kommt das tatsächlich auf dasselbe heraus", meinte der Hutmacher. Hier brach die Unterhaltung ab, und die Gesellschaft saß einige Zeit schweigend da, während sich Alice angestrengt alles ins Gedächtnis zurückzurufen versuchte, was sie jemals über Raben und Schreibtische gewußt hatte. Es war nicht gerade viel.

Der Hutmacher brach das Schweigen als erster: „Was für einen Tag haben wir heute?" fragte er Alice. Er hatte seine Uhr aus der Tasche genommen, schaute mißtrauisch darauf, schüttelte sie mehrmals und hielt sie dann ans Ohr.

Alice überlegte ein Weilchen, dann sagte sie: „Den vierten."

„Sie geht wieder zwei Tage nach", seufzte der Hutmacher. „Habe ich dir nicht gleich gesagt, Butter ist nichts für das Uhrwerk?" fügte er mit einem ärgerlichen Blick auf den Osterhasen hinzu.

„Es war aber doch die feinste Tafelbutter", entschuldigte sich der Osterhase.

„Mag sein, aber wahrscheinlich sind doch ein paar Brösel mit hineingekommen", brummte der Hutmacher, „du hättest das Brotmesser nicht dazu nehmen dürfen!"

Der Osterhase nahm die Uhr und schaute sie nachdenklich an. Dann tauchte er sie in seine Teetasse und schaute sie wieder an. Da ihm aber keine bessere Entschuldigung einfiel, wiederholte er nur seine erste Bemerkung: „Es war die beste Tafelbutter!"

Alice hatte ihm neugierig über die Schulter geschaut. „Was für eine seltsame Uhr", bemerkte sie. „Sie gibt ja die Tage an und nicht die Uhrzeit!"

„Weshalb sollte sie auch?" brummelte der Hutmacher. „Zeigt deine Uhr vielleicht an, welches Jahr wir gerade haben?"

„Natürlich nicht", antwortete Alice schlagfertig, „aber das kommt daher, weil es ein ganzes Jahr lang ein und dasselbe Jahr bleibt."

„Ganz genauso ist es mit meiner Uhr", sagte der Hutmacher.

Alice fühlte sich schrecklich verwirrt. Die Bemerkung des Hutmachers schien keinerlei Sinn zu haben, obwohl sie grammatikalisch völlig korrekt war. „Ich verstehe dich nicht ganz", sagte sie, so höflich sie konnte.

„Die Haselmaus schläft schon wieder", sagte der Hutmacher und goß ihr ein bißchen heißen Tee auf die Nase.

Die Haselmaus schüttelte ungeduldig den Kopf und meinte, ohne die Augen zu öffnen: „Natürlich, natürlich! Genau das wollte ich auch gerade sagen."

„Hast du die Lösung des Rätsels inzwischen gefunden?" fragte der Hutmacher Alice.

„Nein, ich gebe es auf", erwiderte diese. „Wie heißt die Lösung?"

„Keine Ahnung!" antwortete der Hutmacher.

Alice seufzte tief. „Ich finde, ihr könntet die Zeit auch nützlicher verbringen", sagte sie, „als Rätsel aufzugeben, für die es keine Lösung gibt."

„Es heißt nicht *die* Zeit", wies der Osterhase sie zurecht, „Zeit ist männlich!"

„Bitte?" Alice war verdutzt. „Ich weiß nicht, was du damit sagen willst!"

„Natürlich nicht", sagte der Hutmacher und schüttelte verächtlich den Kopf. „Ich bin sicher, du hast noch nie mit Zeit gesprochen."

„Das ist schon möglich", gab Alice vorsichtig zu, „aber ich bin trotzdem der Meinung, man könnte sich die Zeit besser vertreiben, als eine geschlagene ..."

„Ich würde dir raten, im Zusammenhang mit der Zeit nicht immer von ‚vertreiben' und ‚schlagen' zu sprechen. Das hat er nicht gern. Wenn du dich aber gut mit ihm stellst, kann er sich sehr entgegenkommend zeigen. Stell dir zum Beispiel vor, es wäre neun Uhr morgens

Eine verrückte Teegesellschaft

und Zeit für die Schule. Da bräuchtest du Zeit nur einen ganz kleinen Wink zu geben, und im Handumdrehen wäre es zwölf Uhr und Zeit zum Mittagessen."

„Wenn es das nur schon wäre!" sagte der Osterhase leise zu sich selbst.

„Das wäre fein!" überlegte Alice. „Nur – ich hätte dann ja noch gar keinen Hunger."

„Zuerst vielleicht nicht", sagte der Osterhase, „aber du könntest es ja so lange zwölf Uhr sein lassen, wie du magst."

„So macht *ihr* das wohl?" fragte Alice.

Der Hutmacher schüttelte traurig den Kopf. „Leider nicht! Wir hatten Streit letzten März – kurz bevor er überschnappte, weißt du – (dabei deutete er mit dem Teelöffel auf den Osterhasen) – es war beim großen Konzert bei der Herz-Königin, und ich mußte singen:

‚Fliege, kleine Fledermaus,
sag' mir, worauf bist du aus!'

Kennst du das Lied zufällig?"

„Ich habe so etwas Ähnliches schon gehört", erwiderte Alice.

„Es geht folgendermaßen weiter", fuhr der Hutmacher fort:

‚Fliege über Wald und Feld
wie ein Teetopf durch die Welt!
Fliege, fliege ...'"

Hier schüttelte sich die Haselmaus und begann im Schlaf zu singen: „Fliege, fliege, fliege, fliege ..." und hörte erst wieder auf, als der Osterhase sie in die Seite zwickte.

„Also", erzählte der Hutmacher weiter, „ich war kaum mit dem ersten Vers zu Ende gekommen, als die Königin aufsprang und bellte: „Er stiehlt uns unsre Zeit! Kopf ab!"

„Wie grausam!" rief Alice entsetzt.

„Und seitdem", fuhr der Hutmacher fort, „tut er mir keinen Gefallen mehr. Jetzt bleibt es immer vier Uhr."

Alice ging ein Licht auf. „Stehen deshalb so viele Teetassen auf dem Tisch?" fragte sie.

„Du hast es erfaßt", seufzte der Hutmacher. „Es ist ständig Teezeit, und wir haben nicht einmal mehr Zeit, die Tassen zwischendurch zu spülen."

„Dann rückt ihr vermutlich von einem Gedeck zum anderen?" fragte Alice.

„Genauso ist es", bestätigte der Hutmacher.

„Aber was macht ihr, wenn ihr wieder an die schmutzigen Tassen kommt?" wagte Alice zu fragen.

„Wechseln wir lieber das Thema", unterbrach der Osterhase gähnend. „Mit der Zeit wird es langweilig. Ich schätze, die junge Dame erzählt uns jetzt eine Geschichte."

„Ich fürchte, mir fällt keine ein", sagte Alice hastig, die gar nicht entzückt war von diesem Vorschlag.

„Dann eben die Haselmaus!" riefen Osterhase und Hutmacher gleichzeitig. „Wach auf, Haselmaus!" und sie kniffen sie in die Seite.

Die Haselmaus öffnete langsam die Augen. „Ich habe gar nicht geschlafen“, behauptete sie mit heiserer, schwacher Stimme, „ich habe jedes Wort gehört!“

„Erzähl uns eine Geschichte!“ forderte sie der Osterhase auf.

„Ja, bitte“, bettelte auch Alice.

„Und mach schnell“, fügte der Hutmacher hinzu, „sonst bist du wieder eingeschlafen, bevor sie zu Ende ist.“

„Es waren einmal drei kleine Schwestern“, begann die Haselmaus hastig, „sie hießen Elsie, Lucie und Tillie, und sie lebten in einer Mühle ...“

„Von was lebten sie?“ fragte Alice.

„Sie lebten von Honig“, meinte die Haselmaus nach einigem Überlegen.

„Das ist doch gar nicht möglich“, bemerkte Alice sanft, „davon wird man ja krank!“

„Sie waren auch krank!“ bestätigte die Haselmaus, „sehr krank sogar!“

Alice versuchte sich vorzustellen, wie es wohl wäre, wenn man den ganzen Tag nur Honig äße, aber allein der Gedanke verwirrte sie so sehr, daß sie ablenkte und fragte: „Aber warum lebten sie in einer Mühle?“

„Möchtest du noch mehr Tee haben?“ fragte sie der Osterhase ernst.

„Ich habe ja noch gar keinen gehabt“, erwiderte Alice beleidigt, „dann kann ich auch nicht mehr wollen!“

„Du meinst, du kannst nicht weniger wollen“, meinte der Hutmacher. „Es ist sehr einfach, *mehr* als nichts zu wollen.“

„Dich hat niemand nach deiner Meinung gefragt“, wies ihn Alice schroff zurecht.

„Wer macht jetzt persönliche Bemerkungen?“ fragte der Hutmacher triumphierend.

Alice wußte nicht, was sie darauf sagen sollte, deshalb nahm sie sich etwas Tee und ein Butterbrot und wiederholte ihre Frage: „Warum lebten sie in einer Mühle?“

Die Haselmaus überlegte wieder einige Zeit, dann sagte sie: „Es war eine Honigmühle.“

„Das gibt es ja gar nicht!“ begann Alice ärgerlich, doch der Hutmacher und der Osterhase machten beide „Pst, pst!“ und die Haselmaus bemerkte wütend: „Erzähl' die Geschichte doch selber zu Ende, wenn du nicht still sein kannst!“

„Nein, bitte, mach weiter!“ sagte Alice. „Ich werde dich nicht mehr unterbrechen. Es ist ja möglich, daß es *eine* gibt.“

„Und ob es eine gibt!“ sagte die Haselmaus böse. Doch dann beschloß sie weiterzuerzählen: „Und diese drei kleinen Schwestern – lernten mahlen, jawohl!“

„Was mahlten sie denn?“ fragte Alice, die ihr Versprechen schon wieder vergessen hatte.

„Honig“, antwortete die Haselmaus, diesmal ohne zu überlegen.

„Ich möchte eine saubere Tasse“, unterbrach der Hutmacher, „wir wollen alle einen Platz weiterrücken.“

Schon während er sprach, rückte er weiter, und die Haselmaus folgte ihm. Der Osterhase nahm den Platz der Haselmaus ein, und Alice mußte wohl oder übel mit dem des Osterhasen vorlieb nehmen. Der Hase war der einzige, dem der Platzwechsel einen Vorteil gebracht hatte, doch Alice war jetzt weitaus schlechter dran, da der Osterhase kurz vor dem Wechsel noch den Milchtopf über seinem Gedeck ausgeschüttet hatte.

Alice wollte die Haselmaus nicht noch einmal verstimmen, deshalb begann sie sehr vorsichtig: „Eines verstehe ich aber noch immer nicht: Wo hatten sie denn den Honig her?“

„Du mahlst doch Getreide in einer Getreidemühle, oder?“ bemerkte der Osterhase, „dann wird man ja wohl in einer Honigmühle auch Honig mahlen können. Kapierst du das?“

Alice wußte nicht, was sie darauf antworten sollte, deshalb ließ sie die Haselmaus weitererzählen, ohne zu unterbrechen.

„Sie lernten also malen“, fuhr die Haselmaus fort, wobei sie gähnte und sich die Augen rieb, denn sie war schon wieder sehr müde. „Und sie malten alle möglichen Dinge, alles, was mit M beginnt ...“

„Wieso ausgerechnet mit M?“ fragte Alice.

„Wieso nicht mit M?“ fragte der Osterhase zurück.

Alice schwieg.

Die Haselmaus hatte die Augen geschlossen und schlummerte gerade leise ein, doch als der Hase sie unsanft zwickte, fuhr sie mit einem spitzen Quieken wieder auf und fuhr fort: „... alles, was mit M beginnt, wie zum Beispiel Mausefalle, Mond, Machwerk und Mehrzahl – hast du jemals gesehen, wie man eine Mehrzahl malt?“

„Also, wenn du mich so fragst ...“, meinte Alice verwirrt, „dann glaube ich nicht ...“

„Dann wäre es besser, du hieltest deinen Mund!“ sagte der Osterhase.

Diese Ungezogenheit war zuviel für Alice. Sie stand wütend auf und ging weg. Die Haselmaus schlief augenblicklich ein, und auch die anderen beiden nahmen keinerlei Notiz von ihr, obwohl sie sich zwei- oder dreimal umschaute, in der stillen Hoffnung, daß man sie zurückrufen würde. Beim letztenmal Umschauen sah sie gerade noch, wie der Osterhase und der Hutmacher versuchten, die arme Haselmaus kopfüber in die Teekanne zu stecken.

„Eines ist sicher: *dahin* geh' ich bestimmt nicht wieder!“ sagte sich Alice im Gehen. „Das war die verrückteste Teegesellschaft, die ich in meinem ganzen Leben gesehen habe!“

In diesem Augenblick fiel ihr ein Baum auf, in den eine Tür hineinführte. „Das ist vielleicht komisch!“ dachte sie, „aber heute ist ja alles komisch, am besten, ich gehe gleich einmal hinein!“ Und das tat sie auch.

Sie fand sich in der großen Halle wieder nahe dem gläsernen Tischchen. „Diesmal werde ich es schaffen!“ sagte sie sich, nahm den kleinen goldenen Schlüssel und schloß die Tür auf, die in den Garten führte. Dann knabberte sie ein bißchen von dem Pilz ab (sie hatte noch ein Stückchen davon in ihrer Tasche aufgehoben), bis sie nur noch ungefähr dreißig Zentimeter groß war. Dann schlüpfte sie durch den niedrigen Gang und *dann* – war sie endlich in dem herrlichen Garten mit den leuchtenden Blumenbeeten und den kühlen Springbrunnen.

Gleich am Eingang des Gartens stand ein großer Rosenstrauch. Die Rosen daran waren weiß, doch drei Gärtner waren eifrig damit beschäftigt, sie rot anzumalen. Alice kam dies sehr seltsam vor, und sie trat näher, um sich die Sache genauer zu besehen. Da hörte sie einen der Gärtner sagen: „Paß doch auf, Fünf! Du hast mich ganz mit Farbe vollgespritzt!"

„Ich kann nichts dafür", sagte Fünf beleidigt, „Sieben hat mich gestoßen!"

Worauf Sieben aufsah und meinte: „So ist es recht, Fünf! Nur immer anderen die Schuld geben!"

„*Du* hältst besser deinen Mund!" sagte Fünf. „Erst gestern hörte ich die Königin sagen, du hättest den Tod verdient!"

„Weshalb?" fragte derjenige, der zuerst gesprochen hatte.

„Das geht dich nichts an, Zwei!" erwiderte Sieben.

„Und ob es ihn etwas angeht!" sagte Fünf. „Und ich werde ihm auch sagen weshalb – weil er der Köchin Tulpenzwiebeln anstatt Speisezwiebeln gebracht hat."

Sieben schmiß seinen Pinsel hin und hatte gerade angefangen: „Ich lasse mir diese Ungerechtigkeiten ..." als sein Blick auf Alice fiel, die sie beobachtete, und er verstummte. Die anderen folgten seinem Blick und verneigten sich tief.

„Wollt ihr mir nicht sagen", begann Alice ein wenig schüchtern, „weshalb ihr die Rosen rot anstreicht?"

Fünf und Sieben schwiegen und schauten auf Zwei. Dieser begann leise: „Also, Tatsache ist, Fräulein, daß dies hier ein *roter* Rosenstrauch sein sollte und daß wir aus Versehen einen weißen einpflanzten. Und wenn es die Königin merkt, werden wir bestimmt alle geköpft. Deshalb, Fräulein, tun wir unser Bestes bevor sie kommt, um ..." In diesem Augenblick rief Fünf, der sich die ganze Zeit über ängstlich umgeschaut hatte: „Die Königin! Die Königin!" und die drei Gärtner warfen sich zu Boden. Man hörte das Getrappel vieler Füße, und Alice sah sich neugierig um.

Zehn mit Kreuzen geschmückte Soldaten eröffneten den Zug. Ihre Gestalt war wie die der Gärtner: rechteckig und platt mit Händen und Füßen an den vier Ecken. Dann kamen – in Zweierreihen wie die Soldaten – die mit Karos geschmückten Höflinge. Danach kamen die königlichen Kinder. Es waren ebenfalls zehn, und die Kleinen kamen fröhlich Hand in Hand dahergehüpft. Sie alle waren mit Herzen geschmückt. Dahinter gingen die Gäste, meist Könige und Königinnen, und unter ihnen bemerkte Alice auch das weiße Kaninchen. Es sprach schnell und nervös, lächelte zu allem, was gesagt wurde, und huschte an Alice vorbei, ohne sie zu bemerken. Schließlich folgte Herzbube, der auf einem purpurroten Samtkissen die Königskrone vor sich hertrug, und am Ende dieses großartigen Festzuges schritten Herzkönig und Herzkönigin.

Alice wußte nicht so richtig, ob sie sich wie die Gärtner auf die Erde werfen sollte, doch sie konnte sich nicht erinnern, jemals von einer solchen Vorschrift bei Festzügen gehört zu haben, „und außerdem, was hätten denn Festzüge für einen Sinn", dachte sie, „wenn die Leute auf der Erde liegen müßten und sie gar nicht sehen könnten!" Also blieb sie stehen.

Als der Zug bei Alice ankam, stand er still, und alle schauten sie an. Die Königin fragte ernst: „Wer ist das?“ Die Frage war an den Herzbuben gerichtet, der sich als Antwort jedoch nur verneigte und lächelte.

„Idiot“, sagte die Königin kopfschüttelnd und wandte sich dann direkt an Alice: „Wie heißt du, Kind?“

„Mein Name ist Alice, Eure Majestät“, antwortete Alice sehr höflich, doch für sich selbst fügte sie hinzu: „Ich brauche mich doch gar nicht vor ihnen zu fürchten. Sie sind doch alle nur Spielkarten!“

„Und wer ist *das*?“ fragte die Königin und wies auf die Gärtner, die unter dem Rosenstrauch lagen. (Da sie auf dem Bauch lagen und das Muster auf ihren Rücken dasselbe war wie bei allen anderen Karten, konnte sie nicht wissen, ob es Gärtner, Soldaten, Höflinge oder drei ihrer eigenen Kinder waren.)

„Woher soll ich das wissen?“ fragte Alice und wunderte sich über ihre eigene Courage, „das geht mich doch nichts an!“

Die Königin wurde rot vor Zorn, starrte sie einen Augenblick lang an wie ein wildes Tier und schrie dann: „Kopf ab! Kopf ...“

„Unsinn!“ unterbrach sie Alice laut und entschieden, und die Königin verstummte.

Der König legte seiner Frau beruhigend die Hand auf den Arm und sagte sanft: „Bedenke doch, meine Liebe, sie ist ja noch ein Kind!“

Die Königin wandte sich ärgerlich von ihm ab und befahl dem Buben: „Dreh’ sie um!“

Der Bube tat es, sehr vorsichtig, mit einem Fuß.

„Steht auf!“ rief die Königin schrill, und die drei Gärtner sprangen auf und begannen sich vor dem König, der Königin, den königlichen Kindern und allen anderen zu verbeugen.

„Hört auf damit!“ schrie die Königin, „Ihr macht mich ganz schwindelig!“ Dann sah sie den Rosenstrauch und fuhr fort: „Was, zum Kuckuck, habt ihr denn da gemacht?“

„Königliche Hoheit mögen verzeihen“, sagte Zwei in unterwürfigem Ton und warf sich auf die Knie, „wir wollten nur ...“

„Ich weiß schon!“ kreischte die Königin, die sich inzwischen den Rosenstrauch genauer angesehen hatte, „Kopf ab! Kopf ab!“

Der Festzug marschierte weiter, nur drei Soldaten blieben zurück, um die unglücklichen Gärtner zu köpfen, die schutzsuchend zu Alice rannten.

„Ihr sollt nicht hingerichtet werden“, tröstete sie Alice und steckte sie in einen großen Blumentopf, der zufällig in der Nähe stand.

Die drei Soldaten gingen ein paar Minuten suchend umher und schlossen sich dann ruhig dem Zug wieder an.

„Sind die Köpfe ab?“ rief ihnen die Königin zu.

„Wie Eure Majestät befohlen!“ riefen die Soldaten zurück.

„Gut!“ meinte die Königin befriedigt. „Kannst du Krocket spielen?“

Die Soldaten blieben stumm und schauten auf Alice, da die Frage an sie gerichtet war.

„Ja!“ rief Alice rasch.

„Dann komm!“ befahl die Königin, und Alice schloß sich dem Festzug an, ganz gespannt, was wohl als nächstes passieren würde.

„Ein – ein sehr schöner Tag heute“, piepste eine schüchterne Stimme neben ihr. Es war das weiße Kaninchen, das sie ängstlich anschaute.

Die Königin wandte sich ärgerlich von ihm ab und befahl dem Buben: „Dreh' sie um!"

„Sehr schön", bestätigte Alice, „ – wo ist die Herzogin?"

„Pst! pst!" flüsterte das Kaninchen gehetzt. Es schaute ängstlich über seine Schultern, während es sprach, stellte sich dann auf Zehenspitzen und flüsterte Alice ins Ohr: „Sie soll hingerichtet werden!"

„Wieso denn?" fragte Alice.

„Sagtest du ‚wie schade'?" fragte das Kaninchen zurück.

„Nein", erwiderte Alice, „ich finde es überhaupt nicht schade, ich fragte nur weshalb."

„Sie hat die Königin geohrfeigt!" begann das Kaninchen. Alice mußte lachen bei dem Gedanken. „Pst!" flüsterte das Kaninchen, „die Königin wird dich hören! Sie kam ziemlich spät, und die Königin sagte ..."

„An eure Plätze!" rief die Königin mit Donnerstimme, und alles rannte durcheinander, stolperte und fiel übereinander. Doch nach ein paar Minuten stand jeder an seinem Platz und das Spiel konnte beginnen. Alice hatte noch nie in ihrem Leben einen so komischen Krocket-Platz gesehen: er war von Furchen durchzogen und voller Erdschollen; die Bälle waren lebendige Igel, und Flamingos die Hämmer. Die Soldaten mußten, mit gekrümmten Körpern und auf Händen und Füßen zugleich stehend, die Bögen abgeben.

Die meisten Schwierigkeiten bereitete Alice zunächst die Handhabung ihres Flamingos: sie schaffte es zwar, ihn sich relativ bequem unter den Arm zu klemmen, doch sobald sie seinen Hals schön gerade ausgerichtet hatte und mit dem Kopf eben dem Igel einen Schlag versetzen wollte, drehte er sich um und schaute sie so erstaunt an, daß Alice laut lachen mußte; und wenn sie dann seinen Hals wieder zurechtgebogen hatte und von vorne beginnen wollte, hatte sich der Igel aufgerollt und krabbelte davon. Außerdem war meist genau da, wo sie den Igel hinschießen wollte, eine Furche oder eine Erdscholle, und da die Bogen-Soldaten ständig aufstanden und zum anderen Ende des Platzes liefen, kam Alice bald zu dem Schluß, daß es wahrhaftig ein sehr schwieriges Spiel war.

Die Spieler spielten alle gleichzeitig, ohne zu warten, bis sie an der Reihe waren, beschimpften sich und kämpften um ihre Igel, so daß die Königin innerhalb kürzester Zeit ganz aus dem Häuschen war, wütend auf- und abstampfte und ununterbrochen schrie: „Kopf ab! Kopf ab!"

Alice begann sich ziemlich unbehaglich zu fühlen. Sie hatte zwar bis jetzt noch keine Auseinandersetzung mit der Königin gehabt, doch sie wußte, daß es jede Minute soweit sein konnte, „und dann", fragte sie sich, „was wird dann aus mir werden? Sie sind hier ganz verrückt darauf, die Leute zu köpfen, mich wundert nur, daß überhaupt noch jemand am Leben ist!"

Sie schaute sich gerade nach einem Fluchtweg um, auf dem sie unbemerkt entkommen konnte, als sie eine höchst seltsame Erscheinung in der Luft sah: Alice war zunächst ganz verwirrt, doch nach ein oder zwei Minuten merkte sie, daß es ein Grinsen war, und sie sagte sich erleichtert: „Es ist die Lachkatze! Endlich habe ich jemanden, mit dem ich reden kann!"

„Wie kommst du zurecht?" fragte die Katze, sobald genug Mund in der Luft stand, um reden zu können.

Alice wartete, bis die Augen erschienen, dann nickte sie. „Es hat keinen Sinn, ihr zu antworten", dachte sie, „bevor nicht ihre Ohren – oder zumindest eines davon – erschienen sind.“ In der nächsten Minute erschien der ganze Kopf, und Alice setzte ihren Flamingo auf den Boden und begann mit ihrem Bericht über das Spiel, froh, jemanden gefunden zu haben, der ihr zuhörte. Die Katze schien der Meinung, daß genug von ihr zu sehen sei, und ließ nichts weiter erscheinen.

„Sie spielen überhaupt nicht fair“, beklagte sich Alice, „und dann schreien sie alle durcheinander, daß man sein eigenes Wort nicht mehr versteht. Außerdem scheint es gar keine Spielregeln zu geben, und wenn es welche gibt, dann beachtet sie keiner; und dann kannst du dir gar nicht vorstellen, wie verwirrend es ist, mit lebendigen Geräten zu spielen: wenn zum Beispiel der Bogen, durch den ich schießen will, aufsteht und ans andere Ende des Spielfeldes geht ... oder gerade eben, als ich den Igel der Königin wegschlagen wollte, und er wegrannte, als er meinen kommen sah!“

„Wie gefällt dir die Königin?“ fragte die Katze leise.

„Überhaupt nicht“, antwortete Alice, „sie ist so schrecklich ...“

In diesem Augenblick merkte sie, daß die Königin dicht hinter ihr stand und zuhörte, also fuhr sie fort: „... gut im Krocket-Spielen und gewinnt immer, daß es kaum der Mühe wert ist, zu Ende zu spielen.“

Die Königin lächelte und ging weiter.

„Mit wem sprichst du denn da?“ fragte der König, der gerade vorbeikam und neugierig den Katzenkopf in der Luft betrachtete.

„Mit einer Freundin von mir, einer Lachkatze“, sagte Alice, „erlaubt mir, daß ich sie Euch vorstelle!“

„Ich mag sie nicht“, sagte der König, „doch sie kann mir die Hand küssen.“

„Lieber nicht!“ bemerkte die Katze.

„Sei nicht frech!“ warnte der König, „und schau mich nicht so an!“ Er war hinter Alice getreten, als er sprach.

„Eine Katze kann einen König ruhig anschauen“, sagte Alice, „ich habe das einmal in einem Buch gelesen, ich weiß nur nicht mehr wo.“

„Sie muß weg!“ sagte der König sehr entschieden und rief der Königin, die gerade wieder vorbeikam, zu: „Meine Liebe! Ich wollte, du ließest diese Katze entfernen!“

Die Königin kannte nur eine Art, Schwierigkeiten, ob groß oder klein, aus dem Weg zu räumen. „Kopf ab!“ rief sie, ohne sich auch nur umzudrehen.

„Ich werde den Scharfrichter selbst holen“, erbot sich der König eifrig und eilte davon.

Alice hielt es für das beste zurückzugehen und nachzusehen, wie das Spiel inzwischen stand. Schon von weitem hörte sie die Königin wütend schreien. Sie hatte bereits drei Spieler zum Tode verurteilt, weil sie nicht aufgepaßt hatten, als sie an der Reihe waren, und Alice hatte überhaupt keine Lust mehr zum Weiterspielen, da das ganze Spielfeld ein einziges Durcheinander war, und sie nie wußte, wann sie dran war. Trotzdem machte sie sich auf die Suche nach ihrem Igel.

Dieser kämpfte gerade mit einem anderen Igel, was Alice eine gute Gelegenheit schien, den einen mit dem anderen zu krocketieren. Die einzige Schwierigkeit bestand nur darin, daß ihr Flamingo inzwischen ans andere Ende des Feldes gelaufen war und dort ungeschickte und erfolglose Versuche unternahm, auf einen der Bäume zu fliegen.

Als Alice den Flamingo eingefangen und wieder zurückgebracht hatte, war der Streit vorbei und die beiden Igel verschwunden. „Was soll's", dachte sich Alice, „die Bögen haben diese Seite des Platzes ja auch geräumt." Also klemmte sie sich ihren Flamingo unter den Arm, damit er ihr nicht noch einmal entwischte, und ging zurück, um noch ein wenig mit ihrer Freundin, der Lachkatze zu plaudern.

Sie war sehr erstaunt, eine große Menschenmenge um sie versammelt zu sehen. Es war eine heftige Diskussion zwischen dem Scharfrichter, dem König und der Königin im Gange, die alle gleichzeitig sprachen, während die anderen stumm herumstanden und einen betretenen Eindruck machten.

Als Alice auf der Bildfläche erschien, wurde sie von allen dreien zum Schiedsrichter be-

stellt, und sie wiederholten ihre Argumente; da jedoch wieder alle durcheinanderredeten, war es äußerst schwierig, zu verstehen, was sie meinten.

Das Argument des Scharfrichters war, man könne keinen Kopf abschlagen, zu dem es keinen Körper dazu gäbe; daß er so etwas noch nie getan hätte und es auch zu seinen Lebzeiten nicht einführen wollte!

Das Argument des Königs war, daß alles, was einen Kopf habe, auch geköpft werden könne, und er keinen Unsinn reden solle.

Das Argument der Königin war, daß, wenn nicht bald etwas geschehe, sie alle Anwesenden köpfen ließe. (Diese letzte Bemerkung war es gewesen, die die ganze Gesellschaft so ernst und betreten hatte werden lassen.)

Alice fiel nichts besseres ein als: „Sie gehört der Herzogin. Fragt die doch, was ihr mit ihr machen sollt."

„Die Herzogin sitzt im Gefängnis", sagte die Königin zu dem Scharfrichter, „geh und hole sie!" Und der Scharfrichter flog davon wie ein Pfeil.

Kaum war er weg, begann der Katzenkopf zu verblassen, und als der Scharfrichter mit der Herzogin zurückkam, war er völlig verschwunden. Der Richter und der König liefen noch eine Weile suchend umher, während die anderen zu ihrem Spiel zurückkehrten.

Die Geschichte der Suppenschildkröte

„Du kannst dir gar nicht vorstellen, wie froh ich bin, dich wiederzusehen, du liebes kleines Ding!" sagte die Herzogin und hängte sich liebevoll bei Alice ein. Dann gingen sie zusammen weg.

Alice war froh, sie so gut gelaunt zu finden, und kam zu dem Schluß, daß es wahrscheinlich nur der Pfeffer gewesen war, der sie so wild gemacht hatte, als sie sich zum erstenmal in der Küche getroffen hatten.

„Falls *ich* einmal Herzogin werden sollte", sagte sie zu sich selbst (allerdings in einem nicht sehr hoffnungsvollen Ton), „werde ich kein einziges Körnchen Pfeffer in meiner Küche dulden. Suppe schmeckt auch sehr gut ohne – vielleicht ist es überhaupt nur der Pfeffer, der die Leute so heißblütig werden läßt", fuhr sie fort und freute sich, eine neue Lebensregel gefunden zu haben, „ – und der Essig, der sie sauer werden läßt – und der Kamillentee, der sie bitter macht – und – und Bonbons und solche Sachen, die Kinder so süß machen. Wenn die Erwachsenen *das* nur wüßten! Dann wären sie bestimmt nicht so geizig damit ..."

Über ihrem Selbstgespräch hatte sie ganz die Herzogin vergessen, und zuckte deshalb zusammen, als sie deren Stimme nahe an ihrem Ohr vernahm: „Du denkst über etwas nach, meine Liebe, und vergißt darüber ganz das Reden. Ich kann dir im Augenblick leider nicht sagen, was die Moral davon ist, aber es fällt mir bestimmt bald wieder ein!"

„Vielleicht gibt es gar keine", wagte Alice zu bemerken.

„Aber, aber, Kind!" sagte die Herzogin. „Jedes Ding hat eine Moral, man muß sie nur finden.“ Und sie drängte sich, während sie das sagte, noch näher an Alice. Diese mochte das gar nicht, einmal, weil die Herzogin wirklich ausgesprochen häßlich war, und zum anderen, weil sie genau die richtige Größe hatte, um ihr Kinn auf Alices Schulter aufzulegen – und sie hatte ein unangenehm spitzes Kinn.

„Das Spiel scheint jetzt besser voranzugehen“, sagte sie.

„Oh, die Liebe, die Liebe macht es, daß die Welt sich dreht!“

„Irgend jemand sagte einmal“, flüsterte Alice, „daß sie sich dreht, wenn sich jeder nur um seine eigenen Angelegenheiten kümmert!“

„Sehr richtig! Das bedeutet so ziemlich dasselbe“, sagte die Herzogin und bohrte ihr spitzes Kinn noch tiefer in Alices Schultern, als sie hinzufügte: „Und die Moral *davon* ist: ‚Gib acht auf den Sinn, und die Sinne geben auf sich selbst acht‘.“

„Wie wichtig sie es nur mit ihrer Moral hat!“ dachte Alice.

„Du wunderst dich sicherlich, warum ich nicht meinen Arm um dich lege“, sagte die Herzogin nach einer Pause, „der Grund liegt darin, daß ich das Temperament deines Flamingos nicht kenne. Soll ich es auf einen Versuch ankommen lassen?“

„Er könnte beißen“, erwiderte Alice vorsichtig, die ganz und gar nicht scharf auf einen solchen Versuch war.

„Sehr richtig“, bemerkte die Herzogin, „Flamingos und Senf beißen. Und die Moral davon ist: ‚Gleich und gleich gesellt sich gern‘.“

„Nur daß Senf kein Vogel ist“, bemerkte Alice.

„Stimmt wie immer“, sagte die Herzogin, „wie klar du die Dinge immer siehst!“

„Es ist ein Mineral, glaube ich“, sagte Alice.

„Genau das ist es!“ erwiderte die Herzogin, die bereit schien, allem zuzustimmen, was Alice sagte. „Gleich hier in der Nähe ist eine große Senf-Mine. Und die Moral davon ist: ‚Je weicher die Miene, desto böser der Blick‘!“

„Jetzt hab’ ich’s!“ rief Alice, die die letzte Bemerkung gar nicht gehört hatte, „es ist ein Gemüse! Es sieht zwar nicht so aus, aber es ist eines!“

„Ich stimme voll und ganz mit dir überein“, sagte die Herzogin, „und die Moral davon ist: ‚Mehr sein als scheinen‘ – oder wenn ich es einfacher ausdrücken soll: ‚Stelle dir nie vor, anders zu sein, als es in den Augen der anderen scheinen könnte, daß du bist oder gewesen sein könntest, was nicht heißen soll, daß du nicht scheinen kannst, was du in den Augen der anderen bist oder umgekehrt‘.“

„Ich glaube, wenn ich das schriftlich vor mir sähe, könnte ich es besser verstehen“, sagte Alice höflich, „aber ich fürchte, so kann ich dir nicht ganz folgen.“

„Das ist noch gar nichts im Vergleich zu dem, was ich sagen könnte, wenn ich wollte“, erwiderte die Herzogin geschmeichelt.

„Ach bitte, bemühe dich nicht, es noch länger zu machen!“ wehrte Alice ab.

„Wer spricht denn hier von Mühe“, sagte die Herzogin, „ich mache dir mit jedem Wort, das ich sage, ein Geschenk!“

„Eine billige Art von Geschenk“, dachte Alice, „ich bin froh, daß meine Geburtstagsgeschenke nicht genauso sind.“ Aber sie wagte nicht, es laut zu sagen.

„Denkst du schon wieder?“ fragte die Herzogin und drückte aufs Neue ihr spitzes kleines Kinn in Alices Schulter.

„Ich habe ein Recht zu denken!" sagte Alice scharf, die langsam ärgerlich wurde.
„Genauso wie ein Schwein das Recht hat zu fliegen", sagte die Herzogin. „Und die M..."
Doch mitten in ihrem Lieblingswort erstarb ihr die Stimme, und der Arm, mit dem sie Alice untergehakt hatte, begann zu zittern. Alice sah auf und sah die Königin vor sich stehen, mit verschränkten Armen und einem Gesicht wie eine Gewitterwolke.
„Ein schöner Tag heute, Eure Majestät", begann die Herzogin mit zitternder Stimme.
„Ich mache dir ein faires Angebot", rief die Königin und stampfte mit dem Fuß auf, während sie sprach, „entweder du verschwindest in null Komma nichts oder dein Kopf fällt! Du hast die Wahl!"
Die Herzogin wählte und war im selben Moment verschwunden.
„Laß uns weiterspielen", sagte die Königin zu Alice. Diese war zu verschüchtert, um ein Wort zu sagen, und folgte der Königin zum Krocket-Platz.
Die anderen Gäste hatten die Abwesenheit der Königin dazu genutzt, sich im Schatten auszuruhen, doch als sie sie kommen sahen, sprangen sie auf, noch bevor die Königin ihr obligatorisches ‚Kopf ab!' hatte rufen können.
Während des ganzen Spiels hörte die Königin nicht auf, sich mit den anderen Spielern herumzuzanken und „Kopf ab! Kopf ab!" zu schreien. Diejenigen, die sie verurteilt hatte, wurden von den Soldaten verhaftet, die dann natürlich nicht mehr als Bögen dienen konnten, so daß nach einer halben Stunde keine Bögen mehr übrig waren, und sämtliche Spieler, der König, die Königin und Alice ausgenommen, zum Tode verurteilt und verhaftet waren.
Jetzt erst ließ die Königin außer Atem von ihnen ab und sagte zu Alice: „Hast du die Suppenschildkröte schon gesehen?"
„Nein", antwortete Alice, „ich weiß nicht einmal, was eine Suppenschildkröte ist."
„Es ist das, woraus man Schildkrötensuppe macht", erklärte die Königin.
„Ich habe noch nie eine gesehen und auch noch nie von einer gehört", sagte Alice.
„Dann komm mit!" befahl die Königin. „Sie wird dir ihre Geschichte erzählen."
Beim Weggehen hörte Alice den König noch leise sagen: „Ihr seid alle begnadigt!"
„Das ist ein Wort!" freute sich Alice, der bei den vielen Todesurteilen, die die Königin ausgesprochen hatte, schon angst und bange geworden war.
Bald trafen sie einen Greif, der in der Sonne lag und fest schlief. (Wenn du nicht weißt, wie ein Greif aussieht, schau dir das Bild an!) „Steh auf, du faules Ding!" rief die Königin, „und bringe diese junge Dame hier zur Suppenschildkröte, damit sie ihr ihre Geschichte erzählt. Ich muß zurück und mich um einige Hinrichtungen kümmern, die ich angeordnet habe", und sie ging weg und ließ Alice allein mit dem Greif zurück.
Der Greif setzte sich auf und rieb sich die Augen; dann sah er hinter der Königin drein, bis sie außer Sicht war; dann ließ er ein glucksendes Lachen hören. „Welch ein Spaß!" sagte er halb zu sich selbst, halb zu Alice.
„Was ist ein Spaß?" fragte Alice.
„*Sie* natürlich!" erwiderte der Greif. „Sie bildet sich alles nur ein. Hier wird niemand hingerichtet. Komm mit!"
„Jeder sagt hier nur ‚Komm mit!'", dachte Alice, als sie langsam hinter ihm herging. „Ich bin in meinem ganzen Leben noch nie so herumkommandiert worden, noch nie!"
Schon von weitem sahen sie die Suppenschildkröte einsam und traurig auf einem Fels-

brocken sitzen, und als sie näherkamen, konnte Alice sie seufzen hören, als bräche ihr das Herz. Sie bedauerte das arme Tier zutiefst. „Was hat sie denn für Sorgen?“ fragte sie den Greif, und der Greif antwortete: „Sie bildet sich alles nur ein. Sie hat überhaupt keine Sorgen. Komm mit!“

So gingen sie zur Suppenschildkröte, die sie stumm und mit tränenfeuchten Augen erwartete.

„Diese junge Dame hier“, sagte der Greif, „möchte gerne deine Geschichte hören.“

„Ich werde sie ihr erzählen“, sagte die Suppenschildkröte mit tiefer, hohler Stimme, „setzt euch, ihr beiden, und sprecht kein Wort, bevor die Geschichte nicht zu Ende ist!“

Also setzten sie sich, und für ein paar Minuten herrschte Schweigen. Alice dachte schon:

„Sie kann mit ihrer Geschichte ja nie zu Ende kommen, wenn sie nicht anfängt!" doch sie wartete geduldig.

„Früher", sagte die Suppenschildkröte, war ich eine echte Schildkröte".

Diesen Worten folgte ein abermaliges langes Schweigen, das nur von einem gelegentlichen „Hicks!" des Greifen und dem anhaltenden, ergreifenden Schluchzen der Suppenschildkröte unterbrochen wurde. Alice war nahe daran aufzustehen und zu sagen: „Besten Dank für die hochinteressante Geschichte!", doch irgendwie spürte sie, daß noch etwas kommen *müsse,* deshalb blieb sie ruhig sitzen und wartete.

„Als wir klein waren", fuhr die Suppenschildkröte schließlich fort, „gingen wir im Meer zur Schule." (Sie war jetzt etwas ruhiger, auch wenn sie ein gelegentliches Schluchzen nicht unterdrücken konnte.) „Unser Lehrer war ein alter Steinbutt – wir nannten ihn aber Stockfisch ..."

„Warum nanntet ihr ihn denn Stockfisch, wenn er gar keiner war?" fragte Alice.

„Wir nannten ihn Stockfisch, weil er uns immer mit dem Stock drohte", erwiderte die Suppenschildkröte ärgerlich. „Meine Güte, bist du dumm!"

„Du solltest dich schämen, solche einfachen Fragen zu stellen", fügte der Greif hinzu, und die beiden schauten die arme Alice, die am liebsten in den Erdboden versunken wäre, eine Weile schweigend an. Schließlich sagte der Greif zu der Suppenschildkröte: „Erzähl' weiter, alter Junge, du brauchst sonst den ganzen Tag." Und die Suppenschildkröte fuhr fort:

„Also, wir gingen im Meer zur Schule, auch wenn du es nicht glaubst ..."

„Ich habe nie gesagt, daß ich es nicht glaube", unterbrach Alice.

„Doch hast du!" sagte die Suppenschildkröte. „Halt den Mund!" fügte der Greif hinzu, bevor Alice sich verteidigen konnte. Die Suppenschildkröte fuhr fort: „Wir hatten die beste Erziehung – wir gingen nämlich jeden Tag zur Schule!"

„Ich gehe auch jeden Tag zur Schule", sagte Alice, „darauf brauchst du dir nichts einzubilden!"

„Hattest du auch Extra-Stunden?" fragte die Suppenschildkröte ängstlich.

„Ja", erwiderte Alice, „wir hatten Französisch und Musik extra."

„Und Waschen?" erkundigte sich die Suppenschildkröte.

„Natürlich nicht", erwiderte Alice gereizt.

„Ah, dann kann deine Schule auch keine von den besseren gewesen sein", seufzte die Suppenschildkröte erleichtert. „An unserer Schule wurde zusätzlich Französisch, Musik und Waschen angeboten, alles extra!"

„Das kann ja für euch nicht sehr interessant gewesen sein, wo ihr doch auf dem Meeresgrund gelebt habt", meinte Alice.

„Ich konnte mir die Extra-Stunden leider nicht leisten", sagte die Suppenschildkröte, „ich hatte nur die normalen Stunden."

„Und welche waren das?" fragte Alice neugierig.

„Zunächst natürlich Lausen und Schrauben", antwortete die Suppenschildkröte, „und dann alle vier Rechenarten: Agieren, Suspendieren, Mulkifizieren und Dilettieren."

„Ich habe noch nie etwas von ‚Mulkifizieren' gehört", wagte Alice einzuwenden.

Der Greif schlug die Flügel über dem Kopf zusammen: „Was!" rief er, „du hast noch nie etwas von Mulkifizieren gehört? Aber du weißt doch hoffentlich was ‚Mumifizieren' ist?"

Die Königin war innerhalb kürzester Zeit ganz aus dem Häuschen und schrie ununterbrochen: „Kopf ab! Kopf ab!“

„Ja, ich glaube schon“, meinte Alice zögernd. „Es bedeutet ... es hat etwas mit einer Mumie zu tun ...“

„Also, wenn du dann nicht weißt, was Mulkifizieren ist“, fuhr der Greif fort, „mußt du ein rechter Einfaltspinsel sein.“

Alice hatte keine Lust, weiter auf das Thema einzugehen, deshalb wandte sie sich an die Suppenschildkröte und fragte: „Was hattet ihr denn sonst noch für Stunden?“

„Also, wir hatten Hysteriestunden“, erwiderte die Suppenschildkröte und begann die Fächer an den Zehen aufzuzählen: „alte und neue Hysterie, Seeographie, Grimassik – der Grimassiklehrer war ein alter Seeaal. Er kam einmal in der Woche und unterrichtete auch Spiralkunde.“

„Was ist denn das?“ wunderte sich Alice.

„Ich kann es dir leider nicht zeigen“, erwiderte die Suppenschildkröte, „ich bin zu steif dazu, und der Greif hat es nie gelernt.“

„Keine Zeit gehabt“, entschuldigte sich der Greif, „ich ging dafür in die Humanistik-Stunden, der Lehrer war eine alte Krabbe.“

„Zu dem bin ich nie gegangen“, seufzte tief die Suppenschildkröte.

„Er lehrte Lachen und Weinen, hieß es.“

„Das tat er auch, das tat er auch“, bestätigte der Greif und stieß einen tiefen Seufzer aus. Beide Tiere vergruben ihr Gesicht in den Flossen beziehungsweise in den Flügeln.

„Wieviele Stunden hattet ihr denn am Tag?“ fragte Alice, bemüht, ganz schnell das Thema zu wechseln.

„Zehn Stunden am ersten Tag, neun Stunden am zweiten und so weiter“, antwortete die Suppenschildkröte.

„Was für ein seltsamer Stundenplan“, wunderte sich Alice, „und der elfte Tag war dann wohl ein Feiertag?“

„Genau so war es“, erwiderte die Suppenschildkröte.

„Aber wie ging es dann am zwölften Tag weiter?“ wollte Alice wissen.

„Genug von der Schule!“ unterbrach der Greif das Gespräch in bestimmtem Ton, „erzähl' ihr lieber etwas von unseren Spielen.“

Die Suppenschildkröte seufzte tief und wischte sich mit der rechten Vorderflosse über die Augen. Sie schaute Alice an und versuchte zu sprechen, doch ein minutenlanges Schluchzen erstickte ihre Stimme. „Das ist genauso, als hätte sie eine Gräte im Hals", sagte der Greif und begann sie zu schütteln und ihr auf den Rücken zu klopfen. Schließlich beruhigte sich die Suppenschildkröte etwas und fand ihre Stimme wieder, doch immer noch liefen ihr dicke Tränen über die Wangen.

„Du warst vielleicht noch nicht oft auf dem Meeresgrund –" („Noch nie", sagte Alice) „und wahrscheinlich hast du auch noch nie einen richtigen Hummer kennengelernt –" („Ich habe einmal ein Stückchen versucht ..." begann Alice, korrigierte sich jedoch sofort und sagte „nein, noch nie") „deshalb kannst du auch nicht wissen, wie herrlich so ein Hummertanz ist!"

„Was ist das für ein Tanz", fragte Alice.

„Also", begann der Greif, „zuerst stellt man sich in einer langen Reihe am Strand auf –"

„In zwei Reihen!" rief die Suppenschildkröte dazwischen. „Seehunde, Schildkröten, Krabben und so weiter; und wenn man dann die Qualle aus dem Weg geräumt hat –"

„Was immer eine schöne zeitlang dauert", unterbrach der Greif, „– geht man zwei Schritte vor."

„Jeder mit einem Hummer als Partner!" schrie der Greif.

„Versteht sich", sagte die Suppenschildkröte, „man geht also zwei Schritte vor –"

„ – wechselt die Hummer und geht wieder zwei Schritte zurück", fuhr der Greif fort.

„Und dann", redete die Suppenschildkröte aufgeregt weiter, „dann wirft man die –"

„ – die Hummer!" brüllte der Greif und machte einen Luftsprung.

„ – so weit man kann ins Meer hinaus – "

„ – schwimmt hinterdrein –" kreischte der Greif.

„ – macht einen Purzelbaum im Wasser!" schrie die Suppenschildkröte und drehte sich ein paarmal um sich selbst.

„Wechselt wieder die Hummer!" jauchzte der Greif.

„Geht zurück an Land, und – dies alles ist die erste Figur beim Hummertanz", schloß die Suppenschildkröte unvermittelt und mit ernster Miene. Die beiden Tiere, die eben noch ungestüm wie junge Lämmer herumgetollt waren, setzten sich still und traurig wieder hin und schauten Alice an.

„Es muß ein sehr hübscher Tanz sein", meinte Alice etwas kleinlaut.

„Sollen wir dir ein bißchen vortanzen?" fragte die Suppenschildkröte.

„Sehr gerne", erwiderte Alice.

„Laß uns die erste Figur versuchen", sagte die Suppenschildkröte zum Greif. „Wir können auch ganz gut ohne Hummer tanzen. Aber wer singt?"

„Sing du", meinte der Greif, „ich habe den Text vergessen."

Und die beiden begannen mit ernsten Gesichtern um Alice herumzutanzen, und ab und zu trat ihr eines der Tiere auf die Zehen, wenn es zu nahe an sie herankam. Der Greif schlug mit den Flügeln den Takt, die Suppenschildkröte mit den Vorderflossen, und dazu sang sie sehr langsam und in getragenem Ton:

„Der Weißfisch fragte eine Schnecke, ob sie mitkäme zum Tanz.
Von hinten drängte schon ein Tümmler und trat ihm ständig auf den Schwanz.
Sieh nur, wie die kleinen Hummer eilends schon zum Ufer gehn,
Willst du dich nicht auch mit ihnen jetzt am Strand im Tanze drehn?
Komm doch mit uns, komm doch mit uns, komm, wir woll'n im Tanz uns drehn!
Komm doch mit uns, komm doch mit uns, komm, wir woll'n im Tanz uns drehn!

Es ist herrlich, wirklich herrlich, und wir freuen uns schon sehr,
wenn wir tanzen und sie werfen mit den Hummern uns ins Meer.
Doch die Schnecke seufzt und sagte: ‚Soweit kann ich doch nicht gehn.'
Sie bedankte sich ganz artig, will sich nicht im Tanze drehn.
Komm doch mit uns, komm doch mit uns, komm, wir woll'n im Tanz uns drehn!
Komm doch mit uns, komm doch mit uns, komm, wir woll'n im Tanz uns drehn!

‚Schau, wir sind schon an der Küste', tröstet sie der Weißfisch gleich.
‚Es sind nur noch ein paar Schritte, und dann sind wir über'n Deich.
Und du brauchst dich nicht zu fürchten, ich will langsam mit dir gehn,
und dann wollen wir uns beide recht vergnügt im Tanze drehn.'
Komm doch mit uns, komm doch mit uns, komm, wir woll'n im Tanz uns drehn!
Komm doch mit uns, komm doch mit uns, komm, wir woll'n im Tanz uns drehn!"

„Vielen Dank, es war sehr interessant, den Tanz zu sehen", sagte Alice höflich, doch im Grunde war sie froh, daß er endlich vorüber war. „Das Lied vom Weißfisch hat mir besonders gut gefallen."

„Oh, was den Weißfisch betrifft", warf die Suppenschildkröte ein, „so hat er – du hast doch bestimmt schon Weißfische gesehen?"

„Oh, ja, wir hatten sie oft zum Abendes... –“ Alice unterbrach sich hastig.
„Ich weiß zwar nicht, was ‚Abendes‘ bedeutet, aber wenn sie so oft bei euch waren, weißt du sicher genau, wie sie aussehen.“
„Ich glaube schon“, antwortete Alice und überlegte. „Sie haben ihren Schwanz im Mund und – und sind über und über mit Bröseln bedeckt.“
„Das mit den Bröseln stimmt nicht“, sagte die Suppenschildkröte, „die würde das Meerwasser ja alle herunterwaschen. Aber ihren Schwanz haben sie tatsächlich im Mund, das stimmt; und der Grund dafür ...“ Die Suppenschildkröte gähnte und schloß die Augen. „Erkläre ihr den Grund dafür und auch für alles andere“, fuhr sie dann zu dem Greif gewandt fort.
„Der Grund dafür ist“, erklärte der Greif, „daß sie unbedingt mit den Hummern zum Tanzen gehen wollten. Also wurden sie ins Meer geworfen. Sie flogen eine weite Strecke durch die Luft. Deshalb nahmen sie ihren Schwanz fest in den Mund. Und deshalb konnten sie ihn nicht mehr herauskriegen. Das ist alles.“
„Vielen Dank“, sagte Alice, „es war sehr interessant. Ich wußte noch nie so viel über Weißfische.“
„Wenn es dich interessiert, kann ich dir noch mehr darüber erzählen“, sagte der Greif. „Weißt du, weshalb sie ‚Weißfische‘ genannt werden?“
„Ich habe nie darüber nachgedacht“, erwiderte Alice. „Weshalb?“
„Weil sie die Stiefel und die Schuhe machen“, erklärte der Greif mit ernster Miene.
Alice konnte mit dieser Antwort nichts anfangen. „Weil sie die Stiefel und die Schuhe machen“, wiederholte sie verwirrt.
„Was ist daran so verwunderlich?“ fragte der Greif. „Womit werden denn bei euch die Schuhe gemacht? Ich meine, was macht sie so glänzend?“
Alice schaute an sich herab und überlegte eine Weile, bevor sie antwortete. „Ich glaube, sie werden mit schwarzer Schuhcreme eingerieben.“
„Die Stiefel und Schuhe im Meer“, fuhr der Greif ernst fort, „werden mit *weißer* Schuhcreme eingerieben. Und das macht der Weißfisch. Jetzt weißt du es.“
„Wenn ich der Weißfisch gewesen wäre“, meinte Alice, deren Gedanken immer noch um das Lied kreisten, „hätte ich dem Tümmler gesagt, er soll zurückbleiben.“
„Sie mußten ihn aber mitnehmen“, mischte sich da die Suppenschildkröte wieder ein. „Kein vernünftiger Fisch würde ohne Tümmler irgendwo hingehen.“
„Und weshalb nicht?“ fragte Alice verwundert.
„Weil er in ein Getümmel geraten könnte und ohne Tümmler darin verloren wäre. Doch jetzt erzähle uns etwas von *deinen* Abenteuern!“
„Ich könnte euch meine Abenteuer schon erzählen – angefangen von heute morgen“, meinte Alice ein wenig schüchtern, „doch es hat keinen Zweck, bis gestern zurückzugehen, da ich gestern noch eine ganz andere Alice war.“
„Das mußt du uns erklären“, bat die Suppenschildkröte.
„Nein, nein! Zuerst die Abenteuer!“ widersprach der Greif ungeduldig. „Erklärungen dauern immer so schrecklich lange!“
Also erzählte Alice ihre Abenteuer von dem Zeitpunkt an, als sie das weiße Kaninchen zum erstenmal gesehen hatte. Sie war zunächst ein wenig nervös, die beiden Tiere rückten so

„Früher", sagte die Suppenschildkröte schließlich mit einem tiefen Seufzer, „war ich eine echte Schildkröte."

dicht an sie heran, eines auf jeder Seite, und sie rissen ihre Augen und Münder so schrecklich weit auf, doch je mehr sie erzählte, desto mutiger wurde sie. Ihre Zuhörer verhielten sich auch sehr ruhig, bis sie zu dem Gedicht kam, das sie der Raupe aufgesagt hatte, und plötzlich alle Worte verkehrt aus ihrem Mund kamen. Da tat die Suppenschildkröte einen tiefen Seufzer und bemerkte: „Das ist höchst seltsam."

„Etwas Seltsameres gibt es gar nicht", meinte auch der Greif.

„Es kam alles ganz anders", sagte die Suppenschildkröte gedankenverloren. „Sie soll uns jetzt ein Gedicht aufsagen. Sag' ihr das!" Und sie schaute den Greif an, als könnte dieser über Alice bestimmen.

„Steh' auf und trage das Gedicht vor, ‚Ich höre die Stimme des Faulenzers'!" befahl der Greif.

„Wie die Tiere einen herumkommandieren und Sachen aufsagen lassen!" dachte Alice. „Es ist beinahe wie in der Schule." Sie stand dennoch auf und begann mit dem Gedicht, doch ihr Kopf war noch so voll von dem Hummertanz, daß sie kaum wußte, was sie sagte, und es hörte sich auch in der Tat recht seltsam an:

„Ich höre die Stimme des Hummers, der leise zu mir spricht:
‚Du hast mich zu braun gebraten, nun zuck're mir das Gesicht.'
Wie die Ente mit dem Schwänzchen, so schnallt er mit dem Ohr
den Gürtel sich enger, streckt die Zehen hervor.
Auf dem Ufer ist er munter wie ein Lämmchen im Mai
und redet recht verächtlich von dem schrecklichen Hai.
Doch kommt dann die Flut und der Hai kommt herbei,
wird er kleinlaut und ängstlich und zittert für drei."

„Als ich klein war, habe ich das Gedicht ganz anders gelernt", sagte der Greif.

„Ich höre es zum erstenmal in meinem Leben", bemerkte die Suppenschildkröte, „aber es scheint mir ausgemachter Unsinn zu sein!"

„Alice sagte gar nichts. Sie hatte sich wieder hingesetzt, das Gesicht in den Händen vergraben, und fragte sich, ob wohl jemals wieder etwas auf natürliche Art und Weise geschehen würde.

„Könntest du es uns bitte erklären?" bat die Suppenschildkröte.

„Das kann sie *nicht*!" sagte der Greif sehr bestimmt. „Kommen wir zum nächsten Vers!"

„Aber die Sache mit den Zehen?" wollte die Suppenschildkröte wissen. „Wie kann er sie nur mit seiner Nase unter dem Gürtel hervorholen?"

„Das ist die erste Tanzfigur", erklärte Alice, doch in ihrem Kopf drehte sich alles, und sie hätte gerne das Thema gewechselt.

„Kommen wir zum zweiten Vers", wiederholte der Greif. „Er beginnt mit den Worten: ‚Eines Tages, da kam ich ...'."

Alice wagte nicht, ungehorsam zu sein, obwohl sie genau wußte, daß wieder alles verkehrt aus ihrem Mund kommen würde. Dennoch fuhr sie mit zitternder Stimme fort:

„Eines Tages, da kam ich an seinem Garten vorbei
und sah die Eule und den Panther sich teilen ein Ei.
Der Panther nahm das Ei, tat etwas Salz sich dazu
und sprach zu der Eule: ‚Die Schale kriegst du.‘
Nach dem Essen da gab er – welche Großzügigkeit –
ihr auch noch den Löffel und war gar bereit,
sie nach Hause zu bringen, nachdem er mit Genuß
den Nachtisch verschlungen –“

„Was hat das ganze Aufsagen eigentlich für einen Sinn“, unterbrach die Suppenschildkröte, „wenn du nicht erklären kannst, was du sagst. Etwas Verrückteres habe ich in meinem ganzen Leben noch nicht gehört!“ „Ich glaube auch, es ist besser, wir lassen es jetzt gutsein“, meinte auch der Greif, und Alice war nur zu froh darüber.

„Sollen wir die nächste Figur des Hummertanzes versuchen?“ fragte der Greif. „Oder möchtest du lieber, daß dir die Suppenschildkröte etwas vorsingt?“

„Oh, lieber etwas vorsingen, wenn die Suppenschildkröte so nett ist“, antwortete Alice so schnell, daß der Greif beleidigt brummte: „Über Geschmack läßt sich nicht streiten. Sing' ihr das Lied von der Schildkrötensuppe, Kamerad.“

Die Suppenschildkröte seufzte tief und begann folgendermaßen zu singen:

„Herrliche Suppe, so grün und frisch
steht sie dampfend auf dem Tisch.
Oh, welche Köstlichkeit, oh, welche Freud',
Suppe am Abend, Suppe gibt's heut'!
Suppe am Abend, Suppe gibt's heut'!
Herr – li – che Su – u – ppe,
Herr – li – che Su – u – ppe!
Su – u – ppe am A – a – bend,
Su – u – ppe gibt's heut'!

Herrliche Suppe, wer will da noch Wein,
wer Nachtisch und wer Hammelbein?
Was gäb ich nicht alles für diese zwei p
in der Mitte der Suppe nach u und vor e.
Herr – li – che Su – u – ppe,
Herr – li – che Su – u – ppe!
Su – u – ppe am A – a – bend,
Su – u – ppe gibt's heut'!“

„Sing' den Refrain noch einmal!“ schrie der Greif, doch kaum hatte die Suppenschildkröte mit der Wiederholung begonnen, als in der Ferne der Ruf: „Die Verhandlung beginnt!“ erschallte.

„Komm mit!“ schrie der Greif, packte Alice am Arm und stürzte davon, ohne das Ende des Liedes abzuwarten.

„Was für eine Verhandlung ist es denn?“ keuchte Alice während des Laufens, doch der Greif antwortete nur: „Komm mit!“ und rannte noch schneller, während der Wind ihnen, immer schwächer werdend, die melancholischen Worte nachtrug:

„Su – u – ppe am A – a – bend,
Su – u – ppe gibt's heut'!“

Wer ist der Kuchendieb?

Der Herzkönig und die Herzkönigin saßen auf dem Thron, als Alice und der Greif im Gerichtshof ankamen, und eine buntgemischte Menge Vögel und Tiere aller Art sowie das gesamte Kartenspiel waren um sie versammelt. Vor ihnen stand der Bube, in Ketten gelegt und von zwei Soldaten bewacht. Neben dem König stand das weiße Kaninchen mit einer Trompete in der einen und einer Pergamentrolle in der anderen Hand. Mitten im Gerichtshof war ein großer Tisch mit einer riesigen Kuchenplatte darauf. Die Kuchen sahen so lecker aus, daß Alice allein vom Anschauen schon ganz hungrig wurde. „Ich hoffe nur, sie werden mit der Verhandlung bald fertig und reichen die Erfrischungen herum“, dachte sie. Doch davon konnte keine Rede sein, und Alice begann ihre Umgebung zu betrachten, um sich die Zeit zu vertreiben.

Alice war noch nie in einem Gerichtshof gewesen, doch sie hatte in Büchern schon darüber gelesen und freute sich nun, daß sie fast alle anwesenden Personen bei ihrem richtigen Namen nennen konnte. „Das ist der Richter“, sagte sie sich, „da er eine große Perücke trägt.“ Der Richter war übrigens der König, und da er über seiner Perücke auch noch die Krone trug, machte er einen recht unglücklichen Eindruck und schien sich absolut nicht wohlzufühlen.

„Und das ist die Geschworenenbank“, dachte Alice, „und diese zwölf Gestalten (es handelte sich zur Hälfte um vierbeinige Tiere und zur Hälfte um Vögel) sind sicher die Geschworenen.“ Sie wiederholte das letzte Wort zwei- oder dreimal und war ganz stolz dabei, denn sie überlegte sich – und das zu recht – daß nur sehr wenige kleine Mädchen in ihrem Alter die ganzen Namen gewußt hätten.

Die zwölf Geschworenen schrieben sämtlich eifrig auf ihren Schiefertafeln.

„Was schreiben sie denn alle?“ fragte Alice leise den Greif. „Die Verhandlung hat doch noch gar nicht angefangen!“

„Sie schreiben ihre Namen auf“, flüsterte der Greif zurück, „damit sie sie nicht vergessen bis die Verhandlung vorbei ist.“

„Dummköpfe!“ entfuhr es Alice laut und vernehmlich, doch sie verstummte sofort wieder, denn das weiße Kaninchen rief: „Ruhe im Gerichtssaal!“ und der König setzte seine Brille auf und schaute sich ängstlich nach dem Störenfried um.

Alice konnte sehen – genauso, als ob sie den Geschworenen über die Schulter blicken könnte – daß alle zwölf das Wort ‚Dummköpfe‘ auf ihre Tafeln schrieben, und sie bemerkte auch, daß einer nicht wußte, wie man es buchstabiert und seinen Nachbarn danach fragen mußte.

„Das muß ja eine hübsche Schmiererei auf den Tafeln geben, wenn die Verhandlung erst vorüber ist“, dachte Alice.

Einer der Geschworenen hatte einen Griffel, der beim Schreiben kratzte. Und wenn Alice etwas nicht ausstehen konnte, dann waren es kratzende Griffel. Sie stand also auf und stellte sich hinter ihn und fand auch sehr bald eine Gelegenheit, ihm den Griffel wegzunehmen. Das ging so schnell, daß der arme kleine Kerl (es war Bill, die Eidechse) gar nicht wußte, wie ihm geschah. Nachdem er überall vergebens nach seinem Schreibzeug gesucht hatte, mußte er für den Rest des Tages mit dem Finger weiterschreiben (was vollkommen nutzlos war, da man hinterher auf der Tafel überhaupt nichts sah).

„Herold, verlese die Anklageschrift!“ sagte der König.

Das weiße Kaninchen blies dreimal in seine Trompete, wickelte die Pergamentrolle auf und begann folgendermaßen zu lesen:

„Die Herzkönigin, die ihr seht allhier,
buk einen schönen Kuchen.
Der Herzbube, der stahl ihn ihr
und wollt' das Weite suchen!“

„Die Geschworenen ziehen sich zur Beratung zurück!“ sagte der König.

„Noch nicht, noch nicht!“ unterbrach ihn das Kaninchen hastig. „Soweit sind wir noch lange nicht!“

„Rufe den ersten Zeugen“, sagte der König daraufhin. Das weiße Kaninchen blies wieder dreimal in seine Trompete und rief dann: „Der erste Zeuge!“

Der erste Zeuge, der vortrat, war der Hutmacher. Er kam an mit einer Tasse Tee in der einen und einem Butterbrot in der anderen Hand. „Ich bitte Ihre Majestät um Verzeihung“, begann er, „daß ich das alles mitgebracht habe, aber ich war noch nicht ganz fertig mit meinem Tee, als man mich abholte.“

„Du hättest aber fertig sein müssen!“ sagte der König. „Wann hast du denn angefangen?“

Der Hutmacher schaute den Osterhasen an, der – Arm in Arm mit der Haselmaus – mit ihm in den Gerichtssaal getreten war. „Es war, glaube ich, der 14. März“, sagte er.

„Der 15.“, verbesserte der Osterhase.

„Der 16.“, ließ sich die Haselmaus vernehmen.

„Nehmt das zu Protokoll“, sagte der König zu den Geschworenen. Diese notierten alle drei Zahlen auf ihre Tafeln, zählten sie zusammen und rechneten das Ergebnis in Pennys um.

„Nimm deinen Hut ab“, sagte der König zum Hutmacher.

„Es ist nicht meiner“, sagte der Hutmacher.

„Gestohlen!“ rief der König und drehte sich zu den Geschworenen um, die die Aussage sofort notierten.

„Ich biete ihn zum Verkauf an“, fügte der Hutmacher als Erklärung hinzu, „ich habe keinen eigenen. Ich bin ein Hutmacher.“

Hier setzte die Königin ihre Brille auf und schaute den Hutmacher streng an. Dieser wurde unter ihren Blicken kreidebleich und ganz zappelig.

„Mach deine Aussage“, befahl die Königin, „und sei nicht so nervös, sonst lasse ich dich auf der Stelle köpfen!“

Diese Worte ermutigten den Zeugen nicht gerade. Er trat weiterhin von einem Fuß auf den anderen, schaute die Königin unsicher an und biß in seiner Verwirrung auch noch in die Teetasse, anstatt in das Butterbrot.

In diesem Augenblick spürte Alice ein seltsames Kribbeln, das sie ziemlich beunruhigte, bis sie herausgefunden hatte, woher es kam: sie hatte wieder zu wachsen begonnen! Ihr erster Gedanke war aufzustehen und den Gerichtssaal zu verlassen, doch dann entschloß sie sich, so lange zu bleiben, als Platz für sie wäre.

„Mach dich doch nicht so breit!“ beschwerte sich die Haselmaus, die neben ihr saß, „ich kann ja kaum mehr atmen!“

„Ich kann doch nichts dafür“, entschuldigte sich Alice kleinlaut. „Ich wachse.“

„Du hast kein Recht, gerade *hier* zu wachsen!“ sagte die Haselmaus.

„Rede keinen Unsinn“, sagte Alice nun mutiger. „Du wächst doch selbst!“

„Ja, aber ich wachse innerhalb einer vernünftigen Zeit und nicht in diesem lächerlichen Tempo wie du!“ Und sie stand beleidigt auf und ging auf die andere Seite des Gerichtssaales.

Die ganze Zeit über hatte die Königin nicht aufgehört, den Hutmacher anzustarren, und gerade als die Haselmaus durch den Saal ging, sagte sie zu einem der Gerichtsdiener: „Bring mir die Namensliste der Sänger beim letzten Konzert!“ Bei diesen Worten begann der arme Hutmacher so zu zittern, daß er beide Schuhe von sich warf.

„Mach deine Aussage“, wiederholte der König ärgerlich, „oder du wirst hingerichtet, ob du nun nervös bist oder nicht.“

„Ich bin ein armer Mann, Eure Majestät“, begann der Hutmacher mit zitternder Stimme“, – und ich hatte noch nicht mit meinem Tee begonnen – vor ungefähr einer Woche – und was die Butterbrote betrifft, die immer dünner werden – und die fliegende Teetasse –“

„Die fliegende *was*?“ fragte der König.

„Es begann mit Tee“, erwiderte der Hutmacher.

„Natürlich beginnt ‚Teetasse‘ mit einem ‚T‘“, sagte der König scharf, „du willst mich wohl zum Narren halten! Weiter!“

„Ich bin ein armer Mann“, fuhr der Hutmacher fort, „und hinterher flog fast alles – aber der Osterhase hat gesagt –“

„Hab’ ich nicht!“ unterbrach ihn dieser hastig.

„Hast du doch!“ sagte der Hutmacher.

„Ich streite es ab!“ sagte der Osterhase.

„Er streitet es ab“, sagte der König, „überspringen wir diesen Teil.“

„Auf jeden Fall hat die Haselmaus gesagt ...“ Der Hutmacher schaute sich ängstlich um, ob die Haselmaus es auch abstreiten würde, doch diese war weit davon entfernt, da sie schon wieder fest schlief. „Danach“, fuhr der Hutmacher fort, „machte ich noch ein paar Butterbrote ...“

„Aber was hat die Haselmaus denn nun gesagt?“ fragter einer der Geschworenen.

„Daran kann ich mich nicht mehr erinnern“, erwiderte der Hutmacher.

„Du mußt dich aber daran erinnern“, warf der König ein, „sonst wirst du hingerichtet.“

Der arme Hutmacher ließ seine Teetasse und das Butterbrot fallen und fiel auf die Knie. „Ich bin ein armer Mann, Eure Majestät“, begann er.

„Du bist ein sehr schlechter Redner“, unterbrach ihn der König.

Hier applaudierte ein Meerschweinchen, was sofort von einem Gerichtdiener unterbunden wurde. (Da dies ein sehr hartes Wort ist, möchte ich euch rasch erklären, was es in diesem Fall bedeutet: Der Gerichtsdiener hatte einen großen Leinensack, der oben mit einer Schnur zusammengehalten wurde. Da hinein steckte er das Meerschweinchen, Kopf voraus, und setzte sich obenauf.)

„Jetzt weiß ich auch, wie das gemacht wird“, dachte Alice. „Ich habe schon oft in der Zeitung gelesen: ‚Am Ende der Verhandlung erhob sich zaghafter Applaus, der sofort von den Gerichtsdienern unterbunden wurde‘, und bisher habe ich nie gewußt, was damit gemeint war.“

„Wenn das alles ist, was du zu sagen hast“, fuhr der König fort, „kannst du dich wieder aufrichten.“

„Ich bin doch die ganze Zeit schon aufrichtig!“ protestierte der Hutmacher.

„Dann kannst du dich meinetwegen hinsetzen“, erwiderte der König.

Hier applaudierte ein anderes Meerschweinchen, was ebenfalls sofort unterbunden wurde.

„Das wird die Meerschweinchen endlich zum Schweigen bringen“, dachte Alice, „damit wir vorankommen.“

„Ich würde gerne meinen Tee fertigtrinken“, sagte der Hutmacher mit einem ängstlichen Blick auf die Königin, die die Namensliste der Sänger durchging.

„Du kannst gehen“, sagte der König, und der Hutmacher stürzte so schnell davon, daß er vergaß, seine Schuhe wieder anzuziehen.

„... und wenn er draußen ist: Kopf ab!“ fügte die Königin, zu einem der Gerichtsdiener gewandt, hinzu. Doch der Hutmacher war schon außer Sichtweite, bevor der Gerichtsdiener überhaupt die Tür erreicht hatte.

„Ruf’ den nächsten Zeugen!“ befahl der König.

Der nächste Zeuge war die Köchin der Herzogin. Sie trug den Pfefferstreuer bei sich, und noch bevor Alice gesehen hatte, wer da kam, konnte sie es schon erraten, da plötzlich der ganze Saal zu niesen anfing.

„Mach’ deine Aussage!“ befahl der König.

„Will nicht“, erwiderte die Köchin.

Der König blickte ängstlich das weiße Kaninchen an, das ihm zuflüsterte: „Diese Zeugin müßt Ihr ins Kreuzverhör nehmen!“

„Wenn ich muß, dann muß ich“, sagte der König ergeben, faltete die Arme über der Brust, runzelte die Stirn und kniff die Augen zusammen, bis sie kaum mehr zu sehen waren, und sagte dann mit einem tiefen Brummen: „Woraus wird ein Kuchen gemacht?“

„In der Hauptsache aus Pfeffer“, erwiderte die Köchin.

„Sirup", sagte eine verschlafene Stimme hinter ihr.

„Bindet die Haselmaus!" schrie die Königin. „Köpft die Haselmaus! Werft die Haselmaus aus dem Gerichtssaal! Unterbindet sie! Zwickt sie! Schneidet ihr die Barthaare ab!"

Minutenlang herrschte große Verwirrung im Saal, während der man die Haselmaus entfernte, und als endlich alles wieder auf den Plätzen saß, war die Köchin verschwunden.

„Macht nichts", sagte der König erleichtert. „Ruf den nächsten Zeugen. Und leise fügte er, zu der Königin gewandt, hinzu: „Also wirklich, meine Liebe, den nächsten Zeugen mußt *du* ins Kreuzverhör nehmen. Ich bekomme solche Kopfschmerzen davon!"

Alice beobachtete das weiße Kaninchen, das seine Liste durchging, und war sehr gespannt, wer wohl der nächste Zeuge sein würde, „denn bis jetzt", sagte sie zu sich selbst, „haben sie ja noch keine richtige Aussage gehabt." Stell dir deshalb ihr Erstaunen vor, als das weiße Kaninchen nun so laut es konnte den Namen „Alice" rief.

Alices Aussage

„Hier", rief Alice und vergaß in der Aufregung ganz, wie groß sie in den letzten paar Minuten geworden war. Sie sprang so schnell auf, daß sie mit ihrem Rocksaum die ganze Geschworenenbank umkippte, und alle Geschworenen mit dem Kopf voraus in die Menge flogen. Dort zappelten sie nun herum und erinnerten Alice lebhaft an das Goldfischglas, das sie in der vergangenen Woche versehentlich umgeworfen hatte.

„Oh, ich bitte vielmals um Entschuldigung!“ rief sie bestürzt, und begann die Geschworenen so schnell sie konnte wieder einzusammeln, denn der Vorfall mit dem Goldfischglas war ihr noch sehr gut in Erinnerung, und sie hatte das unbestimmte Gefühl, daß sie die Geschworenen schnell einsammeln und wieder in ihre Bank zurücksetzen müsse, da sie sonst sterben würden.

„Die Verhandlung kann nicht fortgesetzt werden“, sagte der König sehr ernst, „bevor nicht alle Geschworenen wieder richtig in ihren Bänken sitzen – alle!“ wiederholte er etwas lauter und schaute Alice dabei streng an.

Alice sah nach der Geschworenenbank und bemerkte, daß sie die Eidechse in ihrer Aufregung mit dem Kopf voraus in die Bank gesetzt hatte, und das arme Ding wackelte nun traurig mit dem Schwanz, unfähig, sich anderweitig zu bewegen. Sie nahm das Tier hoch und setzte es richtig in die Bank, „obwohl es eigentlich keinen Unterschied macht“, dachte sie, „da es zu der Verhandlung auch nicht mehr beiträgt, ob es nun so oder so in der Bank sitzt.“

Sobald sich die Geschworenen wieder etwas von dem Schock erholt hatten und man ihnen ihre Tafeln und Griffel zurückgegeben hatte, machten sie sich gewissenhaft an die Arbeit, den Vorfall niederzuschreiben, alle außer der Eidechse, die immer noch zu mitgenommen war, um etwas anderes machen zu können, als mit offenem Mund die Decke des Gerichtssaales anzustarren.

„Was weißt du von der ganzen Sache?“ fragte der König Alice.

„Nichts“, erwiderte Alice.

„Überhaupt nichts?“ beharrte der König.

„Überhaupt nichts“, sagte Alice.

„Das ist äußerst wichtig“, sagte der König, an die Geschworenen gewandt. Diese wollten die Bemerkung gerade zu Protokoll nehmen, als das weiße Kaninchen sie unterbrach: *„Unwichtig* wollten Seine Majestät natürlich sagen“, bemerkte er in sehr respektvollem Ton, doch er schaute den König dabei mit gerunzelter Stirn scharf an. *„Un*wichtig meinte ich natürlich“, verbesserte sich dieser hastig, doch dann murmelte er vor sich hin „wichtig – unwichtig – unwichtig – wichtig –“ so, als wollte er ausprobieren, welches besser klingt.

„Einige Geschworene schrieben also ‚wichtig‘, die anderen ‚unwichtig‘ auf ihre Tafel. Alice konnte es genau sehen, da sie nun ziemlich dicht bei ihnen stand, „aber was macht das schon für einen Unterschied!“ dachte sie.

In diesem Moment rief der König, der eifrig etwas in sein Notizbuch geschrieben hatte, „Ruhe!“ und las aus dem Buch vor: „Paragraph 42: Alle Personen, die größer sind als einen Kilometer, haben den Gerichtssaal zu verlassen!“

Jedermann schaute auf Alice.

Ich *bin* keinen Kilometer groß“, sagte Alice.

„Doch“, sagte der König.

„Beinahe zwei Kilometer“, fügte die Königin hinzu.

„Von mir aus, ich gehe trotzdem nicht“, sagte Alice. „Und außerdem ist das gar kein richtiger Paragraph, du hast ihn ja gerade erst erfunden!“

„Es ist der älteste Paragraph im ganzen Buch“, sagte der König.

„Dann müßte er die Nummer 1 haben“, erwiderte Alice.

Der König wurde blaß und schloß hastig sein Notizbuch.

„Die Geschworenen ziehen sich zur Beratung zurück", sagte der König leise und mit bebender Stimme.

„Hier kommt gerade ein neues Beweisstück, wenn Eure Majestät belieben", unterbrach das weiße Kaninchen aufgeregt. „Dieses Papier wurde gerade gefunden."

„Was ist es?" fragte die Königin.

„Ich habe noch nicht hineingeschaut", antwortete das Kaninchen, „aber es scheint ein Brief zu sein, ein Brief des Gefangenen an – an irgendjemanden."

„An wen ist er adressiert?" fragte einer der Geschworenen.

„Er ist überhaupt nicht adressiert", erwiderte das Kaninchen, *„außen* steht auf jeden Fall nichts." Während er sprach, faltete er das Papier auseinander und fügte dann hinzu: „Es ist überhaupt kein Brief, es ist ein Gedicht!"

„Ist es in der Handschrift des Gefangenen geschrieben?" fragte ein anderer Geschworener.

„Nein, das nicht", erwiderte das Kaninchen, „und das ist ja das Seltsame daran." (Die Geschworenen schauten sich verwirrt an.)

„Er muß die Handschrift von jemand anderem nachgemacht haben", sagte der König. (Die Geschworenen schienen unendlich erleichtert.)

„Bitte, Ihre Majestät", sagte der Herzbube, „ich habe es nicht geschrieben, und man kann mir das Gegenteil nicht beweisen: es ist nämlich keine Unterschrift unter dem Gedicht!"

„Wenn du es nicht unterschrieben hast", sagte der König, „verschlimmert das die Sache noch. Du *mußt* etwas Böses damit im Sinn gehabt haben, sonst hättest du es nämlich wie jeder ehrliche Mann unterschrieben."

Allgemeiner Applaus war die Antwort darauf. Das waren die ersten vernünftigen Worte, die der König an diesem Tag gesprochen hatte.

„Das beweist seine Schuld!" sagte die Königin.

„Es beweist überhaupt nichts", widersprach Alice. „Wie sollte es auch? Du weißt doch noch gar nicht, was darinsteht!"

„Lies vor", sagte der König.

Das weiße Kaninchen setzte seine Brille auf. „Wo soll ich bitte anfangen, Eure Majestät?" fragte es.

„Fange mit dem Anfang an", erwiderte der König ernst, „und lies, bis du ans Ende kommst, dann hör' auf."

Die Verse, die das weiße Kaninchen vorlas, lauteten folgendermaßen:

„Sie sagten mir, du warst bei ihr,
und er war auch dabei.
Und sie erzählte ihm von mir,
daß ich Nichtschwimmer sei.

Er sagte ihnen, ich sei hier
(wir wissen, es ist wahr),
doch was wird, bitteschön, aus mir,
wenn sie ist nicht mehr da?

Ich gab ihr eins, sie gab ihm zwei,
du gabst ihr drei und mehr,
doch alle kamen wieder bei,
nachdem sie kamen her.

Wenn einer von uns war dabei,
ob ich oder ob sie,
so glaubt er fest, du läßt uns frei,
denn schuldig war'n wir nie.

Ich nehme an und glaube gar,
daß dieser Anfall sich –
obwohl er nicht so heftig war –
doch auswirkte auf dich und mich.

Doch sagt ihm nicht, daß sie es ist,
die sie am liebsten mag,
damit er möglichst schnell vergißt,
was ich ihm heute sag."

„Das ist das wichtigste Beweisstück, das wir bis jetzt hatten", sagte der König triumphierend und rieb sich die Hände. „So, jetzt können sich die Geschworenen ..."

„Wenn einer von euch mir sagen kann", rief Alice dazwischen (sie war während der letzten Minuten so rasch gewachsen, daß sie kein bißchen Angst davor hatte, den König zu unterbrechen), „bekommt er ein Sixpence-Stück von mir. Ich bin nämlich überzeugt, daß alles barer Unsinn ist!"

„Wenn alles barer Unsinn ist", sagte der König, „erspart uns das einen ganzen Berg Arbeit, weil wir dann erst gar nicht nach einer Bedeutung zu suchen brauchen. Aber ich weiß nicht, ich weiß nicht", fuhr er fort, indem er das Papier auf seinen Knien ausbreitete und mit einem Auge darüberlas, „ein klein wenig Bedeutung scheint es mir doch zu haben ‚... daß ich Nichtschwimmer sei ...' Du kannst nicht schwimmen, oder?" fügte er, an den Herzbuben gewandt, hinzu.

Der Bube schüttelte traurig den Kopf. „Sehe ich etwa so aus?" fragte er. (Und er tat es wahrhaftig nicht. Schließlich war er ganz aus Pappkarton.)

„Soweit, so gut", sagte der König und fuhr fort, einige Zeilen aus dem Gedicht vor sich hinzubrummeln: „‚... wir wissen, es ist wahr ...' damit sind bestimmt die Geschworenen gemeint. ‚... ich gab ihr eins, sie gab ihm zwei ...' das bezieht sich gewiß auf den Kuchen –"

„Aber es geht weiter: ‚... doch alle kamen wieder bei ...'" warf Alice ein.

„Da sind sie ja auch", sagte der König triumphierend und wies auf die Kuchen auf dem Tisch. „Nichts ist offensichtlicher als das. Und dann wieder: ‚... daß dieser Anfall ...' Du hast nie Anfälle gehabt, meine Liebe, oder?" sagte er zu der Königin.

„Nie!" rief die Königin wütend und warf ein Tintenglas nach der Eidechse.

„Die Geschworenen ziehen sich zur Beratung zurück", sagte der König nun bereits zum zwanzigsten Mal an diesem Tag.

„Nein, nein", widersprach die Königin, „zuerst der Urteilsspruch, dann die Beratung."

„Quatsch", sagte Alice laut, „wo gibt's denn so etwas: zuerst den Urteilsspruch, dann die Beratung!"

„Halt den Mund!" sagte die Königin, deren Gesicht schon verdächtig rot anlief.

„Ich denke nicht daran!" erwiderte Alice.

„Kopf ab!" kreischte die Königin mit sich überschlagender Stimme. Niemand rührte sich.

„Wer hört schon auf euch", sagte Alice (sie war inzwischen zu ihrer vollen Größe herangewachsen), „ihr seid ja nur ein Kartenspiel!" Bei diesen Worten erhoben sich die Karten in die Luft und flogen von oben auf sie herab. Alice stieß einen kleinen Schrei aus, halb aus Angst, halb aus Zorn, und versuchte, sie abzuwehren. Und da fand sie sich auf der Bank liegend, den Kopf in den Schoß ihrer Schwester gebettet, die liebevoll einige welke Blätter entfernte, die von den Bäumen auf ihr Gesicht heruntergefallen waren.

„Wach auf, Alice, Liebes!" sagte ihre Schwester. „Was hast du heute lange geschlafen!"

„Ich habe einen so seltsamen Traum gehabt", sagte Alice und erzählte ihrer Schwester, soweit sie sich daran erinnern konnte, all die wunderlichen Abenteuer, die du gerade gelesen hast. Und als sie geendet hatte, küßte ihre Schwester sie und sagte: „Das war tatsächlich ein seltsamer Traum, Liebes, aber nun lauf und trinke deinen Tee, es ist spät geworden." Alice stand auf und lief zum Haus, und dachte beim Laufen noch einmal, was für einen wundervollen Traum sie doch geträumt hatte.

Ihre Schwester saß immer noch auf der Bank, wie sie sie verlassen hatte: den Kopf in die Hände gestützt, schaute sie in die untergehende Sonne und dachte an die kleine Alice und ihre wundervollen Abenteuer, bis auch sie zu träumen begann, und dies war ihr Traum:

Zunächst träumte sie von der kleinen Alice selbst, fühlte deren Händchen um ihre Knie geschlungen und sah die hellen, großen Augen zu sich aufblicken. Sie hörte ihre Stimme, konnte das charakteristische Zurückwerfen des Kopfes beobachten, das Alice an sich hatte, um die langen Haare zurückzuhalten, die ihr immer in die Augen fallen wollten – und als sie noch lauschte oder zu lauschen schien, belebte sich der ganze Platz um sie herum mit den Gestalten aus Alices Traum.

Das Gras raschelte zu ihren Füßen, als das weiße Kaninchen herbeieilte, die erschreckte Maus planschte durch den naheliegenden Teich, sie vernahm das Klappern der Teetassen, als der Osterhase und seine Freunde bei ihrem nie endenwollenden Tee saßen, und die schrille Stimme der Königin, die ihre unglücklichen Gäste der Reihe nach zum Tode verurteilte, das Schweinebaby nieste wieder auf den Knien der Herzogin, während Teller und Schüsseln um es herumflogen, noch einmal erfüllte das Kreischen des Greifs, das Kratzen des Griffels der Eidechse und das erstickte Quieken der unterbundenen Meerschweinchen die Luft, und unter all diese Geräusche mischte sich auch noch das entfernte Schluchzen der Suppenschildkröte.

So saß sie da mit geschlossenen Augen und glaubte sich schon halb im Wunderland, obwohl sie wußte, daß sie die Augen nur wieder zu öffnen brauchte, um alles aufs Neue zur traurigen Wirklichkeit werden zu lassen: das Gras würde lediglich im Wind rascheln, der

Bei diesen Worten erhoben sich die Karten in die Luft und flogen von oben auf sie herunter.

Teich sich um das schwankende Schilfrohr kräuseln – die klappernden Teetassen würden zu Schafsglöckchen und die schrille Stimme der Königin zu der des Hütejungen – und aus dem Niesen des Schweinebabys, dem Kreischen des Greifs und all den anderen fremdartigen Tönen würden (das wußte sie) die vertrauten Geräusche, die auf einem geschäftigen Bauernhof zu hören sind – und das Muhen der Kühe in einiger Entfernung würde an die Stelle des heftigen Schluchzens der Suppenschildkröte treten.

Schließlich stellte sie sich vor, wie aus derselben kleinen Alice von heute später einmal eine erwachsene Frau werden würde, und wie sie sich über all die späteren Jahre hinweg ihr einfaches, liebendes Kinderherz bewahren würde, und wie sie andere kleine Mädchen um sich versammeln würde, deren Augen mit manch einer wunderlichen Geschichte zum Glänzen brächte, vielleicht sogar mit dem Traum vom Wunderland aus ihrer Kindheit, und wie sie mit ihnen traurig sein und sich mit ihnen freuen könnte im Gedenken an ihre eigene Kindheit und die glücklichen Sommertage.

Drei Shakespeare-Erzählungen

Charles und Mary Lamb

Der Widerspenstigen Zähmung

Die widerspenstige Catharina war die älteste Tochter eines reichen Edelmannes aus Padua. Sie war so unbeherrscht und aufbrausend und ein solch zänkischer Drachen, daß sie in ganz Padua nur unter dem Namen „Catharina die Widerspenstige" bekannt war. Es schien unwahrscheinlich, ja sogar unmöglich, daß sich jemals ein Edelmann bereitfinden würde, Catharina zu heiraten, weshalb sich Baptista, ihr Vater, häufig Vorwürfe gefallen lassen mußte, weil er zu vielen ausgezeichneten Angeboten, die ihrer freundlichen Schwester Bianca gemacht wurden, immer wieder seine Zustimmung verweigerte, mit dem Argument, daß zuerst die ältere Schwester verheiratet sein müsse, bevor ein Freier um Biancas Hand anhalten könne.

Es geschah jedoch, daß ein Edelmann namens Petruchio nach Padua kam, um sich eine Frau zu suchen. Dieser ließ sich von den Berichten über Catharinas unbeherrschtes Temperament nicht entmutigen, und als er hörte, daß sie reich und hübsch war, beschloß er, diesen berüchtigten Zankteufel zu heiraten und eine sanfte, fügsame Frau aus ihr zu machen. Und wahrhaftig war niemand besser geeignet, diese Herkules-Arbeit zu übernehmen, als Petruchio, der genauso temperamentvoll war wie Catharina, dabei aber klug und von heiterem Wesen, dazu ein weiser und überaus gerecht denkender Mann. Es verstand es so gut, sich leidenschaftlich und wild zu geben, während er innerlich vollkommen ruhig war, daß er selbst über seine gespielte Wildheit herzlich hätte lachen können. Die grimmige Miene, die er aufsetzte, als er Catharinas Ehemann wurde, war nur gespielt, oder besser gesagt, er hatte sie in seiner Klugheit als das einzige Mittel erkannt, das die wilde Catharina mit ihren eigenen Waffen schlagen konnte. Petruchio ging also mit ernsten Absichten zu Catharina, der Widerspenstigen. Zunächst bat er Baptista, den Vater, um die Hand seiner *lieben Tochter* Catharina, wie Petruchio sich ausdrückte. Er habe, so sprach er ernst, von ihrer scheuen Zurückhaltung und ihrem sanften Wesen gehört, und sei deshalb aus Verona gekommen, um ihre Liebe zu gewinnen. Obwohl der Vater sie gerne verheiratet gesehen hätte, mußte er auch zugeben, daß diese Wesenszüge nicht ganz auf Catharina zutrafen. Es wurde bald auch ganz offensichtlich, welcher Art ihr Sanftmut war, da ihr Musiklehrer ins Zimmer stürzte und sich beklagte, daß die sanfte Catharina, seine Schülerin, ihm ihre Laute über den Kopf geschlagen habe, weil er es gewagt hatte, ihren Vortrag nicht fehlerfrei zu finden. Als Petruchio dies hörte, meinte er: „Sie ist ein braves Weib. Ich liebe sie mehr denn je und würde gerne ein wenig mit ihr plaudern." Und um dem alten Edelmann rasch seine Zustimmung zu entlocken, fügte er hinzu: „Ich bin sehr in Eile, Signor Baptista, und kann nicht jeden Tag als Freier kommen. Sie haben meinen Vater gekannt. Er ist nun tot und hat mich zum Erben all seiner Ländereien und Güter eingesetzt. Sagt mir also, welche Mitgift Ihr Eurer Tochter geben wollt." Baptista fand diese Art der Werbung für einen Liebenden zwar etwas plump, da er jedoch froh war, einen Mann für Catharina gefunden zu haben, antwortete er, er wolle ihr 20.000 Kronen als Mitgift geben und seinen halben Besitz nach seinem Tode. Man wurde über diesen sonderbaren Handel rasch einig, und Baptista ging, um seiner widerspenstigen Tochter von dem Ansinnen Petruchios zu berichten. Dann schickte er sie zu ihm.

In der Zwischenzeit hatte sich Petruchio überlegt, wie er Catharina begegnen könne, und er sprach zu sich: „Ich werde mir einen kleinen Scherz mit ihr erlauben, wenn sie kommt. Wenn sie zu schimpfen anfängt, werde ich ihr sagen, sie singe so süß wie eine Nachtigall; wenn sie das Gesicht verzieht, werde ich sagen, sie sehe aus wie eine Rose, die vom Tau erfrischt wurde; wenn sie stumm bleibt, werde ich ihre Redegewandtheit rühmen und wenn sie mich hinausschickt, will ich ihr danken, als ob sie mich gebeten hätte, noch eine Woche bei ihr zu bleiben."

Die stattliche Catharina trat ein, und Petruchio begrüßte sie mit folgenden Worten: „Guten Morgen, Käthchen, denn so heißt Ihr doch, wie ich hörte." Catharina, der diese vertrauliche Anrede ganz und gar nicht gefiel, erwiderte verächtlich: „Wer mit mir spricht, nennt mich Catharina." „Du lügst", widersprach der Freier, denn man nennt dich schlichtweg Käthchen, reizendes Käthchen und manchmal auch das widerspenstige Käthchen. Aber Käthchen, du bist das hübscheste Käthchen in Europa, und weil dein Sanftmut in jeder Stadt gepriesen wurde, bin ich gekommen, um um dich zu werben."

Es wurde eine recht seltsame Werbung. Sie bewies ihm mit lauten zornigen Worten, wie sehr sie den Beinamen ‚die Widerspenstige' verdient hatte, während er nicht aufhörte, ihre süßen, liebeswürdigen Worte zu rühmen, bis er schließlich, als er ihren Vater kommen hörte, sprach: „Liebste Catharina, wir wollen nicht weiter müßig daherreden, dein Vater hat dich mir zur Frau gegeben, die Mitgift ist geregelt, und ob du willst oder nicht, ich werde dich heiraten!"

Als nun Baptista eintrat, berichtete ihm Petruchio, daß seine Tochter ihn freundlich empfangen und der Hochzeit am kommenden Sonntag zugestimmt habe. Catharina widersprach natürlich und sagte, sie wolle ihn am Sonntag lieber hängen sehen. Dann machte sie ihrem Vater Vorwürfe, weil er sie einem solchen Rohling wie Petruchio zur Frau geben wolle. Petruchio jedoch bat ihren Vater, ihre ärgerlichen Worte nicht zu beachten, da sie übereingekommen seien, daß sie vor anderen Leuten weiterhin die Widerspenstige spielen solle, daß sie jedoch, als sie allein waren, sehr verliebt gewesen sei. „Gib mir deine Hand, Catharina, ich will nach Venedig gehen und dir für unseren Hochzeitstag schöne Kleider und Schmuck kaufen. Bereite das Fest vor, Vater, und lade die Hochzeitsgäste ein. Ich werde für Ringe, Schmuck und reich verzierte Kleider sorgen, damit meine Catharina an ihrem Hochzeitstag recht hübsch ist, und nun gib mir einen Kuß, Käthchen, denn am Sonntag werden wir heiraten."

Am Sonntag waren alle Hochzeitsgäste versammelt, doch sie mußten lange auf Petruchio warten, und Catharina weinte vor Zorn, weil sie glaubte, Petruchio habe sich nur einen Scherz mit ihr erlaubt. Endlich jedoch kam er, doch er brachte nichts von all den schönen Sachen, die er Catharina versprochen hatte, und auch er selbst war nicht wie ein Bräutigam gekleidet, sondern erschien in einem seltsamen, unordentlichen Aufzug, als wolle er sich über die ernste Angelegenheit, derentwegen er gekommen war, lustig machen. Seine Diener und selbst die Pferde, auf denen sie ritten, waren auf diese schäbige Art ‚herausgeputzt'. Petruchio ließ sich nicht dazu überreden, seine Kleider zu wechseln. Er sagte, Catharina heirate ihn, und nicht seine Kleider. Und da sie merkten, daß es keinen Sinn hatte, mit ihm zu streiten, gingen sie zur Kirche. Selbst dort gab Petruchio sein verrücktes Verhalten nicht auf, und als der Priester ihn fragte, ob er Catharina zur Frau nehmen wolle, schrie er sein ‚Ja' so laut heraus, daß der Priester vor Schreck sein Buch fallenließ; und als er sich bückte, um es aufzuheben, versetzte ihm dieser wahnsinnig gewordene Bräutigam einen solchen Stoß, daß nun beide, Priester und Buch, auf dem Boden lagen. Als die Zeremonie zu Ende war, verlangte er noch in der Kirche nach Wein und trank auf die Gesundheit der ganzen Gesellschaft. Den Rest, der noch im Glas war, schüttete er dem Küster ins Gesicht und gab als Begründung für dieses seltsame Verhalten an, des Küsters Bart sei so dünn und mager, daß es ihm vorgekommen sei, als habe er ihn um diesen letzten Schluck gebeten. Eine solch verrückte Hochzeit hatte es wahrhaft noch nie gegeben. Doch Petruchio gebärdete sich immer wilder, um desto eher seinen Plan, den er geschmiedet hatte, um seine widerspenstige Frau zu zähmen, zu einem guten Ende zu bringen.

Baptista hatte ein prächtiges Hochzeitsfest vorbereitet, doch als sie aus der Kirche traten, nahm Petruchio seine Catharina bei der Hand und erklärte, er wolle seine Frau sofort mit sich nach Hause nehmen. Und weder die Einwände seines Schwiegervaters noch die zornigen Worte der aufgebrachten Catharina konnten ihn von seinem Vorhaben abbringen. Er berief sich auf sein Recht als Ehemann, der über seine Frau verfügen könne, wie es ihm beliebe, und schon eilte er mit Catharina davon. Er machte einen so ernsten und entschlossenen Eindruck, daß niemand ihn aufzuhalten wagte.

Petruchio hob seine Frau auf einen elenden Klepper, mager und halb lahm, den er extra für diesen Zweck ausgesucht hatte. Er selbst und seine Diener waren nicht besser beritten. Ihre Reise ging über schmale, steinige Wege, und jedesmal, wenn Catharinas Pferd strauchelte, tobte und fluchte Petruchio über das arme geplagte Tier, das unter seiner Last beinahe zusammenbrach, als sei er der größte Wüterich unter der Sonne.

Nach einer mühseligen Reise, auf der Catharina nichts als Petruchios wütendes Geschrei gehört hatte, erreichten sie schließlich sein Haus. Petruchio hieß sie in ihrem neuen Heim herzlich willkommen, beschloß jedoch bei sich, daß sie in dieser Nacht weder Ruhe noch etwas zu Essen bekommen solle. Die Tische waren gedeckt und bald wurde das Abendessen aufgetragen. Doch Petruchio hatte an jeder Speise etwas auszusetzen, kippte den Inhalt der Schüsseln auf den Boden und befahl den Dienern, alles wieder abzutragen. Und all das tat er, wie er sagte, nur aus Liebe zu seiner Catharina, damit sie davor bewahrt werde, verdorbene Speisen zu essen. Und als Catharina sich müde und hungrig zur Ruhe legen wollte, hatte Petruchio auch an dem Bett etwas auszusetzen, warf die Kissen und Decken im Zimmer umher, so daß sie gezwungen war, sich auf einen Stuhl zu setzen, und jedesmal, wenn sie glücklich eingeschlafen war, konnte sie sicher sein, von der lauten Stimme ihres Gatten sofort wieder aufgeweckt zu werden, der über die Diener und deren Nachlässigkeit beim Zurechtmachen des Brautbettes schimpfte.

Am nächsten Tag spielte Petruchio sein Spiel weiter. Er sprach sehr freundlich mit Catharina, doch an allem, was sie essen wollte, hatte er etwas auszusetzen, und das Frühstück landete genauso auf dem Fußboden, wie am Tag zuvor das Abendessen. Und Catharina, die stolze Catharina, war genötigt, die Bediensteten heimlich um etwas zu Essen zu bitten. Da diese jedoch von Petruchio entsprechende Anweisungen erhalten hatten, antworteten sie nur, sie wagten es nicht, ihr ohne Wissen ihres Herrn etwas zu geben.

Petruchio hatte an jeder Speise etwas auszusetzen und kippte den Inhalt der Teller auf den Boden.

„Wie“, sagte sie, „hat er mich denn geheiratet, um mich verhungern zu lassen? Die Bettler, die an meines Vaters Tür kommen, werden gespeist. Doch ich, die ich bisher nicht gewußt habe, wie es ist, um etwas bitten zu müssen, bin halb tot vor Hunger, schwindelig vor Müdigkeit, werde mit Flüchen wachgehalten und soll von Zänkereien satt werden. Doch schlimmer als all das ist, daß er vorgibt, es aus reiner Liebe zu tun, und sich gebärdet, als bedeute ein bißchen Schlaf oder etwas zu Essen mein sicherer Tod!“ Hier wurde ihr Selbstgespräch durch Petruchios Erscheinen unterbrochen, der ihr ein Stückchen Fleisch brachte, da er sie ja nicht wirklich verhungern lassen wollte. Er sprach zu ihr: „Wie geht es meinem süßen Käthchen? Hier, Liebste, siehst du, wie fürsorglich ich bin, ich habe dir das Fleisch selbst zubereitet. Diese Freundlichkeit verdient ihren Dank. – Was, nicht ein Wort? Dann magst du das Fleisch wohl nicht, und meine ganze Mühe war umsonst." Und er befahl den Dienern, den Teller wegzuräumen. Catharinas schrecklicher Hunger, der stärker war als ihr Stolz, zwang sie, ihren Zorn hinunterzuschlucken und zu sagen: „Ich bitte dich, laß es stehen." Doch das genügte Petruchio noch nicht, und er erwiderte: „Selbst der geringste Dienst wird mit Dank vergolten, und so auch meiner, ehe du das Fleisch anrührst." Daraufhin entrang sich Catharina ein widerwilliges: „Ich danke Euch, Herr." Nun erlaubte er ihr, das bescheidene Mahl einzunehmen, wobei er sprach: „Möge es dir wohl bekommen, doch iß schnell, denn nun, mein Täubchen, wollen wir zu deines Vaters Haus zurückkehren und uns dazu mit seidenen Kleidern schmücken, mit goldenen Ringen, Samt und Spitze, wie es uns gebührt." Und um sie glauben zu machen, daß er ihr all die herrlichen Dinge auch tatsächlich geben wolle, rief er den Schneider und den Putzmacher herein, die neue Kleider brachten, welche Petruchio für Catharina bestellt hatte. Diese hatte ihren Hunger noch nicht einmal halb gestillt, da ließ er bereits wieder abtragen.

Der Putzmacher zeigte eine Haube mit den Worten: „Hier ist die Haube, die Euer Gnaden wünschte", worauf Petruchio von neuem zu toben begann und beanstandete, die Haube sei nach einer Suppenschüssel geformt und nicht größer als eine Nußschale. Er verlangte, daß der Putzmacher sie wieder mitnehmen und größer mache. Catharina sprach: „Ich will sie haben! Alle feinen Damen tragen solche Hauben." – „Wenn Ihr erst fein seid", erwiderte Petruchio, „sollt Ihr eine haben, vorher nicht." Das Stückchen Fleisch, das Catharina gegessen hatte, hatte ihren alten Kampfgeist wieder geweckt und sie sagte: „Ich bin kein Kind mehr, und schon Bessere als Ihr mußten sich meine Meinung anhören. Wenn Ihr es nicht ertragt, stopft Euch die Ohren zu." Petruchio tat so, als höre er ihre zornigen Worte nicht, denn er kannte jetzt eine bessere Art, mit seiner Frau umzugehen, als mit ihr zu streiten, deshalb lautete seine Antwort: „Du hast recht, es ist wirklich eine schäbige Haube, und ich liebe dich, weil du sie nicht magst." – „Liebe mich, oder liebe mich nicht", erwiderte Catharina, „ich mag die Haube, und ich will diese haben oder keine." „Dein Kleid willst du?" fragte Petruchio, der immer noch vorgab, sie nicht richtig zu verstehen. Der Schneider trat also vor und zeigte ihr ein hübsches Kleid, das er für sie gemacht hatte. Petruchio fand auch an diesem etwas auszusetzen. „Gütiger Himmel", rief er. „Was ist denn das? Nennst du das einen Ärmel? Es sieht eher aus wie ein Geschützrohr, mit Kerben kreuz und quer, wie Apfelkuchen." Der Schneider rechtfertigte sich: „Ihr batet mich, es nach der neuesten Mode zu schneidern." Und Catharina meinte, sie habe noch nie ein modischeres Kleid gesehen. Das genügte Petruchio und im Stillen entschlossen, den Männern ihre Ware zu bezahlen und sich für sein seltsames Verhalten entschuldigen zu lassen, jagte er den Schneider und den Putzmacher mit groben Worten und drohenden Gesten aus dem Zimmer. Dann sprach er, zu Catharina gewandt: „Komm, mein Käthchen, dann wollen wir eben so, wie wir sind, zu deinem Vater gehen." Dann schickte er nach den Pferden und meinte, sie würden um die Mittagszeit Baptistas Haus erreichen, da es ja erst sieben Uhr sei. Nun war es aber nicht Morgen, sondern mitten am Tag, als er dies sagte. Deshalb wagte Catharina ihm, wenn auch schüchtern, zu widersprechen. Sein wildes Gebaren hatte sie schon beinahe gezähmt. „Ich möchte Euch nur sagen, Herr, daß es bereits zwei Uhr ist, und wir nicht vor dem Abend dort ankommen werden." Doch Petruchio hatte sich vorgenommen, sie noch vor der Abreise soweit zu bringen, daß sie jedem seiner Worte zustimmte.

Als sei er Herr über die Sonne und könne der Zeit befehlen, sagte er deshalb, daß sie sich nicht eher auf den Weg machen würden, bevor es nicht die Zeit sei, die er wünsche. „Dann", so meinte er, „was immer ich auch sage, ständig widersprichst du mir. Heute will ich nicht mehr gehen, und wenn ich gehe, wird es zu der Stunde sein, zu der ich sage." So mußte sich Catharina noch einen Tag länger in ihrem neuerlernten Gehorsam üben. Und erst als er ihren Stolz soweit gebrochen hatte, daß sie sich an ein Wort wie ‚Widerspruch' nicht einmal mehr zu erinnern wagte, erlaubte Petruchio ihr, ihren Vater zu besuchen. Und selbst als sie schon auf dem Weg zu ihm waren, hätte er beinahe kehrt gemacht, nur weil sie sich den Hinweis erlaubt hatte, es sei die Sonne, als er behauptete, der Mond scheine am hellen Mittag. „Bei meiner Mutter Sohn", sprach er, „und der bin ich selbst; bevor es nicht der Mond ist oder die Sterne oder was immer ich will, werde ich nicht in deines Vaters Haus gehen." Dann tat er so, als wolle er kehrt machen. Doch Catherina, nicht mehr länger Catharina, die Widerspenstige, sondern Catharina, die gehorsame Gattin, bat: „Laßt uns weitergehen, ich bitte Euch, jetzt, wo wir schon so weit gekommen sind. Und es soll die Sonne oder der Mond sein oder was Ihr wollt. Und wenn Ihr es ein Nachtlicht nennen wollt, so schwöre ich, daß es so ist für mich." Da gestattete er ihr, die Reise fortzusetzen. Doch um sie noch einmal auf die Probe zu stellen, redete er einen alten Mann, den sie auf der Straße trafen, so an, als handele es sich um ein junges Mädchen: „Guten Morgen, schönes Mädchen", sprach er. Dann fragte er Catharina, ob sie jemals ein schöneres Mädchen gesehen habe, pries die runzligen Wangen des Alten, als seien sie wie Milch und Blut, verglich seine Augen mit zwei leuchtenden Sternen und wiederholte: „Du holdes Kind, noch einmal guten Morgen!" Dann forderte er Catharina auf: „Käthchen, umarm' sie ihrer Schönheit wegen." Die inzwischen vollkommen gezähmte Catharina nahm sofort den Gedanken ihres Gatten auf und wandte sich auf dieselbe Art an den alten Mann: „Aufblühende Schöne, holde Jungfrau, wohin des Wegs? Und wo ist dein Zuhause? Glücklich sind die Eltern einer solchen Tochter!" – „Was, Käthchen, bist du toll? Das ist ein alter Mann, runzlig, welk und grau und doch kein junges Mädchen, wie du sagst." Woraufhin Catharina sich entschuldigte: „Verzeih mir, guter Vater, die Sonne hat mich so geblendet, daß mich mein Auge täuschte. Jetzt erst erkenne ich, Ihr seid ein würdiger Greis. Ich hoffe, Ihr verzeiht mir mein Versehen." – „Tu's, guter alter Mann", bat auch Petruchio, „und sag uns, wohin du gehst. Wenn wir denselben Weg haben, würde uns deine Gesellschaft sehr freuen." „Werter Herr, und Ihr, meine muntere Dame, die Ihr mich durch Euren seltsamen Gruß so erschreckt habt, mein Name ist Vincentio, und ich bin auf dem Weg zu meinem Sohn, der in Padua wohnt." Da erkannte Petruchio in dem alten Mann den Vater Lucentios, des jungen Mannes, der Baptistas jüngere Tochter, Bianca, heiraten wollte, und er machte Vincentio sehr glücklich, als er ihm von der reichen Heirat seines Sohnes erzählte. Gemeinsam ritten sie weiter bis sie Baptistas Haus erreichten, wo eine große Gesellschaft versammelt war, um Biancas und Lucentios Hochzeit zu feiern. (Baptista hatte, nachdem Catharina aus dem Haus war, der Heirat gerne zugestimmt.)

Lucentio, Biancas Gatte, und Hortensio, ebenfalls ein frisch getrauter Ehemann, konnten es sich nicht verkneifen, Anspielungen auf Catharinas widerspenstigen Charakter zu machen. Diese feinen Herren schienen sehr stolz auf den Sanftmut ihrer Ehefrauen zu sein, und lachten über die unglückliche Wahl Petruchios. Dieser nahm kaum Notiz von ihren Späßen, bis die Frauen sich nach dem Essen zurückgezogen hatten. Dann jedoch stimmte selbst Baptista in das Gelächter der anderen mit ein, als Petruchio behauptete, seine Frau zeige mehr Gehorsam als alle anderen. „Nun, mein Sohn", sprach Baptista, „ich fürchte, du hast doch die Widerspenstigste von allen!" – „Ich sage nein", widersprach Petruchio, „und zum Beweis dafür wollen wir alle nach unseren Frauen schicken. Diejenige, die zuerst kommt, nachdem sie gerufen wurde, hat die Wette gewonnen, die wir hier bestimmen." Die anderen beiden Ehemänner nahmen die Wette sogleich an, da sie überzeugt waren, daß ihre Frauen mehr Gehorsam zeigten als die starrköpfige Catharina, und setzten zwanzig Kronen. Petruchio erwiderte lachend, so viel setze er auf seinen Falken oder seinen Hund, doch zwanzigmal soviel auf seine Frau. Lucentio und Hortensio erhöhten die Wette auf hundert Kronen, und Lucentio schickte als erster einen Diener zu seiner Frau, mit der Bitte, sie möge zu ihm kommen. Der Diener kam jedoch allein zurück und sagte: „Herr, Eure Frau läßt Euch ausrichten, sie bei beschäftigt, und könne nicht kommen." – „Wie?" fragte Petruchio, „sie sagt, sie sei beschäftigt und könne nicht kommen? Ist das eine Antwort für eine Ehefrau?" Doch die anderen lachten und meinten, er könne froh sein, wenn Catharina ihm keine schlimmere Antwort schickte. Dann war die Reihe an Hortensio, einen Diener zu seiner Frau zu schikken, und er war recht verlegen, als dieser ohne sie zurückkam und sagte: „Es tut mir leid, Herr, Eure Frau meint, Ihr habt wohl einen Scherz im Sinn. Sie will nicht kommen und sagt, Ihr sollt Euch zu Ihr bemühen." – „Schlimm, schlimm!" lachte Petruchio; dann schickte er seinen Diener zu Catharina, mit den Worten: „Sirrah, geh' sogleich zu meiner Frau und sag ihr, ich befehle ihr zu kommen." Es war kaum eine halbe Minute vergangen, als Baptista ganz erstaunt rief: „Beim Himmel! Hier kommt Catharina!" Sie trat ein und fragte bescheiden: „Ihr habt nach mir geschickt, Herr? Was ist Euer Wille?" – „Wo ist deine Schwester und Hortensios Frau?" fragte Petruchio. Catharina antwortete: „Sie sitzen beim Feuer und schwatzen." – „Geh' und bring sie her", befahl Petruchio und Catharina ging ohne Widerspruch hinaus, um den Befehl ihres Mannes auszuführen. „Hier ist ein Wunder geschehen!" meinte Lucentio, und Hortensio stimmte ihm zu: „Wahrhaftig, ein Wunder, ich möchte nur wissen, was es bedeutet." – „Nun, Friede bedeutet es", sagte Petruchio, „und Liebe und ein ruhiges Leben und die Herrschaft des rechtmäßigen Herrschers; und, um es kurz zu machen: alles, was das Leben süß und glücklich macht!" Catharinas Vater, der ganz überwältigt war von der Veränderung, die mit seiner Tochter vorgegangen war, sprach: „Mögest du glücklich sein, mein Sohn, du hast die Wette gewonnen. Und ich will noch einmal zwanzigtausend Kronen zu ihrer Mitgift legen, als sei sie eine andere Tochter, denn das ist sie nun auch."

Und Catharina wurde zum zweitenmal berühmt in Padua, nicht als Catharina die Widerspenstige, wie ehedem, sondern als Catharina, die gehorsamste und pflichtgetreueste Ehefrau von Padua.

Ein Sommernachtstraum

In der Stadt Athen war ein Gesetz in Kraft, das den Bürgern das Recht gab, ihre Töchter zur Heirat mit den von ihnen ausgewählten Partnern zu zwingen. Weigerte sich die Tochter, den für sie bestimmten Mann zu heiraten, so gab dieses Gesetz dem Vater die Möglichkeit, seine Tochter zum Tode verurteilen zu lassen. Da jedoch kaum ein Vater den Tod seiner eigenen Tochter wünscht, kam dieses Gesetz selten oder gar nicht zur Anwendung, wenn auch nicht wenigen jungen Mädchen der Stadt mit seinen Schrecken gedroht wurde.

Einmal jedoch geschah es, daß ein alter Mann, namens Egeus, vor Theseus trat, der zu jener Zeit regierender Fürst von Athen war, um seine Tochter Hermia zu verklagen. Er hatte ihr befohlen, Demetrius, einen jungen Mann aus adligem Hause, zu heiraten und sie hatte sich geweigert, da sie einen anderen jungen Athener, namens Lysander, liebte. Egeus forderte Gerechtigkeit von Theseus und verlangte, daß das grausame Gesetz gegen seine Tochter in Anwendung komme. Hermia machte zur Entschuldigung für ihren Ungehorsam geltend, daß Demetrius vormals ihrer besten Freundin Helena seine Liebe geschworen habe, und daß Helena ihrerseits Demetrius von ganzem Herzen liebe. Doch dieser ehrenwerte Grund, den Hermia für ihren Ungehorsam ihrem Vater gegenüber angab, schien diesen nicht zu rühren.

Theseus, obwohl ein mächtiger und gnädiger Herrscher, hatte nicht die Macht, die Gesetze seines Landes zu ändern, deshalb konnte er Hermia lediglich vier Tage Bedenkzeit einräumen. Sollte sie sich nach Ablauf dieser Frist noch immer weigern, Demetrius zu heiraten, mußte sie sterben.

Nach diesem Gespräch mit dem Fürsten ging Hermia zu Lysander, ihrem Liebsten, und erzählte ihm von der Gefahr, in der sie schwebte, und daß sie ihn entweder aufgeben und Demetrius heiraten oder in 4 Tagen ihr Leben lassen müsse.

Lysanders Schmerz war unermeßlich, als er diese schreckliche Nachricht vernahm. Dann jedoch erinnerte er sich an eine Tante, die nicht weit von Athen entfernt wohnte und daran, daß in der Stadt, in der sie wohnte, das grausame Gesetz nicht in Anwendung gebracht werden konnte, da es nur innerhalb der Stadtgrenzen Athens Gültigkeit hatte.

Er schlug Hermia vor, sich in der Nacht aus ihres Vaters Haus zu schleichen, und mit ihm zu jener Tante zu gehen, wo er sie heiraten wolle. „Wir wollen uns in dem Wald, wenige Meilen außerhalb der Stadt, treffen“, sagte Lysander, „in jenem herrlichen Wald, in dem wir mit Helena im schönen Monat Mai so oft spazieren gingen.“

Hermia stimmte diesem Vorschlag freudig zu. Sie erzählte niemandem von ihrer beabsichtigten Flucht, außer ihrer Freundin Helena. Da Mädchen aus Liebe manchmal sehr dumme Dinge machen, beschloß Helena, zu Demetrius zu gehen und ihm von der Flucht zu erzählen, obgleich sie keinerlei Nutzen an dem Verrat an ihrer Freundin haben konnte, sondern nur das armselige Vergnügen, ihrem treulosen Geliebten in den Wald zu folgen, denn sie wußte genau, daß Demetrius Hermia dahin nachgehen würde.

Der Wald, in dem sich Lysander und Hermia treffen wollten, war der bevorzugte Lieblingsplatz jener kleinen Wesen, die man Elfen nennt.

Oberon, der König der Elfen, und Titania, die Königin, hielten mit all ihren winzigen Gefolgsleuten in diesem Wald ihre mitternächtlichen Festversammlungen ab. Zwischen dem Elfenkönig und der Elfenkönigin war zu jener Zeit ein Streit ausgebrochen. Sie spazierten nicht mehr bei Mondschein auf den zwielichtigen Pfaden des Waldes, sondern zankten sich, bis all ihre kleinen Elfen aus Angst in Eichelschüsselchen krochen und sich dort versteckten.

Der Grund für diesen bedauerlichen Streit war Titanias Weigerung, Oberon einen kleinen indischen Fürstenknaben zu überlassen. Seine Mutter war Titanias Freundin gewesen, und nach ihrem Tod hatte Titania den Knaben aus den Armen seiner Amme geraubt und in die Wälder gebracht.

In der Nacht, als sich die beiden Liebenden im Wald treffen wollten, ging Titania dort mit einigen ihrer Elfen spazieren, als sie Oberon traf, begleitet von einer Schar kleiner Höflinge.

„Welch böses Treffen bei Mondschein, stolze Titania“, sagte der Elfenkönig. Die Königin erwiderte: „Wie, eifersüchtiger Oberon, du bist es? Ihr Elfen, rasch, macht euch davon! Ich habe seiner Gesellschaft abgeschworen.“ – „Bleib, voreilige Fee“, sprach Oberon, „bin ich nicht dein Gemahl? Warum zürnt Titania ihrem Oberon? Gib mir deinen kleinen Fürstensohn als Pagen!“

„Es hat keinen Zweck“, antwortete die Königin, „dein ganzes Elfenland kauft mir das Kind nicht ab.“ Damit ließ sie ihren verärgerten Gatten stehen. „Geh nur, geh!“ sprach Oberon, „bevor der Morgen graut, sollst du mir diese Beleidigung büßen.“

Oberon schickte daraufhin nach Puck, seinem Lieblingselfen und intimsten Berater.

Puck war ein gerissener, spitzbübischer Waldgeist, der in den angrenzenden Dörfern oft seine Streiche spielte: so schlich er sich manchmal in die Molkereien ein und schöpfte den Rahm von der Milch, oder er hüpfte mit seiner unsichtbaren Geistergestalt in ein Butterfaß und tanzte den Geistertanz, so daß sich die Magd vergeblich bemühte, die Milch zu Butter zu stampfen. Den Bauernburschen aus dem Dorf ging es nicht besser; immer wenn Puck sich den Braukessel zum Tanzplatz erwählte, war das Bier danach ungenießbar; oder wenn sich ein paar gute Nachbarn gemütlich zu einem Bier zusammensetzten, sprang Puck in Gestalt eines gebratenen Krebses in den Bierkrug; und wenn ein altes Mütterchen trinken wollte, stieß er gegen den Krug, so daß ihr das Bier über das verrunzelte Gesicht lief; und wenn dieselbe alte Dame sich kurz darauf schwerfällig niedersetzte, um ihren Nachbarinnen eine traurige, zu Herzen gehende Geschichte zu erzählen, zog Puck den dreibeinigen Schemel unter ihr weg, und die arme alte Frau purzelte auf den Boden und die alten Klatschbasen hielten sich die Seiten vor Lachen und schworen, noch nie so viel Spaß gehabt zu haben.

„Komm her, Puck“, sprach Oberon zu seinem kleinen, fröhlichen Nachtwanderer, „und bring mir die Blume ‚Lieb im Müßiggang‘, deren Saft, auf die Augenlider eines Schlafenden geträufelt, bewirkt, daß dieser sich in das erste Wesen, das er beim Erwachen erblickt, verliebt. Ein paar Tröpfchen vom Saft dieser Blume will ich meiner Titania auf die Lider träufeln, wenn sie schläft, und sie wird sich in das erste Wesen, auf das ihr Auge beim Erwachen fällt, verlieben, und sei es ein Löwe, ein Bär, ein naseweiser Pavian oder ein kräftiger Gorilla. Und bevor ich diesen Zauber von ihr nehme (wofür ich ein anderes Mittel weiß) werde ich sie dazu bringen, mir den Jungen als meinen Pagen zu geben.

Hermia und Helena

Puck, der nichts mehr liebte als das Mißgeschick anderer, war hocherfreut über den Streich, den sein Herr der Elfenkönigin spielen wollte, und machte sich eilig auf die Suche nach der roten Blume.

Während Oberon seine Rückkehr erwartete, sah er Demetrius und Helena den Wald betreten. Er hörte die Vorwürfe, die Demetrius Helena machte, weil sie ihm gefolgt war. Nach vielen unfreundlichen Worten von seiten Demetrius und sanften Vorhaltungen Helenas, die ihn an seine einstige Liebe und seine Treueschwüre erinnerte, überließ der junge Mann das Mädchen, wie er sagte, der Gnade der wilden Tiere und entfernte sich rasch, und Helena lief ihm nach, so schnell sie konnte.

Der Elfenkönig, der es immer gut mit wahrhaft Liebenden meinte, fühlte großes Mitleid mit Helena, und vielleicht hatte Oberon sie in jenen glücklichen Tagen, als ihr noch Demetrius' Herz gehörte, beim Mondschein im Wald spazierengehen sehen. Wie immer es auch gewesen sein mag, als Puck mit der roten Blume zurückkehrte, sprach Oberon zu seinem Lieblingselfen: „Nimm ein paar Tropfen vom Saft dieser Blume. Während ich hier auf dich wartete, kam eine hübsche Athenerin vorbei, deren Liebe einem hochmütigen jungen Mann gehört. Träufle ihm, wenn du ihn schlafend findest, einige Liebestropfen in die Augen, doch sieh zu, daß das Mädchen in der Nähe ist, damit sie die erste ist, die er beim Erwachen erblickt. Du erkennst den jungen Mann an seinem athenischen Gewand."

Puck versprach, diese Aufgabe geschickt und flink zu erledigen und Oberon ging unbemerkt zu jener schattigen Laube, in der sich Titania zum Schlafengehen bereit machte. In der Laube wuchsen wilder Thymian, Löwenmäulchen und samtene Stiefmütterchen und darüber war ein Baldachin aus Ranken, Moschus- und Weinröschen. Hier verbrachte Titania immer einen Teil der Nacht. Die Decke, unter der sie schlief, bestand aus Schlangenhaut, die zwar sehr schmal ist, aber immer noch weit genug für eine zarte Fee. Oberon hörte Titania ihren Elfen Anweisungen geben, was sie während ihres Schlafes zu tun hätten. „Ihr", sprach die Königin zu einigen, „tötet Raupen in den Rosenknospen, und ihr führt mit den Fledermäusen Krieg. Bringt mir als Beute ihre Flügel heim, um meinen kleinen Elfen Mäntel daraus zu machen. Und ihr gebt acht, daß mir die Eule nicht zu nahe kommt und mich nicht stört mit ihrem nächtlichen Geschrei. Doch zuerst singt mich in den Schlaf." Und die Elfen sangen ihr dieses Lied:

„Ihr Schlangen mit gespaltenen Zungen,
Ihr stachligen Igel, macht euch davon,
Ihr Molche und Würmer seid bezwungen,
vor unserer Elfenkönigin Thron.
Nachtigall, deine Melodei,
begleite unser Eia papei!

Eia popeia! Eia popeia!
Kein böser Spruch
Kein Zauberfluch
der holden Königin schädlich sei.
So schlafe ein mit Eia popeia!"

Titania und Oberon

Als die Elfen ihre Königin mit diesem Eia popeia in den Schlaf gesungen hatten, verließen sie sie, um die ihnen aufgetragenen Arbeiten auszuführen. Oberon schlich sich vorsichtig an seine Titania heran und träufelte etwas von den Liebestropfen auf ihre Augenlider mit den Worten:

„Auf wen dein Blick als erstes fällt
den dein Herz in Lieb' sich erwählt."

Doch kehren wir zurück zu Hermia, die in jener Nacht aus ihres Vaters Haus floh, um dem Tod zu entrinnen, zu dem sie wegen ihrer Weigerung, Demetrius zu heiraten, verurteilt worden war. Als sie den Wald betrat, fand sie Lysander, der sie bereits erwartete, um sie zum Haus seiner Tante zu führen. Doch bevor sie die Mitte des Waldes erreicht hatten, wurde Hermia so müde, daß der fürsorgliche Lysander sie überredete, bis zum Morgen im weichen Moos zu ruhen. So fand sie Puck in tiefem Schlaf. Beim Anblick eines jungen Mannes in Kleidern, die zweifelsohne nach der Athener Mode geschnitten waren, und eines hübschen jungen Mädchens an seiner Seite, nahm er an, es handle sich um die beiden jungen Menschen, die Oberon ihm zu suchen befohlen hatte. Und da die beiden allein waren, stand für ihn fest, daß sie das erste Wesen sein mußte, das der junge Mann beim Erwachen erblickte, und er machte sich daran, diesem einige Tropfen vom Saft der roten Blume auf die Lider zu träufeln.

Aber der Zufall wollte es, daß Helena des Weges kam, und Lysanders Blick, als er erwachte, zuerst auf sie fiel, anstatt auf Hermia. Und der Zauber war so stark, daß all seine Liebe für Hermia dahinschwand und Lysander sich in Helena verliebte.

Hätte er beim Erwachen zuerst Hermia gesehen, so wäre Pucks Versehen ohne Folgen geblieben, da er Hermia schon von ganzem Herzen liebte. Doch daß er durch den Zaubertrank eines Elfen gezwungen wurde, seine innige Liebe zu Hermia zu vergessen, sie um Mitternacht schlafend und allein in einem Wald zurückzulassen und einem anderen Mädchen zu folgen, war ein wahrhaft trauriger Zufall.

Und so hatte sich das Mißgeschick zugetragen: Helena hatte, wie bereits berichtet, versucht, hinter Demetrius herzulaufen, als er sie so aprupt hatte stehen lassen, doch sie konnte nicht lange mit ihm Schritt halten, da Männer auf größere Entfernungen immer die besseren Läufer sind. Helena verlor ihn bald aus den Augen, und als sie so im Wald herumirrte, mutlos und traurig, kam sie an die Stelle, wo Lysander schlief. „Oh", sprach sie, „das ist ja Lysander, der hier liegt. Ist er tot oder schläft er?" Sie berührte ihn sanft mit den Worten: „Lieber Herr, wachen Sie auf, wenn Sie noch am Leben sind." Daraufhin öffnete Lysander die Augen und überschüttete sie (da der Liebeszauber zu wirken begann) sofort mit Worten der Liebe und Verehrung. Er versicherte ihr, sie sei tausendmal schöner als Hermia, er schwor, daß er für sie durchs Feuer ginge und sagte noch hundert andere Liebesworte. Helena, die wußte, daß Lysanders Herz Hermia gehörte und er fest entschlossen war, diese zu heiraten, war außer sich vor Zorn, als sie ihn so reden hörte, da sie annehmen mußte, daß er sich nur einen Scherz mit ihr erlaubte. „Weshalb", klagte sie, „muß sich jedermann über mich lustig machen? Ist es nicht genug, junger Mann, daß Demetrius mir kein liebes Wort und keinen freundlichen Blick mehr schenkt? Müßt auch Ihr mich noch quälen, indem Ihr vorgebt, mir den Hof zu machen? Von Euch, Lysander, hätte ich das nie erwartet!“ Bei diesen Worten, die in höchstem Zorn ausgesprochen wurden, lief sie weg. Lysander folgte ihr und hatte seine Hermia, die immer noch schlief, ganz vergessen.

Als Hermia erwachte und merkte, daß sie allein war, überfielen sie Trauer und Angst. Sie irrte durch den Wald, nicht wissend, was aus Lysander geworden war und wo sie ihn suchen sollte.

In der Zwischenzeit wurde Demetrius, dem es nicht gelungen war, Hermia und seinen Rivalen Lysander zu finden und den die erfolglose Suche sehr ermüdet hatte, in tiefem Schlaf von Oberon gefunden. Dieser hatte aus einigen Antworten, die Puck ihm auf seine Fragen hin gegeben hatte, erfahren müssen, daß dieser den Liebeszauber auf die falsche Person angewendet hatte. Als Oberon nun den Richtigen gefunden hatte, beträufelte er die Lider des schlafenden Demetrius mit dem Liebessaft, und dieser erwachte. Und da das erste Wesen, das er erblickte, Helena war, überschüttete er sie – wie zuvor Lysander – mit Liebesbeteuerungen. In diesem Augenblick erschien Lysander gefolgt von Hermia (denn wegen Pucks Versehen war nun die Reihe an Hermia, ihrem Liebsten nachzulaufen). Und Lysander und Demetrius schworen beide mit beredten Worten Helena ihre Liebe, da sie beide demselben Zauber erlegen waren.

Die erstaunte Helena war der Meinung, Demetrius, Lysander und ihre einst so treue Freundin Hermia hätten sich zusammengetan, um sich einen Scherz mit ihr zu machen.

Hermia war nicht weniger erstaunt als Helena. Sie fand keine Erklärung dafür, weshalb Lysander und Demetrius, die beide zuvor sie geliebt hatten, nun die Geliebten Helenas geworden waren. Und für Hermia war das alles kein Scherz. Die beiden Mädchen, die einmal die besten Freundinnen gewesen waren, ließen sich nun zu heftigen Worten hinreißen.

„Schlaue Hermia“, sprach Helena, „du warst es, die Lysander überredete, mich mit lächerlichen Lobpreisungen zu erzürnen. Und was deinen anderen Geliebten betrifft, Demetrius, der mich bislang von sich gestoßen hat, warst nicht du es, die ihn gebeten hat, mich seine Göttin zu nennen und seine Nymphe, sein Kleinod und sein einziges Glück? Er würde nie so zu mir, die er haßt, sprechen, wenn du ihn nicht dazu angestiftet hättest, um dir einen Scherz mit mir zu erlauben. Schlimme Hermia, in einen Bund mit Männern zu treten, um dich über deine arme Freundin lustig zu machen!“

„Ich bin erstaunt über deine erregten Worte“, erwiderte Hermia, „ich scherze nicht. Mir scheint eher, du erlaubst dir einen Scherz mit mir!“

„Bleib' nur dabei“, gab Helena zurück, „ernste Blicke wechseln und hinter meinem Rükken Gesichter schneiden, sich zuzwinkern, und das Theater weiterspielen! Wenn nur etwas Anstand oder Mitleid in euch wäre, machtet ihr mich nicht zur Zielscheibe eures Spottes!“

Während Helena und Hermio so zueinander sprachen, gingen Demetrius und Lysander tiefer in den Wald hinein, um einen Zweikampf um Helenas Liebe auszufechten.

Als die Mädchen merkten, daß sie alleine waren, machten auch sie sich auf und irrten von neuem auf der Suche nach ihren Liebsten im Wald umher.

Sobald auch sie gegangen waren, sprach der Elfenkönig, der mit dem kleinen Puck zusammen ihrem Streit beigewohnt hatte, zu seinem Elfen: „Das ist nur deiner Nachlässigkeit zuzuschreiben, Puck, oder hast du es wissentlich getan?“ – „Glaube mir, König des Schattenreiches“, erwiderte Puck, „es war ein Versehen. Sagtest du mir nicht, ich würde den jungen

Mann an seiner Athener Kleidung erkennen? Doch mein Fehler tut mir nicht leid, denn ihre Balgerei ist doch ein herrlicher Spaß!" – „Du hast gehört", sprach Oberon, „daß Demetrius und Lysander einen geeigneten Platz zum Kämpfen suchen. Ich befehle dir, die Nacht mit dickem Nebel zu verhängen und die beiden Streithähne in der Dunkelheit irrezuführen, so daß sie einander nicht mehr finden können. Ahme ihre Stimmen nach, so daß jeder glaubt, seinen Rivalen zu hören, und bringe sie mit bitteren Schmähungen dazu, dir zu folgen. Führe sie so lange im Wald herum, bis sie müde sind und nicht mehr weitergehen können, und wenn du merkst, daß sie schlafen, träufle den Saft jener anderen Blume auf Lysanders Augen. Wenn er dann wieder erwacht, wird er seine Liebe für Helena vergessen haben und zu seiner alten Zuneigung für Hermia zurückfinden. Dann mag jedes der beiden Mädchen glücklich werden mit dem, den es liebt, und glauben, einen bösen Traum geträumt zu haben. Mach schnell, Puck! Ich will derweil nachsehen, welchen Liebhaber meine süße Titania gefunden hat." Titania schlief noch, und ganz in ihrer Nähe sah Oberon einen Narren, der sich im Wald verirrt hatte und ebenfalls eingeschlafen war. „Das wird ihr Liebster werden", sprach Oberon. Er stülpte einen Eselskopf über den Kopf des Narren, der so gut paßte, als sei er auf dessen Schultern angewachsen. Obgleich Oberon sehr vorsichtig zu Werke gegangen war, erwachte der Narr davon, sprang auf, als er merkte, was mit ihm geschehen war, und ging auf die Laube zu, in welcher die kleine Elfenkönigin schlief.

„Oh, wer ist dies engelsgleiche Geschöpf, das ich hier sehe?" fragte Titania, die Augen öffnend, wobei der Saft der kleinen roten Blume zu wirken begann. „Bist du so klug wie du schön bist?" – „Gute Frau", sprach der Narr, „wenn ich Verstand genug habe, aus diesem Wald wieder herauszufinden, genügt mir das."

„Verlange nicht, den Wald hier zu verlassen", sprach die verliebte Königin. „Ich bin die Elfenkönigin und ich liebe dich. Bleibe bei mir, und ich will dir Elfen geben, die dir dienen."

Sie rief vier ihrer Elfen zu sich. Ihre Namen waren Erbsenblüte, Spinnweb, Motte und Senfsamen.

„Seid diesem Herrn gefällig, wann immer ihr könnt", sprach die Königin, „hüpft vor ihm her auf seinem Weg und gaukelt um sein Haupt. Labt ihn mit Trauben und Aprikosen und stehlt der Bienen Honigbeutel nur für ihn. Komm, setz dich her zu mir", fuhr sie, an den Narren gewandt, fort. „Laß mich deine zarte Wange streicheln, mein hübsches Eselchen, und deine süßen langen Ohren küssen, oh Liebster mein!"

„Wo ist Erbsenblüte?" fragte der Narr mit dem Eselskopf. Die Schmeicheleien der Königin berührten ihn wenig, doch auf seine neuen Diener war er ungemein stolz.

„Hier, Meister", rief Erbsenblüte.

„Kratz mir den Kopf", befahl der Narr. „Wo ist Spinnweb?"

„Hier, Meister", rief Spinnweb.

„Lieber Meister Spinnweb", sprach der dumme Narr, „geh' und töte mir die rotbeinige Biene auf jenem Distelkopf dort, und bring mir den Honigbeutel, guter Meister Spinnweb. Doch überanstrenge dich nicht dabei, Meister Spinnweb, und gib acht, daß der Honigbeutel nicht entzweigeht. Ich wäre untröstlich, dich mit Honig bekleckert zu sehen. Wo ist Senfsamen?"

„Hier, Meister", rief Senfsamen. „Was ist euer Begehr?"

„Nichts weiter", sprach der Narr, „als daß du Meister Erbsenblüte hilfst, mir den Kopf zu

„Oh, wer ist dies engelsgleiche Geschöpf, das ich hier sehe?“

kratzen. Ich glaube, ich muß zum Barbier, Meister Senfsamen, mir scheint, ich bin gewaltig haarig ums Gesicht."

„Liebster Freund", sprach die Königin, „was wünschst du zu essen? Ich werde einen wagemutigen Elfen ausschicken, die Vorratskammer des Eichhörnchens zu suchen und dir ein paar frische Nüsse zu holen."

„Mir wären eine Handvoll getrockneter Erbsen lieber", antwortete der Narr, der mit sei-

Vorsichtig nahm er den Zauber von Lysanders Augen.

nem Eselskopf auch den Appetit eines Esels bekommen hatte. „Doch bitte ich, daß mich jetzt niemand stört. Mir ist nach Schlaf."

„Dann schlafe", sprach die Königin, „und ich will dich dabei in meinen Armen wiegen. Oh, wie liebe ich dich!"

Als der Elfenkönig den Narren in den Armen seiner Königin schlafen sah, trat er vor sie hin und machte ihr Vorhaltungen, weil sie ihre Liebe einem Esel geschenkt hatte.

Das konnte sie nicht abstreiten, da der Narr ja in ihren Armen schlief und sie seinen Eselskopf gerade mit einem Blumenkranz schmückte.

Als Oberon sie eine Weile geneckt hatte, forderte er den geraubten Fürstensohn von ihr, den sie ihm nun, da sie sich schämte, von ihrem Gatten mit ihrem neuen Liebhaber überrascht worden zu sein, nicht mehr verweigern konnte.

Jetzt, wo Oberon den Knaben, den er sich so lange als Pagen gewünscht, auch erhalten hatte, empfand er Mitleid mit Titania, die durch seinen Streich in eine ihr so unwürdige Situation gebracht worden war, und träufelte ihr etwas von dem Saft jener anderen Blume in die Augen. Die Elfenkönigin hatte sofort wieder alle ihre Sinne beisammen, wunderte sich über ihre schlechte Wahl und fragte sich, wie sie nur den Anblick des scheußlichen Ungeheuers hatte ertragen können.

Oberon seinerseits nahm dem Narren den Eselskopf ab und ließ ihn mit seinem eigenen Narrenkopf auf den Schultern weiterschlafen.

Oberon, der sich mit Titania nun wieder ganz versöhnt hatte, erzählte ihr die Geschichte der vier Liebenden und die nächtlichen Zaubereien, und Titania willigte ein, mit ihm zu gehen und sich das Ende ihres Abenteuers anzusehen.

Der Elfenkönig und die Elfenkönigin fanden die vier jungen Menschen nicht weit voneinander entfernt auf einem Rasenplatz schlafen, denn Puck hatte, um seinen Fehler wieder gutzumachen, es mit viel Geschick verstanden, sie alle an einen Platz zu führen, ohne daß einer von der Nähe des anderen wußte. Und er hatte mit jener anderen Blume, die der Elfenkönig ihm gegeben hatte, den Zauber von Lysander genommen.

Hermia erwachte als erste und wunderte sich, als sie ihren Lysander so nahe bei sich ruhen sah, sehr über dessen Wankelmut. Da öffnete auch Lysander die Augen und erblickte Hermia, und mit seinen fünf Sinnen, die der Zauber verschleiert hatte, kehrte auch seine alte Liebe zu Hermia zurück. Sie begannen über die Abenteuer dieser Nacht zu sprechen und fragten sich, ob all die Dinge eigentlich wirklich geschehen waren, oder ob sie beide nur denselben, beängstigenden Traum geträumt hatten.

Helena und Demetrius waren inzwischen auch aufgewacht. Ein süßer Schlummer hatte Helenas Verwirrung und Zorn weggeblasen und sie lauschte voll Freude den Liebesbeteuerungen ihres Demetrius, die, wie sie mit Überraschung und Entzücken feststellte, diesesmal echt waren.

Die beiden Mädchen, die nun nicht mehr länger Rivalinnen waren, wurden wieder die besten Freundinnen, und all die unfreundlichen Worte, die gefallen, waren vergeben und vergessen, und sie berieten in Ruhe, was in der gegebenen Situation am besten zu tun sei. Man kam bald überein, daß Demetrius, der seine Ansprüche auf Hermia nicht mehr länger geltend machte, versuchen sollte, deren Vater zu beeinflussen, daß er das grausame Todesurteil gegen sie aufheben lasse. Demetrius wollte sich gerade nach Athen aufmachen, um seinen Freunden diesen Dienst zu erweisen, als sie von Egeus, Hermias Vater, überrascht wurden, der auf der Suche nach seiner entlaufenen Tochter in den Wald gekommen war.

Als Egeus hörte, daß Demetrius seine Tochter nicht mehr zur Frau begehrte, widersetzte er sich nicht länger ihrer Heirat mit Lysander. Die Heirat sollte vier Tage später stattfinden, genau an dem Tag, an dem Hermia dem Urteil gemäß ihr Leben hätte verlieren müssen. Am selben Tag heirateten auch Helena und ihr treuer Demetrius.

Illustration zu „Ein Sommernachtstraum“, 1908

Der Elfenkönig und die Königin, die unsichtbaren Zeugen dieser Versöhnung, die durch Oberons Geschick zustandegekommen war, freuten sich so sehr über den glücklichen Ausgang, daß sie beschlossen, die Hochzeiten mit einem großen Fest zu feiern, an dem das ganze Königreich teilnehmen sollte.

Und wenn nun jemand über diese Geschichten von Elfen und ihren Streichen böse ist, weil er sie für gar zu seltsam und unglaubwürdig hält, dann mag er sich vorstellen, er habe geschlafen und alles sei nur ein Traum gewesen. Und ich hoffe, keiner meiner Leser wird sich ärgern und böse sein über einen hübschen, harmlosen Sommernachtstraum.

Romeo und Julia

Die beiden angesehensten Familien in Verona waren die reichen Capulets und die Montagues. Die beiden Familien hatten sich vor langer Zeit wegen irgendeiner Sache zerstritten, und der Streit war nun an einem Punkt angelangt, wo selbst die entferntesten Verwandten, Diener und Gefolgsleute untereinander verfeindet waren, so daß ein Diener des Hauses Montague keinen Diener des Hauses Capulet treffen konnte und kein Capulet mit einem Montague zusammenkommen konnte, ohne daß es böse Worte und manchmal sogar Blutvergießen gab. Und die Raufereien, die jedem zufälligen Treffen folgten, störten oft die glückliche Ruhe in Veronas Straßen.

Eines Tages gab der alte Graf Capulet ein großes Fest, zu dem viele adlige Damen und Herren eingeladen waren. All die bewunderungswürdigen Schönheiten Veronas waren anwesend, und jeder Ankömmling wurde herzlich willkommen geheißen, sofern er nicht dem Hause Montague angehörte. Auch Rosaline, die Auserwählte Romeos, war da. Romeo aber war der Sohn des alten Grafen Montague. Obgleich es für einen Montague höchst gefährlich war, auf dem Fest gesehen zu werden, hatte Benvolio, ein Freund Romeos, diesen überredet, mit einer Maske verkleidet hinzugehen, um Rosaline sehen zu können. Wenn er sie unter all den auserwählten Schönheiten sähe – so meinte Benvolio – würde er schnell merken, daß sein Schwan im Grunde ein häßliches Entlein war, und er könnte sie so leichter vergessen. Obwohl Romeo einen solchen Gedanken weit von sich wies, ging er aus Liebe zu Rosaline zu dem Fest. Denn Romeo liebte Rosaline von ganzem Herzen, er schlief nicht mehr, floh jeder Gesellschaft, um allein zu sein und an sie denken zu können, an sie, die seine Liebe nicht erwiderte und nicht die geringste Zuneigung für ihn zeigte.

Romeo, Benvolio und ihr gemeinsamer Freund Mercutio gingen also maskiert zu diesem Fest der Capulets, und der alte Graf hieß sie willkommen. Der alte Mann war ausgelassen und fröhlich, und erzählte, daß auch er früher eine Maske getragen und so mancher schönen Dame Liebesworte ins Ohr geflüstert habe. Man tanzte, und Romeo war plötzlich wie geblendet von der außerordentlichen Schönheit einer der Tanzenden, die heller leuchtete, als die Fackeln an den Wänden, und strahlte, wie ein Diamant auf der dunklen Haut eines Mohren. Sie war zu schön, um berührt zu werden, zu schön für diese Welt! Wie eine schneeweiße Taube inmitten von Raben, so schien sie ihm zwischen all den anderen Damen. Als er laut ihre makellose Schönheit pries, hörte ihn Tybalt, ein Neffe des Grafen Capulet, und erkannte ihn an seiner Stimme. Und dieser Tybalt, unbeherrscht und leidenschaftlich wie er war, konnte es nicht ertragen, daß ein Montague sich unter einer Maske eingeschlichen hatte, um, wie er sagte, Hohn und Spott über ihr Fest auszuschütten. Er schrie und tobte fürchterlich und hätte Romeo bestimmt getötet, wenn der alte Graf Capulet nicht dazwischengetreten wäre. Er wollte nicht, daß Romeo ein Leid geschehe, einmal aus Rücksicht auf seine Gäste und zum anderen, weil Romeo sich wie ein Edelmann benommen hatte und ganz Verona ihn als einen wohlerzogenen und tugendhaften jungen Mann pries. Tybalt, der gegen seinen Willen zum Frieden gezwungen worden war, beherrschte sich, doch er schwor, daß dieser dreiste Montague ein andermal für sein Eindringen büßen müsse.

Als der Tanz zu Ende war, beobachtete Romeo, wohin die schöne Dame ging, und im Schutz seiner Maske, welche die Freiheit, die er sich nahm, entschuldigen mochte, erlaubte er sich, sehr galant ihre Hand zu ergreifen, die er einen Schrein nannte, den er als frommer Pilger dafür, daß er ihn durch seine Berührung entweiht hatte, küssen müsse. „Guter Pilger", antwortete die Dame, „habt Dank für Euren höflichen Gruß. Ein Pilger darf wohl die Hand einer Heiligen berühren, doch küssen nicht." – „Haben Heilige nicht Lippen, wie Pilger auch?" fragte Romeo. „Doch", erwiderte die Schöne, „doch sie haben sie um zu beten." – „Dann, meine schöne Heilige", sagte Romeo, „hört mein Gebet und erhört mich, wenn ihr nicht wollt, daß ich verzweifle." Inmitten dieses Liebesgeplänkels wurde das Mädchen zu ihrer Mutter gerufen. Und Romeo, neugierig, wer ihre Mutter sei, mußte entdecken, daß das Mädchen, dessen makellose Schönheit ihn gefangengenommen hatte, Tochter und Erbin des Grafen Capulet war, des größten Feindes der Familie Montague. So hatte Romeo in Unkenntnis sein Herz seiner größten Feindin geschenkt. Das beunruhigte ihn zwar, konnte ihn jedoch von seiner Liebe nicht mehr abbringen. Genauso erging es Julia, als sie entdeckte, daß der junge Mann, mit dem sie gesprochen hatte, Romeo war und ein Montague, denn genau wie er, war auch sie in plötzlicher, leidenschaftlicher Liebe entbrannt. Und sie hielt es für eine wundersame Schicksalsfügung, daß sie gerade ihren Feind lieben mußte und ihre Zuneigung genau dorthin gefallen war, wo ihr Haß blühen sollte.

Um Mitternacht verließen Romeo und seine Freunde das Fest. Doch Romeo brachte es nicht fertig, sich von dem Haus, in welchem er sein Herz verloren hatte, zu entfernen. Deshalb kletterte er wieder über die Mauer des Obstgartens an der Rückseite des Hauses, wo er noch nicht lange gestanden und über seine neue Liebe nachgedacht hatte, als Julia über ihm an einem Fenster erschien, durch das ihre Schönheit sich zu brechen schien, wie das Licht der Sonne im Osten. Der Mond, dessen fahles Licht in den Obstgarten drang, schien Romeo krank und bleich vor Kummer über den um so vieles edleren Glanz dieser neuen Sonne. Julia stützte ihr Kinn in ihre Hand, und Romeo wünschte nichts sehnlicher, als ein Handschuh über dieser Hand zu sein, um die Wange berühren zu dürfen. Julia, die sich allein und unbeobachtet glaubte, stieß einen tiefen Seufzer aus und rief: „Weh mir!" Romeo, entzückt, sie sprechen zu hören, flüsterte leise: „Sprich weiter, mein Engel! Du erscheinst mir wie eine geflügelte Himmelsbotin, vor der die Menschen niederfallen und zu der sie aufschauen." Julia, die nicht ahnen konnte, daß sie belauscht wurde und berauscht war von den Gefühlen, die das Abenteuer dieser Nacht in ihr geweckt hatte, rief dem Geliebten (den sie weit weg glaubte) beim Namen: „Oh, Romeo, Romeo!" sprach sie, „warum nur Romeo? Verleugne deinen Vater, deinen Namen um meinetwillen. Willst du das nicht, bekenne dich zu mir, und ich will nicht länger eine Capulet sein." Romeo hätte sich nach dieser Ermutigung beinahe durch ein lautes Wort verraten, doch er wollte noch mehr hören, und Julia fuhr auch bald mit ihrem leidenschaftlichen Selbstgespräch fort, wobei sie ihm zürnte, daß er Romeo und ein Montague war, ihm einen anderen Namen wünschte, ihn bat, diesen verhaßten Namen, der nicht Teil von ihm sei, abzulegen und dafür sie selbst in ihrem ganzen Wesen anzunehmen. Bei diesen Worten konnte Romeo nicht länger schweigen. Er nahm ihre Worte auf, als seien sie an ihn gerichtet gewesen und nicht nur in die Nacht hinausgesprochen worden, und

bat sie, ihn ‚Geliebter' zu nennen oder bei irgendeinem anderen Namen zu rufen, da er nicht länger Romeo heißen wolle, wenn ihr der Name nicht gefiele. Julia, erschreckt, die Stimme eines Mannes im Garten zu hören, erkannte nicht gleich, wer sich da im Schatten der Nacht herbeigeschlichen und ihr Geheimnis entdeckt hatte. Doch als der Fremde weitersprach, erkannte sie ihn am Klang seiner Stimme, obwohl sie ihn im ganzen noch keine hundert Worte hatte reden hören. Und sie machte ihm Vorwürfe, weil er sich durch das Überklettern der Mauer einer großen Gefahr ausgesetzt hatte, denn wenn ihn einer ihrer Diener im Garten entdeckte, bedeutete das für ihn, als einem Montague, den sicheren Tod. „Ach", sagte Romeo, „in deinen Augen liegt mehr Gefahr für mich als in zwanzig ihrer Schwerter. Wenn du nur freundlich auf mich niederschaust, bin ich gefeit gegen jede Waffe. Es wäre besser, meinem Leben würde durch ihren Haß ein Ende gemacht, als daß ich dieses verhaßte Leben ohne deine Liebe weiterführen müßte." – „Wie kamst du hierher?" fragte Julia, „und wer zeigte dir den Weg?" – „Die Liebe zeigte ihn mir", antwortete Romeo, „ich bin kein Steuermann, doch wärst du fern wie Ufer, die das fernste Meer umspült, so wagte ich mich doch zu diesem Kleinod hin." Romeo konnte es in der Dunkelheit nicht sehen, doch Julia errötete, als sie daran dachte, daß sie, ohne es zu wollen, ihre Liebe zu Romeo offenbart hatte. Gerne hätte sie ihre Worte zurückgenommen, doch das war unmöglich; gerne hätte sie die Form gewahrt und ihrem Liebsten kühl begegnet, wie es sich für eine Dame gebührt, hätte ihn mit Stirnrunzeln und schroffen Worten zurückgewiesen, denn es gehörte sich, standhaft zu sein, Kühle und Unbeteiligtheit zu heucheln, wo man am meisten liebte, damit der Liebste nicht glauben solle, man sei leichtfertig oder ließe sich zu leicht gewinnen; denn mit den Schwierigkeiten beim Erlangen einer Ware steigt ihr Wert. Doch in ihrem Fall war kein Raum für Förmlichkeiten. Romeo hatte – wenn es kein Traum war, daß er wirklich vor ihr stand – aus ihrem eigenen Mund die Liebesbezeugungen gehört. So bestätigte sie ihm offen die Wahrheit dessen, was er gehört hatte, wobei sie ihn „mein lieber Montague“ nannte (Liebe kann einen verhaßten Namen liebenswert machen), und sie bat ihn, ihre heimlich gesprochenen Worte nicht als leichtfertig oder unreif auszulegen; Schuld – wenn man überhaupt von Schuld sprechen könne – habe ihre erste Begegnung am Abend, die ihre Sinne verwirrt habe.

Romeo begann, den Himmel als Zeugen anzurufen, daß ihm nichts ferner liege, als auch nur einen Schatten von Unehrenhaftigkeit auf seine ehrenhafte Julia zu legen, als sie ihn unterbrach und bat, nicht zu schwören. Auch wenn sie sich sonst mit ihm freue, so könne sie doch keine Freude haben an einem nächtlichen Schwur: er sei zu übereilt, zu unüberlegt, zu plötzlich. Und als Romeo weiter in sie drang, noch in dieser Nacht ein Gelöbnis ihrer beiderseitigen Liebe abzulegen, sagte sie, sie habe ihres schon abgelegt, noch ehe er darum gebeten habe, und meinte damit ihr Zwiegespräch mit der Nacht. Doch sie würde gerne zurücknehmen, was sie gesagt hatte, um des Vergnügens willen, es noch einmal aussprechen zu dürfen, denn ihre Liebe sei so unendlich wie das Meer.

Hier wurde Julia von ihrer Zofe gerufen, die bei ihr schlief und es an der Zeit fand, daß auch Julia zu Bett gehe, denn der Morgen dämmerte bereits. Doch Julia kehrte rasch noch einmal ans Fenster zurück, um Romeo zu sagen, daß sie, falls seine Liebe wirklich ernst gemeint und sein Ziel die Heirat mit ihr sei, morgen einen Boten zu ihm schicken wolle, um den Tag ihrer Hochzeit festzusetzen, den Tag, an dem sie ihm ihr Schicksal zu Füßen legen und ihm als ihrem Herrn durch die ganze Welt folgen wolle. Während sie noch darüber sprachen, wurde Julia zum wiederholten Male von ihrer Zofe gerufen, und sie ging ins Zimmer hinein und kehrte ans Fenster zurück, ging wieder hinein und kehrte wieder zurück, denn sie schien so ängstlich, Romeo könne sie verlassen, wie ein kleines Mädchen Angst hat um ihren Vogel, den sie von ihrer Hand hüpfen läßt und an einem seidenen Faden sofort wieder zurückzieht. Romeo fiel der Abschied ebenso schwer wie ihr, denn die süßeste Musik für zwei Liebende ist der Klang der Stimme des Geliebten bei Nacht. Doch schließlich trennten sie sich nach einem letzten „Gute Nacht“ und den besten Wünschen für einen süßen Schlaf.

Der Tag brach bereits an, doch Romeo, der zu erfüllt war von den Gedanken an seine Liebste und ihr erstes Treffen, um an Schlaf denken zu können, schlug, anstatt nach Hause zu gehen, den Weg zu einem nahegelegenen Kloster ein, um Bruder Lorenzo zu besuchen. Dieser war bereits bei seiner morgentlichen Andacht, doch als er Romeo zu dieser Stunde im Kloster sah, dachte er sich, daß der junge Mann in dieser Nacht noch keinen Schlaf gesehen, sondern daß eine in seiner Jugend begründete Unruhe ihn wachgehalten habe. Und er tat recht daran, den Grund der Schlaflosigkeit in der Liebe zu suchen, doch den Gegenstand der Liebe erriet er nicht, denn er glaubte, es sei Romeos Liebe zu Rosalie, die ihn nicht habe schlafen lassen. Und als Romeo ihm seine neue Leidenschaft zu Julia offenbarte und den Beistand des Mönchs erbat, der sie noch am selben Tag trauen sollte, schlug der heilige Mann die Hände zusammen aus Verwunderung über die plötzliche Wandlung in Romeos Gefühlen, denn dieser hatte ihm oft genug von seiner großen Liebe zu Rosalie erzählt und sich bei ihm über ihre abweisende Haltung beklagt, und er sagte sich, daß bei jungen Menschen die Liebe ihren Platz nicht im Herzen, sondern in den Augen habe. Doch als Romeo erwiderte, daß er selbst ihn oft getadelt habe wegen seiner Verehrung für Rosalie, die ihn ihrerseits nicht lieben konnte, wohingegen Julia ihn liebte und von ihm geliebt wurde, mußte der Mönch ihm zustimmen. Auch hoffte er, daß eine Heirat zwischen Romeo und Julia vielleicht ein Mittel sein könnte, um den alten Streit zwischen den Montagues und den Capulets beizulegen, diesen Streit, den niemand mehr beklagte als dieser gute Bruder, der ein Freund beider Familien war und schon oft vergeblich versucht hatte, sie zu versöhnen. Halb aus Höflichkeit und halb aus Zuneigung zu Romeo, dem er nichts abschlagen konnte, erklärte sich der alte Mann schließlich bereit, die beiden jungen Leute zu trauen.

Nun war Romeo erst richtig glücklich, und Julia, die durch ihren Boten von seinen Plänen wußte, war auch rechtzeitig in Bruder Lorenzos Zelle, wo ihre Hände zum Bund des Lebens zusammengefügt wurden. Der alte Mönch flehte den Himmel an, gnädig auf diesen Bund herabzusehen und in der Vereinigung eines jungen Montague mit einer jungen Capulet den alten Haß und Streit ihrer Familien zu begraben.

Als die Zeremonie vorüber war, eilte Julia nach Hause, wo sie ungeduldig das Einbrechen der Nacht erwartete, da Romeo versprochen hatte, zu dieser Zeit wieder in den Obstgarten zu kommen wie in der Nacht zuvor. Und die Zeit bis dahin wollte ihr nicht vergehen, wie die Nacht vor einem großen Fest nicht vergeht für ein ungeduldiges Kind, das ein neues Kleidchen bekommen hat und es erst am Morgen anlegen darf.

In derselben Nacht, es war gegen Mitternacht, gingen Romeos Freunde, Benvolio und Mercutio, durch die Straßen von Verona, wo sie auf einige Mitglieder der Familie Capulet stießen, mit dem unbeherrschten Tybalt an ihrer Spitze, derselbe Tybalt, der sich auf dem Fest des alten Grafen Capulet mit Romeo hatte anlegen wollen. Als er Mercutio sah, beschimpfte er ihn grob wegen seiner Freundschaft mit Romeo, einem Montague. Mercutio, der genauso heißblütig und leidenschaftlich war wie Tybalt, reagierte sehr heftig auf dessen Beleidigung, und trotz aller besänftigender Worte von Seiten Benvolios entbrannte ein Streit. Als dann Romeo selbst des Weges kam, ließ der wütende Tybalt von Mercutio ab und wandte sich Romeo zu, den er als Schurke beschimpfte. Romeo wollte einen Streit mit Tybalt unter allen Umständen vermeiden, da dieser Julias Vetter war und sie ihn sehr gern hatte. Außerdem hatte sich dieser junge Montague nie ernsthaft an dem Streit der Familien beteiligt, da er von Natur aus friedliebend und freundlich war, und jetzt war der Name Capulet, der ja auch der Name seiner Liebsten war, für ihn eher ein Zauberwort, das jede Abneigung in Zuneigung umkehrte, als ein Stichwort, das Haß und Wut entfachte. Deshalb versuchte er Tybalt zu beschwichtigen. Er redete ihn mit ‚guter Capulet' an, so, als empfinde er eine geheime Freude beim Aussprechen dieses Namens. Doch Tybalt, der alle Montagues haßte wie den Teufel, ließ sich nicht beruhigen, sondern zog seine Waffe. Mercutio, der nichts von den geheimen Gründen wußte, deretwegen Romeo und Tybalt Frieden halten wollte, sondern seine Freundlichkeit mit stiller, unehrenhafter Unterwerfung gleichsetzte, forderte Tybalt durch höhnische Worte dazu heraus, den Kampf mit ihm wieder aufzunehmen. Und Tybalt und Mercutio kämpften, bis Mercutio die tödliche Wunde erhielt und fiel, während Romeo und Benvolio sich vergeblich bemühten, die Kämpfenden zu trennen. Als Romeo sah, daß Mercutio tot war, konnte er sich nicht länger beherrschen; er gab Tybalt den ‚Schurken' zurück und sie kämpften, bis Tybalt durch die Hand Romeos getötet wurde. Da sich der Kampf mitten in Verona und um die Mittagsstunde abgespielt hatte, zog die Kunde davon sofort eine große Menschenmenge an, darunter auch die alten Grafen Montague und Capulet mit ihren Frauen. Bald darauf kam auch der Prinz von Verona selbst zum

Schauplatz. Er war mit Mercutio, den Tybalt getötet hatte, verwandt, und da der Friede in der Stadt schon oft von den Streitereien zwischen den Montagues und den Capulets gestört worden war, war er entschlossen, das Gesetz in seiner strengsten Form gegen diejenigen, die den Kampf entfacht hatten, in Anwendung zu bringen. Der Prinz befahl Benvolio, der Augenzeuge der Auseinandersetzung gewesen war, über den Hergang zu berichten, was dieser auch tat. Er hielt sich dabei so nahe an die Wahrheit, wie er konnte, ohne Romeo etwas anzulasten, dessen Nachgiebigkeit und Höflichkeit er herausstellte. Gräfin Capulet, die zutiefst um ihren Neffen trauerte und nach Rache dürstete, bat den Prinzen, seinem Mörder die gerechte Strafe aufzuerlegen und Benvolios Darstellung des Falles keine Beachtung zu schenken, da dieser als Romeos Freund parteiisch sei. So machte sie sich stark gegen ihren eigenen Schwiegersohn, von dem sie allerdings noch nicht wußte, daß er mit Julia verheiratet war. Auf der anderen Seite setzte sich Gräfin Montague für das Leben ihres Sohnes ein, wobei sie mit Recht der Meinung war, daß Romeo Tybalts Tod nicht angelastet werden könne, da dieser durch den Mord an Mercutio sein Leben schon verwirkt habe. Der Prinz, der sich von den leidenschaftlichen Reden der beiden Frauen nicht beeinflussen ließ, verkündete, nach sorgfältiger Prüfung der Tatsachen, das Urteil, das auf Romeos Verbannung aus Verona lautete.

Das waren schlimme Nachrichten für die schöne Julia, die erst seit wenigen Stunden Braut war und nun durch dieses Urteil auf ewig von ihrem Mann getrennt sein sollte. Als die Neuigkeiten sie erreichten, gab sie zunächst ihrem Zorn auf Romeo Raum, der ihren lieben Vetter getötet hatte. Sie nannte ihn einen schönen Tyrannen, einen Teufel in Engelsgestalt, eine raubgierige Taube, ein Schaf mit Wolfsnatur, eine Schlange, die sich hinter einem schönen Gesicht verbirgt und gab ihm noch andere, sich widersprechende Namen, die ihren inneren Kampf zwischen Liebe und Abneigung offenbarten. Doch am Ende siegte die Liebe, und die Tränen, die sie um Tybalt vergossen hatte, verwandelten sich in Freudentränen darüber, daß ihr Gatte noch lebte. Dann flossen neue Tränen, die Romeos Verbannung galten. Dieses Wort war schrecklicher für sie als die Nachricht vom Tod vieler Tybalte.

Romeo war nach dem Kampf in Bruder Lorenzos Zelle geflüchtet, wo ihn der Urteilsspruch des Prinzen erreichte, der ihm weit schlimmer schien als der Tod. Für ihn hörte die Welt außerhalb der Mauern Veronas auf, und es gab kein Leben ohne Julia. Da, wo Julia war, war der Himmel, überall sonst war Fegefeuer, Folter, die Hölle. Der gute Bruder hätte Romeo in seinem Schmerz gerne getröstet, doch der junge Mann wollte nicht hören, sondern raufte sich die Haare und warf sich auf den Boden, um – wie er sagte – Maß zu nehmen für sein Grab. Aus dieser Raserei riß ihn eine Botschaft Julias, die ihn wieder zur Besinnung brachte. Das nützte der Mönch aus, um ihm sein unmännliches Gebaren vor Augen zu halten. Er hatte zwar Tybalt getötet, doch weshalb sich selbst töten und seine Gattin, die nur in ihm lebte? Der gebildete Mann, meinte Lorenzo, sei nichts als eine Form aus Wachs, wenn es um Mut und Festigkeit ginge. Das Gesetz sei milde mit ihm verfahren, wenn es ihm anstelle des Todes, den er verdient, durch den Mund des Prinzen nur die Verbannung verkündigt habe. Er hatte Tybalt getötet, doch Tybalt hätte ihn genauso getötet, wäre das Glück auf seiner Seite gestanden. Julia lebte und war (was er nie zu hoffen gewagt habe) seine Frau geworden, und das bedeutete ein übergroßes Glück. Alle diese Glücksfälle, die ihm der Mönch vor Augen hielt, wies Romeo zurück wie ein ungezogenes Kind. Lorenzo bat ihn,

In Bruder Lorenzos Zelle

sich doch zu besinnen, denn ohne Hoffnung zu sterben sei ein elender Tod. Als Romeo sich ein wenig beruhigt hatte, riet ihm der Mönch, in der Nacht zu Julia zu gehen und heimlich von ihr Abschied zu nehmen. Dann sollte er sich auf dem schnellsten Weg nach Mantua begeben und dort warten, bis er, Lorenzo, eine günstige Gelegenheit finde, seine Heirat öffentlich bekanntzugeben, was vielleicht die Versöhnung der beiden Familien herbeiführen könne. Wenn dies der Fall sei, zweifle er nicht daran, daß der Prinz ihm vergeben würde und er in die Stadt zurückkehren dürfe. Die weisen Ratschläge des Bruders überzeugten Romeo, und er verabschiedete sich, um Julia aufzusuchen, bei der er die Nacht verbringen wollte, um am Morgen allein nach Mantua weiterzureisen. Der heilige Bruder versprach ihm, von Zeit zu Zeit Briefe zu schicken und ihn über den Stand der Dinge in der Heimatstadt auf dem Laufenden zu halten.

Diese Nacht verbrachte Romeo bei seiner geliebten Julia, nachdem er von dem Obstgarten aus Zutritt zu ihrem Zimmer erlangt hatte. Es wurde eine Nacht der ungetrübten Freude, doch das Vergnügen, das jeder der beiden Liebenden in der Gesellschaft des anderen empfand, wurde überschattet von dem Gedanken an die Trennung und die schicksalhaften Ereignisse des vorangegangenen Tages. Die unwillkommene Morgendämmerung kam viel zu früh, und als Julia den Morgengesang der Lerche hörte, versuchte sie sich zunächst einzureden, es sei die Nachtigal, die ihr nächtliches Lied singe. Doch es war ganz ohne Zweifel die Lerche, und ihr Lied schien ihr mißtönend und unerfreulich. Der anbrechende Morgen im Osten zeigte an, daß es höchste Zeit war für die Liebenden, sich zu trennen. Romeo nahm schweren Herzens Abschied und versprach, ihr von Mantua aus zu jeder Stunde des Tages zu schreiben. Als er durch das Fenster in den Garten zurückgestiegen war und sie ihn unten stehen sah, kam er ihr in jener traurigen, ahnungsvollen Stimmung, in der sie war, vor wie ein Leichnam auf dem Grunde seines Grabes. Auch Romeo hatte böse Vorahnungen, doch er mußte gehen, da es sein Tod gewesen wäre, nach Sonnenaufgang noch innerhalb der Stadtmauern Veronas gesehen zu werden.

Dies war nur der Anfang der Tragödie dieses von einem bösen Stern verfolgten Paares. Romeo war noch nicht lange weg, als der alte Graf Capulet Julia einen Freier vorstellte. Der Mann, den er für sie ausgesucht hatte – er konnte ja nicht ahnen, daß sie bereits verheiratet war – war Graf Paris, ein adliger junger Mann, der Julia schon hätte gefallen können – wenn sie Romeo nie gesehen hätte.

Die verängstigte Julia wußte nicht, was sie tun sollte. Sie behauptete, noch zu jung zu sein für eine Heirat und führte Tybalts Tod an, der sie zu traurig gestimmt habe, um einem Freier mit lächelndem Gesicht begegnen zu können, und außerdem sei es unschicklich, ein Hochzeitsfest zu feiern, wenn die Begräbnisfeierlichkeiten kaum vorüber seien. Sie führte alle möglichen Gründe auf, die eine Heirat unmöglich machten – außer dem wahren Grund, daß sie nämlich bereits verheiratet war. Doch Graf Capulet war taub für all ihre Ausreden und befahl ihr, sich bereit zu machen, da am folgenden Donnerstag ihre Hochzeit mit Paris stattfinden sollte. Denn jetzt, wo er einen jungen, adligen und dazu noch reichen Mann für sie gefunden hatte, duldete er nicht, daß sie sich aus Geziertheit und Sprödigkeit heraus, denn dafür hielt er ihre Ablehnung, selbst ihr eigenes Glück verbaute.

In dieser Notlage wandte sich Julia an den freundlichen Mönch, der sie bis jetzt über jede Traurigkeit hinweggetröstet hatte. Er fragte sie, ob sie bereit sei, eine gefährliche Medizin zu nehmen, und als sie antwortete, daß sie sich lieber lebendig begraben lassen würde, als Paris zu heiraten, solange Romeo noch am Leben sei, wies er sie an, nach Hause zu gehen, ein fröhliches Gesicht aufzusetzen und, dem Wunsche ihres Vaters entsprechend, der Heirat mit Paris zuzustimmen. In der darauffolgenden Nacht, der letzten vor dem Hochzeitstag, solle sie dann den Inhalt des Fläschchens trinken, das er ihr gebe und das zur Wirkung habe, daß sie zweiundvierzig Stunden lang kalt und leblos erschiene. Wenn der Bräutigam dann am Morgen komme, würde er sie augenscheinlich tot finden und sie würde nach Landessitte auf einer offenen Trage aufgebahrt. Falls sie ihre Furcht überwinden und dieser ungewöhnlichen List zustimmen könne, könne sie sicher sein, nach 42 Stunden wieder aufzuwachen, als hätte sie nur geträumt. Und während sie noch so schliefe, wolle er Romeo von ihrer List Nachricht geben, damit er in der Nacht komme und sie nach Mantua entführe.

Ihre Liebe und die Furcht, Paris heiraten zu müssen, gaben Julia die Kraft, das schreckliche Abenteuer einzugehen. Sie nahm das Fläschchen aus der Hand des Mönchs und versprach, seine Anweisungen zu befolgen.

Am Mittwochabend trank Julia das Fläschchen aus. Sie befürchtete zwar, der Mönch könnte ihr Gift gegeben haben, damit man ihm keine Vorwürfe machen könne, weil er sie mit Romeo vermählt hatte; doch eigentlich war er überall als frommer Mann bekannt. Dann wieder hatte sie Angst, aufzuwachen, bevor Romeo käme, oder verrückt zu werden an diesem schrecklichen Ort, in der Gruft voll Knochen toter Capulets, wo auch Tybalt unter seinem blutigen Totengewand in seinem Schrein vermoderte. Dann wieder erschreckte sie der Gedanke an all die Geschichten, die sie gehört hatte, von den Geistern, die die Plätze heimsuchten, an denen ihre Körper ruhten. Doch dann siegte ihre Liebe zu Romeo und sie schluckte den Saft und wurde ohnmächtig.

Als Paris am Morgen kam, um seine Braut mit einem Ständchen zu wecken, fand er anstelle der lebendigen Julia einen leblosen Körper. Zunichte waren all seine Hoffnungen! Schmerz und Trauer regierten das ganze Haus. Der arme Paris trauerte um seine Braut, um die ihn der Tod betrogen hatte, von der er geschieden worden war, noch bevor sie einander angetraut waren. Doch noch erbarmungswürdiger war es, die Klagen des alten Grafen und der Gräfin zu hören, die nur diese eine Tochter hatten, an der sie sich freuen und in der sie Trost finden konnten, und die der Tod ihnen aus den Armen gerissen hatte, zu einer Zeit, als die treusorgenden Eltern sie durch eine vielversprechende und vorteilhafte Heirat (wie sie dachten) schon auf einer höheren Stufe der Gesellschaft hatten stehen sehn. Alles, was für das Hochzeitsfest vorbereitet worden war, mußte nun einem traurigen Begräbnis dienen. Aus der Hochzeitszeremonie wurde eine Totenweihe, aus den Hochzeitskleidern Trauerkleider, anstatt klingender Instrumente ertönten dumpfe Glocken, und die Blumen, die dazu bestimmt waren, einen Teppich unter den Füßen der Braut zu bilden, bildeten nun eine Decke über ihrem Körper. Der Priester, der sie hätte trauen sollen, mußte sie nun beerdigen, und sie wurde in die Kirche getragen, doch nicht, um die freudigen Hoffnungen der Lebenden zu erfüllen, sondern um die Zahl der Toten zu vermehren.

Da schlechte Nachrichten sich immer schneller verbreiten als gute, erreichte die schreckliche Geschichte vom Tod seiner Julia Romeo noch bevor der Bote in Mantua ankam, den Bruder Lorenzo geschickt hatte, um ihm mitzuteilen, daß die Beerdigung nur Schein sei und die Tote nur als solche erscheine, daß seine geliebte Gattin jedoch nur für eine kurze Weile in ihrem Grab liege und darauf warte, von ihm aus ihrer traurigen Ruhestätte befreit zu werden. Noch kurz zuvor war Romeo ungewöhnlich fröhlich und zuversichtlich gewesen. Ihm hatte geträumt, er sei tot und seine Gattin habe ihn mit ihren Küssen wieder zum Leben erweckt und er sei Kaiser geworden! Als nun ein Bote aus Verona kam, war er überzeugt, er würde ihm – wie zur Bestätigung seines Traumes – gute Nachricht bringen. Doch als sich herausgestellt hatte, daß genau das Gegenteil der Fall war und seine geliebte Julia tot war und sie durch keinen Kuß mehr zum Leben erweckt werden konnte, befahl er die Pferde zu satteln, denn er wollte in der Nacht nach Verona reiten, um Julia noch einmal in ihrem Grab zu sehen.

Und da böse Gedanken es leicht haben, in das Herz eines verzweifelten Mannes einzudringen, kam ihm ein armer Apotheker in den Sinn, an dessen Laden in Mantua er vor kurzem vorbeigegangen war. Die armselige Erscheinung des Mannes, der ganz ausgehungert zu sein schien, sowie der Anblick der leeren Flaschen auf den schmutzigen Regalen und andere Anzeichen der Verkommenheit hatten ihn (vielleicht in der Vorahnung seiner eigenen, hoffnungslosen Zukunft) zu sich selbst sagen lassen: „Sollte ein Mann einmal Gift brauchen, was in Mantua bei Todesstrafe zu verkaufen verboten ist, hier wohnt ein armer Wurm, der ihm welches verkaufen wird." Nun kamen ihm diese seine Worte wieder in den Sinn, und er suchte den Apotheker auf, der ihm nach einigen gespielten Bedenken, die jedoch dem Gold, das Romeo ihm anbot, nicht standhalten konnten, ein Gift verkaufte, das selbst den stärksten Mann umbringen konnte.

Mit dem Gift in der Tasche machte er sich auf nach Verona, wo er seine Geliebte noch ein letztes Mal sehen, dann das Gift schlucken und an ihrer Seite beerdigt werden wollte. Er erreichte Verona um Mitternacht und begab sich zum Friedhof, auf dem sich die Familiengruft der Capulets befand. Er hatte ein Licht, einen Spaten und einen Draht mitgebracht, und war gerade dabei, die Gruft aufzubrechen, als er eine Stimme vernahm, die ihn mit ‚schurkischer Montague' anredete und ihm befahl, von seinem gesetzlosen Tun abzulassen. Es war die Stimme des jungen Grafen Paris, der zu dieser ungewöhnlichen Nachtzeit zum Friedhof gekommen war, um Julia Blumen zu bringen und am Grab des Mädchens zu weinen, das seine Frau hätte werden sollen. Er kannte Romeos Gründe für seine Tat nicht, doch da er wußte, daß er ein Montague war und (wie er annahm) ein geschworener Feind aller Capulets, nahm er an, Romeo sei in der Nacht gekommen, um die toten Körper zu schänden. Deshalb befahl er ihm barsch, von seinem Tun abzulassen. Und als einen Verbrecher, der von den Gesetzen Veronas zum Tode verurteilt worden war, sollte er sich noch einmal in der Stadt sehen lassen, wollte er ihn ergreifen. Romeo flehte Paris an, ihn loszulassen, und warnte ihn beim Schicksal Tybalts, der hier begraben liege, seine Wut nicht herauszufordern und keine weitere Sünde auf sich zu laden, indem er ihn zwinge, ihn zu töten. Doch der aufgebrachte Graf beachtete die Warnung nicht, sondern legte Hand an ihn als einen Verbrecher. Romeo wehrte sich, es kam zum Kampf, und Paris fiel. Als Romeo im Schein des herbeigehaltenen Lichtes sah, daß es Paris war, den er getötet hatte und von dem er durch den Boten, der nach Mantua gekommen war, wußte, daß er Julias Bräutigam hätte werden sollen, ergriff er die Hand des toten jungen Mannes, den das Unglück zu seinem Leidensgefährten gemacht hatte, und versprach, ihn in ein prächtiges Grab zu betten. Er meinte damit Julias Grab, das er nun öffnete. Und da lag seine Liebste, so, als hätte der Tod keine Macht, ihre makellose

Schönheit zu zerstören, oder aber so, als sei der Tod ein Liebhaber, der sie hier zu seinem Vergnügen festhielte. Denn sie lag so frisch und blühend da, wie sie ausgesehen hatte, bevor sie die lähmende Flüssigkeit trank. Neben ihr lag Tybalt in seinem blutigen Totengewand, und Romeo bat den leblosen Körper um Vergebung, nannte ihn Bruder und sagte, er würde ihm nun einen Gefallen tun, indem er seinen Feind tötete. Hier nahm Romeo mit einem Kuß ein letztes Mal Abschied von seiner Liebsten, dann schüttelte er die schwere Last, die ihm das ungünstige Schicksal auferlegt hatte, von sich, indem er das Gift, das ihm der Apotheker verkauft hatte, trank. Seine Wirkung war tödlich und nicht nur lähmend, wie die Flüssigkeit, die Julia getrunken hatte, und die jetzt langsam ihre Wirkung verlor. Denn jetzt war die Stunde gekommen, zu der sie wieder erwachen sollte, wie es der Mönch vorausgesagt hatte. Und dieser, der inzwischen erfahren hatte, daß Romeo den Brief, den er ihm durch einen Boten nach Mantua hatte bringen lassen, gar nicht erhalten hatte, kam selbst mit Axt und Laterne zum Grabe Julias, um diese aus ihrem Gefängnis zu befreien. Doch wie erstaunt war er, schon ein brennendes Licht in der Gruft zu finden, Blut und Schwerter zu sehen und Romeo und Paris, die leblos neben der Gruft lagen.

Bevor er noch eine Vermutung anstellen konnte, wie es zu diesem schrecklichen Vorfall hatte kommen können, erwachte Julia aus ihrem tiefen Schlaf. Als sie den Mönch an ihrer Seite erkannte, fiel ihr wieder ein, wo sie war und wie sie hierhergekommen war, und sie fragte nach Romeo. Doch der Mönch, der ein Geräusch hörte, bat sie, diesen Ort des Todes rasch zu verlassen, da eine höhere Macht, gegen die sie nichts ausrichten könnten, ihre Pläne vereitelt habe. Erschreckt durch den Klang menschlicher Stimmen, die immer näher kamen, floh er. Doch als Julia das Fläschchen in Romeos Hand sah, erriet sie, daß Gift seinen Tod verursacht hatte, und wenn noch ein paar Tropfen übrig gewesen wären, hätte sie sie getrunken. Sie küßte die noch warmen Lippen, in der Hoffnung, daß noch etwas von dem Gift auf ihnen zurückgeblieben sei. Als sie die Stimmen näherkommen hörte, holte sie rasch einen Dolch hervor, den sie bei sich trug, stach sich damit ins Herz und starb an der Seite ihres Geliebten Romeo.

Inzwischen war der Wächter an der Gruft angelangt. Ein Page des Grafen Paris, der Zeuge des Kampfes zwischen seinem Herrn und Romeo gewesen war, hatte Alarm geschlagen. Die Bürger Veronas liefen verwirrt durch die Straßen der Stadt und jammerten „Oh, Paris! Oh, Romeo! Oh, Julia!“ Der Tumult trieb schließlich die Grafen Capulet und Montague aus ihren Betten, sowie den Prinzen von Verona, der sofort nach dem Grund des Aufruhrs forschte. Bruder Lorenzo war von einem der Wächter festgehalten worden, als er sich, vom Friedhof kommend, durch Zittern, Seufzen und Weinen verdächtig gemacht hatte. Vor der Gruft der Capulets war eine große Menschenmenge versammelt, und der Prinz bat den Mönch, alles zu berichten, was er über diesen seltsamen und schrecklichen Vorfall wisse.

Und dieser erzählte in Gegenwart der Grafen Montague und Capulet alles, was er über die schicksalhafte Liebe ihrer Kinder wußte, von der Rolle, die er bei der Trauung gespielt habe und von seiner Hoffnung, durch diesen Bund den alten Zwist der Familien begraben zu können; daß Romeo, der tot hier liege, Julias Gatte sei und Julia Romeos Frau, daß, noch bevor er eine Gelegenheit gefunden habe, die Heirat öffentlich zu verkünden, ein neuer Bräutigam für Julia gefunden worden sei, die, um nicht das Verbrechen einer doppelten Ehe auf sich zu laden, den Schlaftrunk genommen habe, woraufhin jedermann sie für tot gehalten habe; daß er Romeo geschrieben habe, er solle kommen und Julia entführen, sobald die Wirkung des Trunks nachgelassen habe und wie durch ein unglückliches Versehen des Boten der Brief Romeo nie erreicht habe. Hier endete der Bericht des Mönchs, denn weiter hatte er die Geschichte nicht verfolgen können. Als er selbst zum Grab gekommen war, um Julia zu befreien, waren Paris und Romeo bereits tot gewesen. Die Geschichte wurde ergänzt durch den Bericht des Pagen, der Romeo und Paris hatte kämpfen sehen, und durch den des Dieners, der mit Romeo nach Verona gekommen war und dem dieser Briefe an seinen Vater ausgehändigt hatte, die er im Falle seines Todes überbringen sollte. In den Briefen nahm Romeo jeden Zweifel von den Worten des Mönchs; er bestätigte darin seine Heirat mit Julia, bat die Eltern um Verzeihung, berichtete von dem Kauf des Giftes bei jenem armen Apotheker und von seiner Absicht, die Gruft der Capulets aufzusuchen und an der Seite Julias zu sterben. Die verschiedenen Berichte und Briefe sprachen Bruder Lorenzo von jeder Schuld frei, da er die schlimmen Folgen seiner guten Absichten nicht hatte voraussehen können.

Nun wandte sich der Prinz an die alten Grafen Capulet und Montague und hielt ihnen die grausamen Folgen ihrer gegenseitigen Feindschaft vor Augen. Er zeigte ihnen, welch schwere Strafe ihnen der Himmel für ein solches Vergehen auferlegt hatte, daß er Mittel und Wege gefunden hatte, ihren unnatürlichen Haß selbst durch die Liebe ihrer Kinder zu bestrafen.

Und die beiden alten Rivalen vergaßen ihre Feindschaft und versprachen, ihren jahrelangen Zwist in den Gräbern ihrer Kinder zu begraben. Graf Capulet bat den Grafen Montague, ihm die Hand zu reichen. Er nannte ihn Bruder, wie um das Band, das die beiden Familien durch die Heirat der Kinder zusammengefügt hatte, zu festigen; und er sagte, daß ihm

die Hand des Grafen Montague zum Zeichen ihrer Versöhnung als Leibgedinge seiner Tochter genüge. Doch Lord Montague erwiderte, er wolle ihm mehr geben, denn er wolle eine Statue aus purem Gold für Julia errichten lassen, wie es in ganz Verona keine schönere und wertvollere gebe. Und Lord Capulet erklärte seinerseits, er wolle eine zweite Statue für Romeo errichten lassen. So versuchten die beiden Grafen nun, da es zu spät war, sich an Höflichkeit zu übertreffen, während ihr Haß und ihre Feindschaft in der Vergangenheit so tief gewesen war, daß erst der Tod ihrer Kinder (unschuldige Opfer dieses Zwistes) sie wieder zusammengeführt hatte.

Ein Weihnachtslied in Prosa

Charles Dickens

Erste Strophe

Marleys Geist

Marley war tot – soviel zum Anfang. Darüber konnte auch nicht der geringste Zweifel herrschen. Sein Beerdigungsschein war von dem Geistlichen, dem Küster, dem Leichenbestatter und dem Hauptleidtragenden unterzeichnet. Scrooge hatte seine Unterschrift darunter gesetzt, und Scrooges Name war gut auf der Börse für alles, was er mit seiner Handschrift zu versehen beliebte.

Der alte Marley war so tot wie ein Sargnagel.

Wußte Scrooge, daß er tot war? Natürlich. Wie hätte es auch anders sein können? Scrooge und er waren, ich weiß nicht wie viele Jahre, Geschäftspartner gewesen. Scrooge war sein einziger Nachlaßpfleger, sein einziger Rechtsnachfolger, sein einziger Universalerbe, sein einziger Freund und sein einziger Leidtragender. Und selbst Scrooge war von dem traurigen Ereignis nicht so sehr ergriffen, daß er sich nicht sogar am Tag der Beerdigung als vortrefflicher Geschäftsmann erwiesen und ihn mit einem unzweifelhaft guten Geschäft gefeiert hätte.

Die Erwähnung von Marleys Begräbnis führt mich zu meinem Ausgangspunkt zurück. Es unterliegt keinem Zweifel, daß Marley tot war. Das muß man wohl im Sinn behalten, da sonst aus der Geschichte, die ich zu berichten im Begriff bin, nichts Wunderbares hervorgehen kann. Wenn wir nicht vollkommen überzeugt wären, daß Hamlets Vater vor dem Beginn der Tragödie starb, so würde nichts Wunderbareres in dem Umstand liegen, daß er zur Nachtzeit bei Ostwind auf seinen Wällen spazierenging, als wenn irgendein anderer Gentleman von mittlerem Alter nach Einbruch der Dunkelheit unvorsichtigerweise einen windigen Ort – den St.-Pauls-Kirchhof zum Beispiel – aufsuchte, lediglich um den schwachen Geist seines Sohnes aufzurütteln.

Scrooge hatte den Namen des alten Marley nie ausstreichen lassen. Jahre später stand noch über der Tür des Geschäfts: „Scrooge und Marley." Die Firma war bekannt als Scrooge und Marley. Leute, die die Firma nicht näher kannten, nannten Scrooge bisweilen Scrooge, bisweilen Marley, aber er antwortete auf beide Namen – es war eins wie das andre für ihn.

Aber Scrooge war eine feste Hand an dem Mahlstein – ein auspressender, an sich reißender, zupackender, zusammenscharrender, zäh festhaltender, habgieriger alter Sünder, aus dem nie ein edelmütiger Funken geschlagen – verschwiegen und verschlossen und einsam wie eine Auster. Seine innere Kälte machte sein altes Gesicht frostig, zwickte seine spitzige Nase, runzelte seine Wangen, machte seinen Gang steif, seine Augen rot, seine dünnen Lippen blau und sprach hämisch aus seiner knarrenden Stimme. Ein frostiger Reif lag auf seinem Kopf, auf seinen Augenbrauen und auf seinem dünnen Kinn. Stets umgab ihn die eisige

Atmosphäre seines Innern; er durchkältete sein Kontor in den Hundstagen und ließ es auch am Christfest nicht um einen einzigen Grad auftauen.

Äußere Hitze und Kälte hatten wenig Einfluß auf Scrooge. Keine Hitze konnte ihn erwärmen, kein winterliches Wetter ihn erkälten. Kein Wind war schneidender als er, kein fallender Schnee schärfer auf seinen Zweck erpicht und kein Platzregen der Bitte unzugänglicher. Das schlechte Wetter wußte nicht, wo es ihm etwas anhaben sollte.

Kein Mensch hielt ihn je mit frohen Blicken auf der Straße an, um zu ihm zu sagen:

„Mein lieber Scrooge, wie geht's Ihnen? Wann werden Sie mich besuchen?"

Kein Bettler bat ihn um eine Kleinigkeit, kein Kind wollte von ihm wissen, wieviel Uhr es sei, kein Mann, keine Frau hatten ihn je in seinem Leben nach dem Weg gefragt. Selbst die Hunde der Blinden schienen ihn zu kennen und pflegten ihre Herren, wenn sie ihn kommen sahen, in Torwege und Höfe zu zerren, wobei sie mit ihren Schwänzen wedelten, als wollten sie sagen:

„Kein Auge ist immer noch besser als ein böses Auge, blinder Gebieter."

Aber was kümmerte sich Scrooge darum? Gerade das gefiel ihm. Auf den übervollen Pfaden des Lebens entlangzuschleichen und alle menschliche Sympathie zu warnen, daß sie sich fernhalte – das waren, wie die Leute, die Bescheid wußten, sagten, Scrooges einzige Freuden.

Eines Tages – von allen guten Tagen im Jahr gerade am Christabend – saß der alte Scrooge eifrig beschäftigt in seinem Kontor. Das Wetter war kalt, schneidend und neblig; er konnte die Leute im Hof draußen schnaufen, die Arme um die Körper schlagen und mit den Füßen auf die Pflastersteine stampfen hören, um sich dadurch zu erwärmen. Die Glocken der City hatten eben erst drei Uhr geschlagen, aber es war schon ganz dunkel. Der ganze Tag war düster gewesen, und Kerzen flimmerten in den Fenstern benachbarter Kontore wie rote Flecken auf der dicken, grauen Luft. Der Nebel drang durch jede Spalte und jedes Schlüsselloch und war draußen so dicht, daß die Häuser gegenüber wie bloße Phantome erschienen, obwohl der Hof zu den allerengsten gehörte. Wenn man die schmutziggraue Wolke sah, die sich über alles niedersenkte und alles in Dunkel einhüllte, so hätte man glauben können, die Natur wohne ganz in der Nähe und braue jetzt eben in ungeheurem Ausmaß.

Die Tür von Scrooges Kontor stand offen, damit er seinen Gehilfen im Auge behalten konnte, der in einer finsteren kleinen Zelle nebenan, einer Art Regentonne, Briefe kopierte. Scrooges Feuer war sehr klein, aber das des Gehilfen war viel kleiner, so daß es nur wie eine einzige Kohle aussah. Nachlegen aber gab es nicht, denn Scrooge hatte den Kohlenkasten in seinem eigenen Zimmer, und sooft der Gehilfe mit der Schaufel hereinkam, verkündete ihm sein Gebieter, daß sie sich wohl bald würden trennen müssen. So wickelte der Gehilfe sein weißes Halstuch fester um und versuchte, sich an dem Feuerchen zu wärmen, was ihm jedoch nicht gelang, da er keine lebhafte Einbildungskraft besaß.

„Frohe Weihnachten, Onkel! Gott behüte Sie!" rief eine heitere Stimme – die Stimme von Scrooges Neffen, der so rasch hereinkam, daß der Onkel ihn erst bei der Anrede bemerkte.

„Pah!" sagte Scrooge. „Dummes Zeug!"

Scrooges Neffe hatte sich durch das rasche Gehen in Nebel und Frost so erhitzt, daß er geradezu glühte; sein Gesicht war gerötet und hübsch, sein Atem dampfte.

„Was soll das?" fragte Scrooge so beißend und kalt wie eh und je. „Was willst du von mir?"

„Wie, Onkel, Sie halten das Christfest für dummes Zeug?“ versetzte Scrooges Neffe. „Das kann wahrhaftig nicht Ihr Ernst sein.“

„Doch“, sagte Scrooge. „Frohe Weihnachten! Was für ein Recht hast du, froh zu sein? Aus welchem Grunde willst du froh sein? Du bist arm genug.“

„Ei“, entgegnete der Neffe heiter, „was für ein Recht haben Sie, finster zu sein? Aus welchem Grunde wollen Sie mürrisch sein? Sie sind reich genug.“

Scrooge, der für den Augenblick nichts Besseres zu antworten wußte, erwiderte abermals: „Pah!“ und ließ wiederum „Dummes Zeug“ darauf folgen.

„Seien Sie nicht so übellaunig, Onkel!“ sagte der Neffe.

„Wie kann man es nicht sein“, entgegnete der Onkel, „wenn man in einer solchen Welt voll Narren lebt? Frohe Weihnachten! Bleib mir damit vom Leib! Was ist Weihnachten für dich anders als eine Zeit, wo du Rechnungen zu bezahlen und kein Geld dafür hast – eine Zeit, die dich um ein Jahr älter und nicht um eine Stunde reicher gemacht hat – eine Zeit, in der du Bilanz ziehst, in der jeder Posten durch die ganze Reihe der zwölf Monate auf der Sollseite steht? Wenn ich könnte, wie ich möchte“, fuhr Scrooge unwillig fort, „so müßte mir jeder Dummkopf, der mit einem ‚Frohen Weihnachten‘ auf den Lippen umhergeht, mit seinem eigenen Pudding gekocht und mit einem Stechpalmenzweig im Herzen begraben werden. Ja, so wäre es recht!“

„Onkel!“ sagte der Neffe bittend.

„Neffe!“ versetzte der Onkel finster, „halte du Weihnachten in deiner Weise und laß mich's nach der meinigen feiern.“

„Feiern?“ wiederholte Scrooges Neffe. „Aber Sie feiern es ja gar nicht.“

„Nun, so laß es mich nicht feiern“, sagte Scrooge. „Möge es dir viel Glück bringen, wie es dir ja bisher viel Glück gebracht hat.“

„Es ist wahr, daß es viele Dinge gibt, von denen ich Gutes hätte haben können, ohne daß ich Nutzen daraus zog“, entgegnete der Neffe; „dazu gehört auch das Christfest. Ich habe doch stets Weihnachten für eine gute Zeit gehalten – für eine wohlwollende, vergebende, liebevolle und schöne Zeit – die einzige Zeit im ganzen langen Jahr, in der Männer und Frauen wie aus einem Antrieb ihre verschlossenen Herzen öffnen. Und deshalb, Onkel, mag das Christfest mir auch nie ein Stück Gold oder Silber in die Tasche gelegt haben, so glaube ich doch, daß es mir gutgetan hat und mir guttun wird, und sage darum – Gott segne es!“

Der Gehilfe in der Zelle zollte unwillkürlich Beifall. Da ihm aber im nächsten Augenblick das Unschickliche seines Verhaltens zum Bewußtsein kam, so begann er, das Feuer zu schüren, dessen letzten armseligen Funken er für immer auslöschte.

„Lassen Sie mich noch einmal einen Ton von Ihnen hören“, sagte Scrooge, „und Sie werden Ihr Christfest damit feiern, daß Sie Ihre Stelle verlieren. Du bist ja ein gewaltiger Redner“, fügte er zu seinem Neffen gewandt hinzu. „Es nimmt mich wunder, daß du nicht ins Parlament gehst.“

„Zürnen Sie nicht, Onkel. Versprechen Sie mir, morgen mit uns zu speisen.“

Scrooge sagte, er wolle ihn lieber vorher ... ja, in der Tat, das sagte er. Er führte den Ausdruck der ganzen Länge nach an und sagte, daß er ihn lieber zuvor in dieser äußersten Not sehen wolle.

„Aber warum?“ rief Scrooges Neffe. „Warum?“

Es waren stattliche Gentlemen von einnehmendem Äußeren.

„Warum hast du geheiratet?“ sagte Scrooge.

„Weil ich mich verliebt hatte.“

„Weil du dich verliebt hattest?“ knurrte Scrooge, als ob das die einzige Sache in der Welt wäre, die er für noch lächerlicher halte als ein frohes Weihnachtsfest. „Guten Abend.“

„Sie haben mich auch früher nie besucht, Onkel. Warum geben Sie jetzt das als Grund dafür an, daß Sie diesmal nicht kommen wollen?“

„Guten Abend“, entgegnete Scrooge.

„Ich verlange ja nichts von Ihnen – bitte Sie um nichts. Warum können wir nicht Freunde sein?“

„Guten Abend“, sagte Scrooge.

„Ich bedaure von ganzem Herzen, Sie so hartnäckig zu finden. Wir haben nie einen Streit miteinander gehabt, zu dem ich Anlaß gegeben hätte, und ich machte diesen Versuch dem Christfest zu Ehren. Meine Weihnachtsstimmung soll mir aber dadurch nicht verdorben werden – also Frohe Weihnachten, Onkel.“

„Guten Abend“, sagte Scrooge.

„Und ein glückliches Neujahr.“

„Guten Abend“, sagte Scrooge.

Sein Neffe verließ ohne ein Wort des Unwillens das Kontor. Draußen blieb er kurz stehen, um auch dem Gehilfen ein frohes Fest zu wünschen. Dieser war trotz seines Frierens freundlicher als Scrooge, denn er erwiderte den Wunsch herzlich.

„Da ist wieder so ein Bursche", murmelte Scrooge, der es mit anhörte. „Mein Gehilfe mit fünfzehn Schilling wöchentlich und Weib und Kindern spricht von frohen Weihnachten. Ich werde mich demnächst ins Irrenhaus zurückziehen!"

Als der verrückte Gehilfe Scrooges Neffen hinausließ, hatte er zwei andere Leute eingelassen. Es waren stattliche Gentlemen von einnehmendem Äußeren, und sie standen jetzt mit den Hüten in der Hand in Scrooges Kontor. Sie hatten Bücher und Papiere in den Händen und verbeugten sich.

„Scrooge und Marley, glaube ich?" sagte einer von den Gentlemen mit einem Blick in seine Liste. „Habe ich die Ehre, mit Mr. Scrooge oder mit Mr. Marley zu sprechen?"

„Mr. Marley ist bereits vor sieben Jahren gestorben", versetzte Scrooge. „Ja, gerade heute sind's sieben Jahre."

„So zweifeln wir nicht, daß seine Freigebigkeit von dem überlebenden Partner würdig vertreten wird", sagte der Gentleman, sein Beglaubigungsschreiben vorzeigend.

Das war wirklich der Fall, denn sie waren einander an Gemütsart ganz gleich gewesen. Bei dem unheilverkündenden Wort „Freigebigkeit" runzelte Scrooge die Stirn.

„In diesen festlichen Tagen des Jahres, Mr. Scrooge", sagte der Gentleman, eine Feder aufnehmend, „ist es besonders wünschenswert, daß wir einigermaßen für die Armen und Bedürftigen sorgen, die gerade in dieser Zeit Not leiden. Viele Tausende haben nicht einmal die notwendigsten Dinge, und Hunderte und Tausende entbehren die gewöhnlichsten Bequemlichkeiten, Sir."

„Gibt es keine Gefängnisse?" sagte Scrooge.

„Gefängnisse die Menge", antwortete der Gentleman, die Feder wieder niederlegend.

„Und die Arbeitshäuser?" fragte Scrooge. „Sind sie noch in Tätigkeit?"

„Ja", entgegnete der Gentleman, „obschon ich wünschen möchte, daß ich nein sagen könnte."

„Die Tretmühle und das Armengesetz sind also noch in voller Kraft?" sagte Scrooge.

„Beide in großer Tätigkeit, Sir."

„Oh, ich fürchtete, aus Ihren früheren Worten schließen zu müssen, daß etwas vorgefallen sei, um ihren nützlichen Gang zu hemmen", fuhr Scrooge fort. „Freut mich, daß meine Besorgnis überflüssig war."

„In der Überzeugung, daß sie für die geistigen oder körperlichen Bedürfnisse der Menge kaum eine christliche Nahrung bieten", entgegnete der Gentleman, „sind einige von uns bemüht, eine Summe zusammenzubringen, um den Armen etwas Speise, Trank und Brennstoff zu kaufen. Wir wählen diesen Augenblick, weil er vor allem ein Zeitpunkt ist, wo der Mangel am schärfsten gefühlt wird und der Überfluß in Freuden lebt. Mit wieviel soll ich Sie eintragen?"

„Mit nichts", versetzte Scrooge.

„Sie wünschen also ungenannt zu bleiben?"

„Ich wünsche, daß man mich in Frieden lasse", sagte Scrooge. „Das ist meine Antwort, Gentlemen, da Sie mich nach meinem Wunsch fragen. Ich gönne mir selbst kein Vergnügen am Christfest und bin nicht in der Lage, einen Beitrag zu geben, daß sich Faulpelze einen lustigen Tag machen. Ich helfe, die vorerwähnten Einrichtungen zu unterhalten. Sie kosten genug, und diejenigen, denen es schlecht geht, mögen sich dorthin wenden."

„Viele können nicht dahin gehen, und viele würden lieber sterben."

„Wenn sie lieber sterben wollen", sagte Scrooge, „so sollen sie es ruhig tun und die überschüssige Bevölkerung vermindern. Übrigens – entschuldigen Sie mich – weiß ich nichts davon."

„Aber sie könnten es wissen", bemerkte der Gentleman.

„Geht mich nichts an", erwiderte Scrooge. „Man hat genug mit den eigenen Geschäften zu tun und braucht sich nicht in die Angelegenheiten anderer Leute zu mischen. Ich bin stets in Anspruch genommen. Guten Abend, Gentlemen!"

Da die Gentlemen die Nutzlosigkeit eines weiteren Versuchs einsahen, entfernten sie sich. Scrooge nahm seine Arbeit mit einer viel besseren Meinung von sich selbst wieder auf und kam in eine viel aufgeräumtere Stimmung, als sonst bei ihm der Fall war.

Mittlerweile hatten sich die Dunkelheit und der Nebel so verdichtet, daß Leute mit brennenden Fackeln umherliefen und sich erboten, den Kutschen zu leuchten. Der alte Kirchturm, dessen grämliche Glocke aus einem gotischen Fenster in der Mauer stets verstohlen auf Scrooge niederblickte, wurde unsichtbar und verkündete die Stunden mit einem zitternden Nachhall. Die Kälte steigerte sich mehr und mehr. In der Hauptstraße, auf die der Hof hinausging, besserten einige Arbeiter die Gasröhren aus und hatten in einem Kohlenbecken ein großes Feuer angezündet. Ein Haufen zerlumpter Männer und Knaben sammelte sich darum, rieb sich die Hände und blinzelte mit Entzücken in den hellen Schein. Die Tropfen des sich selbst überlassenen Wasserhahns waren gefroren und hatten sich in menschenfeindliches Eis verwandelt. Die hell erleuchteten Läden, wo Stechpalmenzweige und Beeren in den Schaufenstern hingen, ließen die blassen Gesichter der Vorübergehenden rötlich erscheinen. Die Auslagen der Geflügelhändler und Krämer wurden zu einem heiteren Scherz – einem herrlichen Gepränge, so daß man es fast für unmöglich halten mußte, daß so langweilige Grundsätze wie Kauf und Verkauf etwas damit zu schaffen haben konnten. Der Lord-Mayor in Mansion House ließ an seine fünfzig Köche und Kellermeister Befehl ergehen, Weihnachten zu feiern, wie es einem Lord-Mayor geziemte, und sogar der kleine Schneider, den er am Montag zuvor wegen Trunkenheit und Ruhestörung mit fünf Schilling gestraft hatte, rührte in seinem Dachstübchen den Pudding für den andern Morgen um, während sein hageres Weib mit dem Säugling weggegangen war, um den Braten zu kaufen.

Noch nebliger und kälter! Schneidend, durchdringend, bitter kalt! Wenn der gute St. Dunstan die Nase des bösen Geistes statt mit seiner vertrauten Wehr nur mit einem solchen Wetter angehaucht hätte, so würde dieser sicherlich noch viel mehr gebrüllt haben. Der Eigentümer einer dürftigen jungen Nase, von der hungrigen Kälte zernagt wie ein Knochen von den Hunden, beugte sich vor Scrooges Tür nieder, um ihn mit einem Weihnachtslied zu erfreuen; aber wie er anfing zu singen:

„Gott segn' Euch, lust'ger Gentleman,
Mög' nichts Euch Kummer bringen!"

griff Scrooge mit solcher Heftigkeit nach dem Lineal, daß der kleine Sänger entsetzt davonfloh.

Endlich kam die Stunde des Kontorschlusses heran. Grollend verließ Scrooge sein Pult und teilte auf diese Weise schweigend dem harrenden Gehilfen in der Regentonne die Tatsache mit. Dieser löschte augenblicklich sein Licht und setzte den Hut auf.

„Sie werden vermutlich morgen den ganzen Tag frei haben wollen?" sagte Scrooge.

„Wenn es geht, Sir."

„Aber es geht nicht", versetzte Scrooge, „und ist ganz ungerechtfertigt. Wenn ich Ihnen dafür eine halbe Krone abziehen wollte, so wette ich, daß Sie darin eine schlechte Behandlung sehen würden?"

Der Gehilfe lächelte matt.

„Und doch", fuhr Scrooge fort, „halten Sie es für keine schlechte Behandlung, wenn Sie *mich* den Lohn eines Tages zahlen lassen, ohne dafür zu arbeiten."

Der Gehilfe bemerkte, daß es doch nur einmal im Jahr vorkomme.

„Eine armselige Entschuldigung, um einem an jedem fünfundzwanzigsten Dezember das Geld aus der Tasche zu stehlen", sagte Scrooge, seinen Überrock bis ans Kinn zuknöpfend. „Aber es hilft nichts, Sie müssen ja wohl den ganzen Tag haben. Seien Sie dafür übermorgen um so früher da."

Der Gehilfe versprach es, und Scrooge entfernte sich brummend. Das Kontor war im Nu geschlossen, und der Gehilfe, dem die langen Enden seines weißen Schals bis auf die Hosen niederbaumelten (denn ein Mantel gehörte nicht zu seinen Besitztümern), fuhr dem Christfest zu Ehren am Ende einer ganzen Gasse von Jungen zwanzigmal eine Schlitterbahn auf Corn Hill hinunter, worauf er so schnell wie möglich nach seiner Wohnung in Camden Town eilte, um dort Blindekuh zu spielen.

Scrooge nahm sein trübseliges Mahl in seinem gewohnten traurigen Wirtshaus ein. Nachdem er alle Zeitungen gelesen und, um die Zeit totzuschlagen, den Rest des Abends der Durchsicht seines Sparbuchs gewidmet hatte, begab er sich nach Hause, um zu Bett zu gehen. Er hatte eine Privatwohnung, die vordem sein verstorbener Partner bewohnte – eine düstere Reihe von Gemächern in einem finsteren Gebäude. Dieses stand in einem Hof, wo es so wenig hinpaßte, daß man sich des Gedankens nicht erwehren konnte, es müsse, während es als junges Haus mit anderen Häusern Verstecken spielte, hierhergelaufen sein und den Rückweg vergessen haben. Es war jetzt alt und traurig, denn außer Scrooge wohnte niemand mehr darin, und die übrigen Räume waren als Kontore vermietet. Im Hof herrschte ein solches Dunkel, daß sogar Scrooge, der jeden Stein kannte, sich mit den Händen weitertasten mußte. Reif und Nebel lasteten so dick und schwer auf dem schwarzen alten Haustor, daß es schien, als ob der Genius des Wetters in traurigem Nachdenken auf der Schwelle sitze.

Nun ist es eine Tatsache, daß an dem Türklopfer außer seiner Größe nichts Besonderes zu sehen war. Auch ist es eine weitere Tatsache, daß Scrooge ihn genau kannte, weil er ihn während seines langen Aufenthalts an diesem Ort jeden Morgen und Abend zu Gesicht bekam; und Scrooge hatte so wenig Einbildungskraft wie nur irgendein Mann in der City von London, selbst (was viel heißen will) die Gilde, den Stadtrat und die Zunftgenossenschaft nicht ausgenommen. Wir müssen ferner bemerken, daß Scrooge seit diesem Nachmittag, als er von seinem vor sieben Jahren verstorbenen Geschäftspartner sprach, nicht einen Augenblick weiter an Marley gedacht hatte. Alles dies in Betracht gezogen, suche ich mir ständig zu erklären, wie es zuging, daß Scrooge, als er den Schlüssel in das Schloß seiner Tür steckte, in dem Klopfer auf einmal ohne den geringsten Übergang nicht einen Klopfer, sondern Marleys Gesicht sah.

Ja, Marleys Gesicht. Es lag nicht in undurchdringlichem Schatten, wie die übrigen Gegenstände im Hof, sondern leuchtete in unheimlichem Licht, wie ein faulender Hummer in einem dunklen Keller. Es war nicht zornig oder wild, sondern sah Scrooge mit Marleys gewöhnlichem Ausdruck an, die gespenstische Brille nach der geisterhaften Stirn hinaufgerückt. Das Haar war seltsam bewegt, wie von einem Windhauch oder heißer Luft, und obgleich die Augen weit offen standen, waren sie doch vollkommen regungslos. Das und die bleierne Farbe machten das Gesicht schrecklich, obwohl das Entsetzliche nicht so sehr im Ausdruck des Gesichts lag, sondern etwas außer seiner Macht Befindliches zu sein schien.

Als Scrooge die Erscheinung fester ins Auge faßte, sah er wieder den Klopfer vor sich.

Es wäre unwahr, wenn ich sagen wollte, daß er nicht betroffen war oder daß sein Blut nicht von einer Empfindung durchschauert wurde, die er von Jugend auf nie gekannt hatte. Er drehte jedoch den Schlüssel mannhaft um, ging hinein und zündete sein Licht an.

Jedoch zögerte er einen Augenblick unschlüssig, ehe er die Tür zumachte, und blickte erst vorsichtig hinter sie, als erwartete er halb und halb, durch den Anblick von Marleys Zopf erschreckt zu werden, der in den Flur hineinragte. Aber an der Hinterseite der Tür waren nichts als die Schrauben und Muttern, die den Klopfer festhielten, und so sagte er: „Ach was!“ und warf sie schallend zu.

Es knallt wie ein Donnerschlag durch das Haus. Jedes Gemach im oberen Stock und jedes Faß in den Kellern des Weinhändlers unten schien sein eigenes Echo zu haben. Scrooge war jedoch nicht der Mann, der sich durch ein Echo einschüchtern ließ. Er verriegelte die Tür, durchquerte die Halle und stieg langsam die Treppe hinauf.

Ein halbes Dutzend Gaslampen von der Straße hätte nicht genügt, den Eingang auch nur leidlich zu erhellen, und so kann man sich leicht vorstellen, daß bei Scrooges Kerze dort eine ziemliche Dunkelheit herrschte.

Scrooge ging hinauf, ohne sich einen Pfifferling darum zu kümmern. Dunkelheit ist billig, und er hatte es gern so. Aber ehe er seine schwere Tür schloß, ging er durch seine Zimmer, um zu sehen, ob alles in Ordnung sei. Das Gesicht spukte ihm noch immer so im Kopf herum, daß ihm eine solche Untersuchung wünschenswert erschien.

Wohnzimmer, Schlafgemach, Rumpelkammer – alles war, wie es sein sollte. Niemand unter dem Tisch, niemand unter dem Sofa; ein kleines Feuer im Kamin, Löffel und Tasse bereit, desgleichen die kleine Pfanne mit Hafergrütze (Scrooge hatte Schnupfen) auf dem Einsatz des Kamins. Niemand unter dem Bett, niemand im Schrank, niemand unter seinem Schlafrock, der in einer sehr verdächtigen Haltung an der Wand hing. Die Rumpelkammer wie gewöhnlich. Ein alter Feuerschirm, alte Schuhe, zwei Fischkörbe, ein Waschtisch auf drei Beinen und ein Schüreisen.

Vollkommen zufriedengestellt, schloß er seine Tür und drehte den Schlüssel um, ja er drehte ihn sogar zweimal um, was sonst nicht seine Gewohnheit war. Nachdem er sich so gegen jede Überraschung gesichert hatte, nahm er seine Halsbinde ab, zog Schlafrock und Pantoffeln an, setzte seine Nachtmütze auf und nahm vor dem Feuer Platz, um seine Hafergrütze zu essen.

Es war in der Tat ein sehr kleines Feuer – ein wahres Nichts in einer so bitter kalten

Nacht. Er mußte ganz dicht heranrücken und sich darüber beugen, ehe ihm das bißchen Brennstoff nur das mindeste Gefühl von Wärme mitteilen konnte. Der Kamin war vor langen Jahren von einem holländischen Kaufmann gebaut worden und ringsum mit altertümlichen holländischen Kacheln ausgelegt, die Szenen aus der Heiligen Schrift darstellten. Da waren Kain und Abel, die Tochter Pharaos, die Königin von Saba, Himmelsboten, die auf Wolken wie Federbetten durch die Luft niederstiegen, Abraham, Belsazar, Apostel, die in Booten wie Butterglocken in See stachen – kurz, Hunderte von Figuren, um seine Aufmerksamkeit zu fesseln. Und doch kam jenes Gesicht des vor sieben Jahren verstorbenen Marley wie der Stab des Propheten, um das Ganze zu verschlingen. Wenn jede blanke Kachel anfangs glatt, aber mit der Kraft begabt gewesen wäre, aus den zusammenhanglosen Bruchstücken von Scrooges Gedanken eine Figur zu schaffen, so hätte auf jedem der Kopf des alten Marley gestanden.

„Dummes Zeug!" sagte Scrooge und ging durch das Zimmer.

Nachdem er mehrere Male auf und ab gegangen war, setzte er sich wieder. Als er seinen Kopf zurückwarf, traf sein Blick zufällig auf eine Klingel – eine unbenutzte Klingel, die in dem Zimmer hing und um irgendeines jetzt vergessenen Zwecks willen mit einem Gemach im obersten Stock des Gebäudes in Verbindung stand. Mit großem Erstaunen und einer seltsamen, unerklärlichen Angst bemerkte er, daß die Klingel sich zu bewegen anfing. Sie schwang anfangs so sanft, daß sie kaum einen Klang von sich gab, bald aber tönte sie ganz laut, und alle Klingeln im Hause folgten ihrem Beispiel.

Das dauerte ungefähr eine halbe oder eine ganze Minute, ihm schien es aber eine Stunde zu sein. Die Klingeln hörten miteinander wieder auf, wie sie angefangen hatten. Darauf ertönte ein klirrendes Geräusch tief unten, als ob jemand eine schwere Kette über die Fässer im Keller des Weinhändlers hinschleppe. Scrooge erinnerte sich nun, gehört zu haben, daß man von Geistern, die in Häusern spukten, erzählte, daß sie Ketten mit sich herumschleppten.

Die Kellertür flog krachend auf, und dann hörte er das Geräusch viel lauter im unteren Stock; endlich kam es die Treppe herauf – näher und näher – bis vor seine Tür.

„Lauter dummes Zeug!" sagte Scrooge. „Ich will's nicht glauben."

Dennoch wechselte er die Farbe, als der Spuk durch die schwere Tür hereinkam und vor seinen Augen ins Zimmer trat. Die ersterbende Flamme hüpfte hoch auf, als wollte sie rufen: „Ich kenne ihn! Marleys Geist!" und legte sich wieder.

Dasselbe Gesicht – ganz dasselbe. Marley mit seinem Zopf, in der Weste, den Beinkleidern und den Stiefeln, wie er sie gewöhnlich zu tragen pflegte. Die Quasten an den letzteren sträubten sich, ebenso wie sein Zopf, seine Frackschöße und das Haar auf seinem Kopf. Die Kette, die er schleppte, war um die Mitte seines Leibes geschlungen. Sie war lang, wand sich um seinen Körper wie ein Schwanz und bestand (denn Scrooge sah das deutlich) aus Geldkassen, Schlüsseln, Vorlegeschlössern, Hauptbüchern, Urkunden und schweren, in Stahl gearbeiteten Börsen. Sein Körper war durchscheinend, so daß Scrooge durch seine Weste die zwei Knöpfe an der Hinterseite seines Rockes sehen konnte.

Scrooge hatte oft sagen hören, daß Marley kein Herz besitze, ohne jedoch dieser Behauptung Glauben zu schenken, bis er sich jetzt selbst davon überzeugte.

Doch nein, auch jetzt glaubte er es noch nicht. Obgleich er durch das vor ihm stehende Gespenst hindurchsehen konnte, obgleich von den kalten Totenaugen ein eisiger Schauer in seine Gebeine drang und er sogar das Gewebe des um Haupt und Kinn geschlungenen Tuches unterschied, das er zuvor nicht bemerkt hatte, war er doch noch immer ungläubig und mißtraute seinen eigenen Sinnen.

„Was soll das?“ sagte Scoorge so beißend und kalt wie nur je. „Was willst du von mir?“

„Viel!“

Es war Marleys Stimme – das konnte er nicht bezweifeln.

„Wer bist du?“

„Frage mich, wer ich war.“

„Wohlan denn, wer warst du?“ entgegnete Scrooge, seine Stimme erhebend. „Du nimmst es ja recht genau – für einen Schatten.“

„Im Leben war ich dein Partner Jacob Marley.“

„Kannst du – kannst du dich setzen?“ fragte Scrooge, ihn zweifelnd ansehend.

„Ich kann's.“

„So tue es.“

Scrooge stellte die Frage, weil er nicht wußte, ob ein so durchsichtiger Geist sich in der Lage befinde, einen Stuhl zu nehmen, und weil er fühlte, daß im Falle der Unmöglichkeit eine verlegene Erklärung folgen müßte. Aber der Geist setzte sich auf die andere Seite des Kamins, als ob er vollkommen daran gewöhnt sei.

„Du glaubst nicht an mich?“ bemerkte der Geist.

„Nein“, versetzte Scrooge.

„Welches weitere Zeugnis verlangst du denn noch von meiner Wirklichkeit außer dem deiner Sinne?“

„Ich weiß es nicht“, sagte Scrooge.

„Warum traust du deinen Augen und Ohren nicht?“

„Weil sie durch eine Kleinigkeit beeinflußt werden können“, antwortete Scrooge. „Eine leichte Unordnung im Magen kann machen, daß sie mich betrügen. Du bist vielleicht ein unverdautes Stück Ochsenfleisch, ein Löffelchen voll Senf, eine Käserinde, ein Stückchen zu harter Kartoffel. Ich glaube, daß an deiner Erscheinung eher verdorbene Fleischbrühe als Grabesverderbnis schuld ist.“

Witze zu machen lag nicht sonderlich in Scrooges Charakter, und es war ihm im Augenblick nicht spaßhaft zumute. In der Tat versuchte er jetzt auch nur seine eigene Aufmerksamkeit dadurch zu zerstreuen und sein Entsetzen niederzuhalten, denn die Stimme des Gespenstes ging ihm durch Mark und Bein.

Nur eine Minute lang schweigend dazusitzen und jene starren, gläsernen Augen zu betrachten – das wäre, wie Scrooge fühlte, eine wahrhaft teuflische Pein gewesen. Etwas ganz Unheimliches lag auch darin, daß das Gespenst eine eigene höllische Atmosphäre mit sich brachte. Scrooge konnte sie zwar nicht selbst fühlen, aber dennoch war es offenbar der Fall; denn obgleich der Geist vollkommen regungslos dasaß, wurden doch seine Haare, seine Rockschöße und seine Stiefelquasten stets wie von dem heißen Dampf eines Ofens bewegt.

„Du siehst diesen Zahnstocher“, sagte Scrooge, aus dem vorhin angedeuteten Grunde rasch wieder das Wort nehmend, denn er wünschte, wenn auch nur für eine Sekunde, den steinernen Blick der Erscheinung von sich selbst abzulenken.

„Ja“, versetzte der Geist.

Niemand unter dem Tisch, niemand unter dem Sofa.

„Du siehst ja nicht danach hin", entgegnete Scrooge.
„Ich sehe ihn trotzdem", erwiderte der Geist.
„Gut", entgegnete Scrooge. „Ich brauche ihn nur zu verschlucken, um für den Rest meiner Tage von einer Legion Kobolden, lauter selbstgeschaffenen Gebilden, verfolgt zu werden. Dummes Zeug, sage ich dir – Unsinn!"
Bei diesen Worten erhob der Geist ein so furchtbares Geschrei und schüttelte seine Ketten mit einem so unheimlichen Klirren, daß Scrooge sich fest an seinen Stuhl klammern mußte, um nicht ohnmächtig herunterzusinken. Aber wieviel größer war sein Entsetzen, als das Gespenst die Binde um seinen Kopf abnahm, wie wenn es ihm zu warm im Zimmer wäre, und seine untere Kinnlade auf die Brust niedersank.
Scrooge stürzte auf die Knie und schlug die Hände vor dem Gesicht zusammen.
„Barmherzigkeit!" rief er. „Schreckliche Erscheinung, warum suchst du mich heim?"
„Du Mensch mit dem weltlichen Sinn!" versetzte der Geist, „glaubst du an mich oder nicht?"
„Ich glaube", sagte Scrooge. „Ich muß es ja glauben. Aber warum wandeln Geister auf Erden, und warum kommen sie zu mir?"
„Es wird von jedem Menschen verlangt", entgegnete das Gespenst, „daß seine Seele umherwandere unter seinen Mitmenschen und sich weit und breit hin tätig zeige; tut sie es im Leben nicht, so trifft sie der Fluch, es nach dem Tode tun zu müssen. Sie ist verurteilt, durch die Welt zu wandern – wehe mir, daß auch mich ein solches Urteil traf! – und Zeuge dessen zu sein, was sie nicht genießen kann, obwohl es ihr auf Erden möglich gewesen wäre und sie ihr Glück darin gefunden hätte!"
Abermals erhob das Gespenst ein Geschrei, schüttelte seine Kette und rang seine schattenhaften Hände.
„Du bist gefesselt", sagte Scrooge zitternd. „Sag mir warum?"
„Ich trage die Kette, die ich mir im Leben schmiedete", versetzte der Geist. „Ich schmiedete sie Glied für Glied und Elle um Elle, gürtete sie aus eigenem freien Willen um, und aus eigenem freien Willen trug ich sie. Ist das Muster *dir* fremd?"
Scrooge zitterte mehr und mehr.
„Oder möchtest du das Gewicht und die Länge der Fessel kennen", fuhr der Geist fort, „die du selbst trägst? Vor sieben Christfestabenden war sie ebenso schwer und lang wie diese. Seitdem hast du daran fortgearbeitet. Es ist eine schwere, lange Kette!"
Scrooge blickte auf dem Boden umher, ob er sich nicht von einem fünfzig oder sechzig Faden langen, eisernen Kabel umgeben sehe, konnte aber nichts entdecken.
„Jacob", sagte er flehentlich. „Alter Jacob Marley, sag mir mehr. Sprich mir Trost zu, Jacob."
„Ich habe dir keinen zu geben", entgegnete der Geist. „Der kommt anderswoher, Ebenezer Scrooge, und wird von anderen Boten, ganz anderen Menschen, als du es bist, gebracht. Auch kann ich dir nicht sagen, was ich gern möchte, denn es ist mir nur noch wenig gestattet. Ich kann nicht ruhen, kann nicht weilen und darf nirgends bleiben. Höre mir genau zu! Als ich noch am Leben war, ist mein Geist nie über unser Kontor, nie über den engen Raum unseres Geldwechsellochs hinausgegangen, und lange, mühevolle Wanderungen liegen noch vor mir!"

Wenn Scrooge nachdenklich wurde, so war es seine Gewohnheit, die Hände in die Hosentaschen zu stecken. Das tat er auch jetzt, während er über die Worte des Geistes nachdachte. Doch schlug er dabei die Augen nicht auf und erhob sich nicht von den Knien.

„Du mußt auf deinem Weg sehr langsam gewesen sein, Jacob", bemerkte Scrooge im Geschäftston, aber mit demütiger Scheu.

„Langsam?" wiederholte der Geist.

„Sieben Jahre tot", sprach Scrooge sinnend; „und diese ganze Zeit über gereist?"

„Die ganze Zeit über", versetzte das Gespenst. „Keine Ruhe, kein Frieden. Unaufhörliche Gewissensqual."

„Du wanderst schnell?" fragte Scrooge.

„Auf den Fittichen des Windes", antwortete der Geist.

„So mußt du in sieben Jahren eine bedeutende Strecke durchwandert haben", sagte Scrooge.

Als der Geist das hörte, erhob er abermals sein Geschrei und klirrte dabei in der Totenstille der Nacht so gräßlich mit seinen Ketten, daß die Wache allen Grund gehabt hätte, ihn wegen Ruhestörung anzuzeigen.

„Oh, Gefangener, Gebundener und doppelt Gefesselter", rief die Erscheinung, „daß du nicht weißt, wieviele Jahrhunderte in die Ewigkeit eingehen müssen – Jahrhunderte, angefüllt mit der unaufhörlichen Mühe unsterblicher Wesen um diese Erde, bevor das Gute, dessen sie fähig ist, sich ganz verwirklicht hat. Daß du nicht weißt, wie jeder christliche Geist, mag die Sphäre seines liebevollen Wirkens noch so klein sein, sein sterbliches Leben viel zu kurz findet für das unendliche Maß seiner Nützlichkeit. Daß du nicht weißt, wie keine noch so lange Reue eine Sühne sein kann für die ungenutzten Möglichkeiten eines einzigen Lebens! Doch auch ich war so – oh, auch ich war so."

„Du bist aber doch immer ein guter Geschäftsmann gewesen, Jacob", stammelte Scrooge, der all das bereits auf sich anzuwenden begann.

„Ein Geschäftsmann?" rief das Gespenst, abermals seine Hände ringend. „Den Menschen hätte meine Beschäftigung gelten sollen – der Wohlfahrt aller. Liebe, Nachsicht und Wohlwollen, diesen Dingen hätte ich mich widmen sollen."

Der Geist hob seine Kette mit ausgestrecktem Arm empor, als wäre sie die Ursache all seines nutzlosen Grams, und schleuderte sie dann wieder klirrend zu Boden.

„In dieser Jahreszeit", fuhr er fort, „leide ich am meisten. Warum ging ich durch das Gewühl meiner Mitmenschen mit niedergeschlagenen Augen, ohne sie auch nur einmal zu jenem gesegneten Stern zu erheben, der die Drei Weisen zu einer armen Krippe geleitete? Gab es nicht armselige Hütten genug, zu denen sein Licht auch mich hätte führen können?"

Scrooge war aufs höchste entsetzt, den Geist in dieser Weise sprechen zu hören, und begann am ganzen Körper zu zittern.

„Höre mich an!" rief der Geist. „Meine Zeit ist bald vorüber."

„Ich will es", sagte Scrooge. „Aber sei nicht hart gegen mich – sprich nicht in blumenreichen Wendungen, Jacob, ich bitte dich!"

„Wie es kommt, daß ich in einer Gestalt vor dir erscheine, die du zu sehen imstande bist, darf ich nicht sagen. Ich habe manchen Tag unsichtbar an deiner Seite gesessen."

Das war keine angenehme Vorstellung. Scrooge schauderte.

Die Luft war mit Gespenstern erfüllt.

„Das ist kein kleiner Teil meiner Buße", fuhr das Gespenst fort. „Ich bin heute nacht hier, um dich zu warnen und dir anzudeuten, daß du noch Aussicht und Hoffnung hast, meinem Schicksal zu entgehen – eine Aussicht und Hoffnung, die ich dir erwirkt habe, Ebenezer."

„Du bist mir stets ein guter Freund gewesen", sagte Scrooge. „Ich danke dir."

„Es werden dir drei Geister erscheinen", begann das Gespenst wieder.

Scrooges Gesicht wurde fast ebenso lang wie das der Erscheinung.

„Ist das die Aussicht und Hoffnung, von der du sprachst, Jacob?" fragte er.

„Ja."

„Ich – ich möchte lieber auf sie verzichten", sagte Scrooge.

„Ohne ihren Besuch", versetzte der Geist, „gibt es für dich keine Hoffnung, den Pfad zu vermeiden, den ich gehen muß. Mache dich auf den ersten morgen gefaßt – mit dem ersten Glockenschlag nach Mitternacht.

„Kann ich nicht alle zugleich haben, so daß die Sache mit einem Mal abgemacht ist, Jacob?" fragte Scrooge.

„Erwarte den zweiten in der darauffolgenden Nacht um dieselbe Stunde. Der dritte wird dir übermorgen erscheinen, wenn der letzte Glockenschlag zwölf verklungen ist. Sorge dafür, daß du mich nicht wiedersiehst, und ich rate dir um deiner selbst willen, daran zu denken, was zwischen uns vorgegangen ist!"

Nachdem das Gespenst diese Worte gesprochen hatte, nahm es sein Tuch vom Tisch und band es sich wieder um den Kopf. Scrooge erkannte das an dem scharfen Zusammenschlagen der Zähne, als die Kinnladen durch die Binde wieder aneinandergebracht wurden. Er wagte es noch einmal, seine Augen zu erheben, und sah seinen übernatürlichen Besucher in aufrechter Haltung vor sich stehen, die Kette um den Arm geschlungen.

Die Erscheinung wich nach hinten zurück, und bei jedem Schritt hob sich das Schiebefenster ein wenig, so daß es ganz offenstand, als das Gespenst dort war. Es winkte Scrooge, näherzutreten, und dieser leistete der Aufforderung Folge. Als sie nur noch zwei Schritte voneinander entfernt waren, erhob Marleys Geist seine Hand und bedeutete ihm stehenzubleiben. Scrooge machte halt.

Das geschah nicht so sehr aus Gehorsam als vielmehr vor Überraschung und Furcht, denn mit dem Erheben der Geisterhand war es ihm, als vernehme er wirre Töne in der Luft – Laute der Klage und des Schmerzes – Klänge voll unaussprechlichen Jammers und reuevoller Selbstanklage. Nachdem der Geist einen Augenblick lang gelauscht hatte, stimmte er in die klagende Weise ein und schwebte hinaus in die dunkle, kalte Nacht.

Scrooge trat in verzweifelter Neugier an das Fenster und sah hinaus.

Die Luft war mit Gespenstern erfüllt, die in ruheloser Hast und mit furchtbarem Stöhnen dahin und dorthin wanderten. Ein jedes davon trug eine Kette wie Marleys Geist; einige waren aneinandergekettet (es mochten schuldbeladene Beamte sein), aber keines war frei. Scrooge hatte manche zu ihren Lebzeiten gekannt. Besonders war er vertraut gewesen mit einem alten Geist in weißer Weste und mit einer ungeheuren Eisentruhe an seinem Fußgelenk, der jämmerlich schrie, weil er einer unglücklichen Frau mit einem Kind, das er unten auf seiner Türschwelle sitzen sah, nicht helfen konnte. Augenscheinlich bestand das Elend aller darin, daß sie sich in menschliche Angelegenheiten einzumischen und sie zum Guten zu wenden wünschten, aber für immer die Macht dazu verloren hatten.

Ob sich diese Wesen in Nebel auflösten oder der Nebel sie einhüllte, konnte Scrooge nicht sagen. Aber sie und ihre gespenstischen Stimmen schwanden allmählich dahin, und die Nacht war wieder ganz so wie zur Zeit, als er nach Hause gekommen war.

Scrooge schloß das Fenster und untersuchte die Tür, durch die der Geist eingetreten war. Sie war doppelt zugeschlossen, wie es durch seine eigenen Hände geschehen war, und das Schloß war unberührt. Er versuchte zu sagen „Dummes Zeug!“, hielt aber in der Mitte inne. Und da er von der durchgemachten Aufregung oder von der ermüdenden Arbeit des Tages oder seinem Einblick in eine unsichtbare Welt oder der traurigen Unterhaltung mit dem Geist oder der späten Stunde sehr mitgenommen war, so ging er, ohne sich auszukleiden, geradewegs zu Bett und sank augenblicklich in Schlaf.

Zweite Strophe

Der erste der drei Geister

Als Scrooge wieder erwachte, war es so dunkel, daß er, als er zum Bett hinaussah, kaum das durchscheinende Fenster von den Wänden seines Zimmers unterscheiden konnte. Er suchte mit seinen Wieselaugen die Finsternis zu durchdringen, als die Glocke einer benachbarten Kirche die vier Stundenviertel schlug. Er horchte, um zu zählen, wieviel Uhr es sei.

Zu seinem großen Erstaunen tönte die tiefe Glocke fort, von sechs zu sieben, von sieben zu acht, und so weiter bis zu zwölf. Dann hielt sie inne. Zwölf! Es war zwei vorüber gewesen, als er sich zu Bett gelegt hatte. Die Uhr mußte falsch gehen – wahrscheinlich war ein Eiszapfen in das Werk geraten. Zwölf!

Er berührte die Feder seiner Repetieruhr, um sich von dem fehlerhaften Gang der voreiligen Kirchenuhr zu überzeugen. Ihr rascher kleiner Puls schlug zwölf und hielt inne.

„Es ist nicht möglich“, rief Scrooge, „daß ich einen ganzen Tag und weit in die andere Nacht hinein schlafen konnte. Ich kann mir aber auch nicht denken, daß der Sonne etwas zugestoßen ist und daß wir jetzt zwölf Uhr mittags haben.“

Die Vorstellung war beunruhigend, weshalb er aus seinem Bett herauskroch und sich zum Fenster hintastete. Er war genötigt, mit dem Ärmel seines Schlafrocks zuvor das Eis abzureiben, ehe er etwas sehen konnte, und auch dann vermochte er nur sehr wenig zu unterscheiden. Er fand bloß, daß es noch immer sehr neblig und außerordentlich kalt war – ferner, daß er nicht den Lärm lebhaft hin und her eilender Menschen vernahm, den er unbedingt hätte hören müssen, wenn die Nacht den hellen Tag verdrängt und von der Welt Besitz ergriffen hätte.

Scrooge ging wieder zu Bett und grübelte und grübelte und grübelte immer wieder über alles nach, ohne zu einem Schluß kommen zu können. Je mehr er brütete, desto verwirrter wurde er, und je mehr er sich Mühe gab, nicht zu denken, desto unabweisbarer drängten sich die Gedanken.

Die Stimme von Marleys Geist klang ohne Unterlaß in seinen Ohren. Sooft er nach reiflicher Überlegung zu dem Schluß gekommen war, daß alles nur ein Traum gewesen sei, flog sein Geist wie eine starke, losgelassene Feder wieder in seinen früheren Zustand zurück und stellte ihn aufs neue vor die Frage: War es ein Traum oder nicht?

So mit seinen Gedanken beschäftigt, lag Scrooge da, bis die Glocke wieder drei Viertel schlug, und nun fiel ihm plötzlich ein, daß ihm der Geist mit dem Schlag ein Uhr eine Erscheinung vorhergesagt hatte. Er beschloß, wach zu bleiben, bis die Stunde vorüber sei – und das war wohl noch das Klügste, was er tun konnte, wenn man in Betracht zieht, daß er ebensowenig schlafen wie in den Himmel gehen konnte.

Das letzte Viertel währte so lange, daß er mehr als einmal überzeugt war, er müsse unbewußt wieder eingeschlafen sein und den Schlag überhört haben. Endlich erreichte er sein lauschendes Ohr.

„Ding, dong!"

„Viertel", sagte Scrooge zählend.

„Ding, dong!"

„Halb!" fuhr Scrooge fort.

„Ding, dong!"

„Drei Viertel", sagte Scrooge.

„Ding, dong!"

„Die volle Stunde", rief Scrooge; „und weiter nichts!"

Er sagte das, ehe die Stundenglocke erscholl, die nun ein tiefes, hohles, melancholisches Eins ertönen ließ. In diesem Augenblick blitzte Licht im Zimmer auf und die Vorhänge seines Betts wurden beiseitegezogen.

Ja, die Vorhänge seines Betts wurden beiseitegezogen, und zwar durch eine Hand. Nicht die Vorhänge zu seinen Füßen oder die hinter ihm, sondern gerade diejenigen, denen sein Gesicht zugekehrt war. Als das geschah, richtete sich Scrooge hastig in eine halb sitzende Lage auf und fand sich nun Angesicht zu Angesicht dem unirdischen Besucher gegenüber, der die Vorhänge beiseitegezogen hatte.

Es war eine seltsame Gestalt, ähnlich der eines Kindes: aber doch nicht ganz so wie ein Kind, sondern eher wie ein alter Mann, durch irgendein übernatürliches Medium betrachtet, das ihn dem Auge ferngerückt und seine Proportionen zu denen eines Kindes verkleinert hatte. Das Haar, das über Nacken und Rücken hing, war weiß wie das eines Greises; und doch zeigte das Gesicht keine Runzel, sondern das zarteste Rot schimmerte auf seinen Wangen. Die Arme waren sehr lang und muskulös, und die Hände gleichfalls, als ob sie eine ungewöhnliche Kraft besäßen. Die Beine und Füße waren sehr zart geformt und gleich den oberen Gliedern bloß. Die Gestalt trug ein Gewand von reinstem Weiß, und um ihren Leib wand sich ein Gürtel, von dem ein heller, schöner Glanz ausging. Sie hielt einen frischen Stechpalmenzweig in der Hand, während, in seltsamem Widerspruch zu diesem Sinnbild des Winters, ihr Gewand mit Sommerblumen geschmückt war. Das Sonderbarste jedoch bestand darin, daß vom Scheitel der Gestalt ein klares Licht strömte, in dem alles dies sichtbar wurde, und ohne Zweifel war das auch der Grund dafür, daß sie in dunkleren Augenblicken ein großes Löschhorn als Mütze aufsetzte, das sie jetzt unter dem Arm trug.

Aber das war noch nicht einmal die seltsamste Eigenschaft der Gestalt, wie Scrooge, der sie mit steigender Aufmerksamkeit betrachtete, feststellen konnte. Denn wie der Gürtel bald an der einen, bald an der andern Stelle funkelte, und was in einem Augenblick Licht war, sich im andern verdunkelte, so wechselte die Gestalt selbst trotz ihrer Bestimmtheit ohne Unterlaß ihre Form, indem sie bald nur einen Arm, bald nur ein Bein, jetzt zwanzig Beine und jetzt wieder ein Paar Beine ohne Kopf oder einen Kopf ohne Körper zeigte, ohne daß von den sich auflösenden Teilen in dem dichten Dunkel, in das sie dahinschwanden, irgendwelche Umrisse sichtbar wurden. Aus diesen wunderbaren Verwandlungen trat die Gestalt dann auf einmal wieder ganz in der früheren Klarheit und Bestimmtheit hervor.

„Bist du der Geist, dessen Ankunft mir vorhergesagt wurde?" fragte Scrooge.

„Ich bin es."

Die Stimme war sanft und weich, aber auffallend leise und schien, trotz der Nähe der Gestalt, aus weiter Ferne zu kommen.

„Wer und was bist du?“ fragte Scrooge.

„Ich bin der Geist der vergangenen Weihnacht.“

„Längst vergangener?“ fragte Scrooge im Hinblick auf die zwergartige Gestalt der Erscheinung.

„Nein, deiner Vergangenheit.“

Vielleicht hätte Scrooge niemand einen Grund dafür anzugeben vermocht, aber er spürte ein Verlangen, den Geist in seiner Mütze zu sehen, und bat ihn, diese aufzusetzen.

„Wie?“ rief der Geist. „Möchtest du so bald schon mit weltlichen Händen das Licht auslöschen, das ich dir spende? Ist es nicht genug, daß du zu denen gehörst, deren Leidenschaften diese Mütze gemacht haben und mich zwingen, sie durch eine lange Reihe von Jahren tief in meine Stirn zu drücken?“

Scrooge verwahrte sich ehrerbietig gegen jede beleidigende Absicht und erklärte, daß er zu keiner Zeit seines Lebens den Geist absichtlich „bemützt“ habe. Dann erlaubte er sich die Frage, was für ein Geschäft ihn hierherbringe.

„Dein Wohl!“ antwortete der Geist.

Scrooge erklärte, er sei ihm sehr verbunden, konnte sich aber des Gedankens nicht erwehren, daß eine Nacht ununterbrochener Ruhe weit besser zu diesem Ziel geführt haben würde. Der Geist mußte seine Gedanken wohl gehört haben, denn er sagte augenblicklich:

„Deine Rettung also. Sieh dich vor!“

Während er das sagte, streckte er seine starke Hand aus und ergriff ihn sanft am Arm.

„Steh auf und geh mit mir!“

Scrooge würde sich vergeblich mit dem Einwand entschuldigt haben, daß das Wetter und die Stunde nicht sonderlich zu Spaziergängen geeignet seien, daß das Bett warm und das Thermometer weit unter dem Gefrierpunkt – ferner er selbst nur leicht in Pantoffeln, Schlafrock und Nachtmütze gekleidet und noch obendrein sehr erkältet sei. Der Hand des Geistes, obwohl sein Griff sanft und weich war wie der einer Frau, konnte er nicht widerstehen. Er erhob sich, faßte aber den Geist bebend am Kleid, als er bemerkte, daß dieser sich zum Fenster wandte.

„Ich bin nur ein Mensch“, stellte Scrooge fest, „und muß hinunterfallen.“

„Laß mich dich mit meiner Hand *hier* berühren“, sagte der Geist, die Hand auf Scrooges Herz legend, „und du sollst in mehr als in diesem aufrechterhalten werden.“

Mit diesen Worten gingen sie durch die Mauer und traten auf eine offene Landstraße mit Feldern zu beiden Seiten. Die Stadt war gänzlich verschwunden und keine Spur davon mehr zu sehen. Auch die Dunkelheit und der Nebel waren verschwunden, denn ein klarer, kalter Wintertag lag über der schneebedeckten Erde.

„Gütiger Himmel!“ sagte Scrooge und schlug die Hände zusammen, als er umherblickte. „Hier wurde ich als Knabe erzogen!“

Der Geist blickte ihn milde an. Seine sanfte Berührung, obschon sie nur leicht und ganz kurz gewesen war, schien in dem Gefühl des alten Mannes noch nachzuwirken. Scrooge wurde sich tausend in der Luft schwimmender Düfte bewußt, die an tausend längst, längst vergessene Gedanken, Hoffnungen, Freuden und Sorgen erinnerten.

„Deine Lippen zittern", sagte der Geist. „Und was ist denn das da auf deiner Wange?"
Scrooge murmelte mit ungewöhnlich beklommener Stimme, daß es nur ein Bläschen sei, und bat den Geist, ihn zu führen, wohin er wolle.
„Kennst du den Weg noch?" fragte der Geist.
„Und ob ich ihn kenne!" rief Scrooge mit Wärme – „ich kann ihn blind gehen."
„Seltsam, daß du ihn so viele Jahre vergessen konntest", bemerkte der Geist. „Komm weiter."
Sie gingen die Straße entlang. Scrooge erkannte jedes Tor, jeden Pfosten, jeden Baum, bis endlich in der Ferne eine kleine Marktstadt mit ihrer Brücke, ihrer Kirche und einem gewundenen Fluß erschien. Einige zottige Ponys kamen ihnen jetzt entgegen, mit Knaben auf den Rücken, die anderen Jungen, welche in Wägelchen und Bauernkarren fuhren, etwas zuriefen. All diese Knaben waren in frohester Laune und jubelten einander zu, bis die breiten Gefilde so voll lustiger Musik waren, daß sogar die Luft mit Freuden darauf zu antworten schien.
„Das sind nur Schatten von Dingen, die gewesen sind", sagte der Geist. „Sie wissen nichts von uns."
Die fröhlichen Wanderer näherten sich, und wie sie herankamen, erkannte Scrooge sie alle der Reihe nach und nannte jeden mit Namen. Warum war er so über alle Maßen erfreut, sie zu sehen? Warum glänzte sein kaltes Auge – warum hüpfte sein Herz, als sie vorbeikamen? Warum war sein Herz mit Wonne erfüllt, als er hörte, wie sie sich gegenseitig frohe Weihnachten wünschten, während sie an den verschiedenen Wegkreuzungen nach ihren heimischen Herden davonfuhren? Was bedeuteten frohe Weihnachten für Scrooge? Bleibt mir vom Leibe mit den frohen Weihnachten! Was hatten sie ihm je Gutes gebracht?
„Die Schule ist nicht ganz verlassen", sagte der Geist. „Ein einsames Kind, von seinen Verwandten vernachlässigt, ist noch da."
Scrooge sagte, er kenne es. Und schluchzte laut.
Sie verließen die Landstraße auf einem wohlbekannten Nebenweg und näherten sich bald einem Landhaus, mit einem kleinen Wetterhahn auf der Kuppel über dem Dach, in der eine Glocke hing. Es war ein großes Haus, aber in verwahrlostem Zustand, denn die geräumigen Wirtschaftsräume wurden nur wenig gebraucht, die Wände waren feucht und mit Moos bewachsen, die Fenster zerbrochen und die Tore halb verfallen. Geflügel gackerte und stolzierte in den Ställen. Der Boden der Wagenremisen und Schuppen war mit Gras bewachsen. Aber auch innen war nichts von dem früheren Wohlstand wahrzunehmen, denn als sie die traurige Halle betraten und durch die offenen Türen in die vielen Zimmer blickten, fanden sie sie ärmlich möbliert, kalt und unwohnlich. Ein dumpfer, modriger Geruch lag in der Luft, und eine kalte Öde herrschte in dem ganzen Haus, so daß man unwillkürlich denken mußte, die Bewohner ständen zuviel bei Kerzenlicht auf und hätten nicht allzuviel zu essen.
Scrooge und der Geist gingen über den Flur zu einer Tür an der Hinterseite des Hauses. Sie tat sich vor ihnen auf und erschloß ein langes, kahles, melancholisches Gemach, das noch öder aussah durch die Reihen von einfachen Bänken und Pulten aus Tannenholz. An einem der Pulte in der Nähe eines schwachen Feuers saß ein Knabe, der las; und Scrooge setzte sich auf eine Bank nieder und weinte bei dem Anblick seines eigenen, armen, vergessenen Ichs, wie es früher gewesen war.

Kein heimliches Echo im Haus, kein Quieken und Scharren der Mäuse hinter dem Getäfel, kein Träufeln aus dem halb aufgetauten Wasserhahn in dem dunklen Hof hinten, kein Seufzen in den entlaubten Zweigen einer einzigen trübseligen Pappel, kein Schwingen einer vom Wind bewegten Tür an einem leeren Vorratshaus, ja, kein Prasseln im Feuer ließ sich vernehmen, ohne daß Scrooges Herz sanft davon berührt wurde und seine Tränen freier flossen.

Der Geist berührte seinen Arm und deutete auf Scrooges jüngeres Ich, das ins Lesen vertieft war. Plötzlich zeigte sich ein Mann in fremder Kleidung, wunderbar wirklich und deutlich anzusehen, vor dem Fenster: er hatte eine Axt in seinem Gürtel stecken und führte einen mit Holz beladenen Esel am Zügel.

„Ach, das ist Ali Baba!“ rief Scrooge entzückt. „Es ist der liebe, alte ehrliche Ali Baba! Ja, ja, ich kenne ihn! Einmal um die Weihnachtszeit, als jenes einsame Kind ganz allein hiergelassen war, kam er zum erstenmal ganz wie heute. Armer Knabe! Und Valentin“, sagte Scrooge, „und sein wilder Bruder Orson; da gehen sie! Und wie heißt doch der, welcher schlafend in Unterhosen am Tor von Damaskus abgesetzt wurde? Siehst du ihn nicht? Und des Sultans Reitknecht, der von den Geistern auf den Kopf gestellt wurde – da steht er! Geschah ihm recht – ich freue mich darüber. Wie kam er dazu, die Prinzessin heiraten zu wollen!“

Scrooges Geschäftsfreunde in der City wären in der Tat nicht wenig erstaunt gewesen, wenn sie sein aufgeregtes Gesicht gesehen und mit angehört hätten, mit welchem Ernst er von diesen Dingen sprach und wie seine Stimme in einer ganz merkwürdigen Weise zwischen Lachen und Weinen schwankte.

„Da ist der Papagei!“ rief Scrooge. „Grüner Leib und gelber Schwanz, mit einem Ding wie eine Salatstaude auf dem Kopf – da ist er! ‚Armer Robin Crusoe‘, rief er, als sein Herr wieder nach Hause kam, nachdem er die Insel umsegelt hatte; ‚armer Robin Crusoe, wo bist du gewesen, Robin Crusoe?‘ Der Mann dachte, er träume; aber es war nicht so. Es war der Papagei, mußt du wissen. Da geht Freitag und rennt um sein Leben nach der kleinen Bucht! Heda! Hopp! Holla!“

Dann sagte er mit einem raschen Übergang, der seinem sonstigen Charakter ganz fremd war, voll Mitleid mit seinem früheren Ich: „Armer Junge!“ und weinte abermals.

„Ich möchte“, murmelte Scrooge, der, nachdem er sich die Augen mit dem Rockärmel abgewischt hatte, die Hand in die Tasche steckte und umherblickte – „aber es ist jetzt zu spät.“

„Was gibt's?“ fragte der Geist.

„Nichts“, sagte Scrooge. „Nichts. Gestern abend sang ein Junge ein Weihnachtslied vor meiner Tür. Es wäre mir lieb, wenn ich ihm etwas gegeben hätte – das ist alles.“

Der Geist lächelte gedankenvoll und winkte mit der Hand, während er sagte:

„Laß uns jetzt ein anderes Christfest betrachten.“

Bei diesen Worten wurde Scrooges früheres Ich größer und das Zimmer ein wenig dunkler und schmutziger. Das Getäfel schrumpfte, die Fenster krachten, Mörtelstücke fielen von der Decke, und die nackten Latten sahen hervor. Wie das alles zuging, wußte Scrooge übrigens ebensowenig wie wir. Er war sich nur bewußt, daß sich's ganz so verhielt, daß alles genau so zugegangen war und daß er wieder allein war, während alle anderen Knaben sich zu fröhlichen Ferien nach Hause begeben hatten.

Diesmal las er nicht, sondern ging verzweifelt auf und ab. Scrooge sah den Geist an und blickte dann mit einem traurigen Kopfschütteln ängstlich nach der Tür.

Sie ging auf und ein kleines Mädchen, viel jünger als der Knabe, kam hereingeschlüpft. Sie schlang ihren Arm um seinen Hals, küßte ihn wieder und wieder und redete ihn als ihren teuren, lieben Bruder an.

„Ich komme, um dich nach Hause zu holen, lieber Bruder", sagte das Kind, seine kleinen Hände zusammenschlagend und sich vor Lachen biegend. „Dich nach Hause zu holen, nach Hause, nach Hause."

„Nach Hause, kleine Fan?" entgegnete der Knabe.

„Ja", sagte das Kind voll Freude. „Nach Hause – nach Hause für immer. Der Vater ist so viel freundlicher als er sonst war, daß es zu Hause wie im Himmel ist! Als ich eines Abends ‚Gute Nacht' sagte, sprach er so liebevoll mit mir, daß ich mich nicht fürchtete, ihn wieder einmal zu fragen, ob du nicht kommen dürftest; und er sagte: Ja, das sollst du nun – und schickte mich in einer Kutsche hierher, um dich zu holen. Du sollst jetzt ein Mann werden", rief das Kind aus, „und nie wieder hierher zurückkommen. Aber zuerst verbringen wir die Weihnachtsfeiertage miteinander und haben die fröhlichste Zeit der Welt."

„Du bist ja schon ein richtiges großes Mädchen, kleine Fan!" rief der Junge.

Sie schlug ihre Händchen zusammen, lachte und versuchte, seinen Kopf zu erreichen; da sie aber zu klein war, lachte sie wieder und stellte sich auf die Zehen, um ihn zu umarmen. Dann begann sie, ihn in kindlicher Hast zur Tür zu zerren, und er begleitete sie, froh, daß er fortkommen sollte.

Eine schreckliche Stimme in der Halle rief: „Bringt Master Scrooges Koffer herunter!" und in der Halle stand der Schulmeister selbst, der Master Scrooge mit zorniger Herablassung anstarrte und ihm durch seinen Händedruck schreckliche Angst einjagte. Er führte ihn und seine Schwester dann in das älteste Loch von einem schauerlich kalten Besuchszimmer, das man nur je gesehen hatte, wo die Karten an der Wand und die Erd- und Himmelskugeln an den Fenstern vor Kälte ganz wachsartig geworden waren. Hier brachte er eine Flasche seltsam leichten Weins und ein Stück wundersam schweren Kuchens zum Vorschein, um mit diesen Leckerbissen die beiden jungen Leute zu bewirten. Zu gleicher Zeit schickte er eine magere Magd hinaus, um dem Postillion „etwas" zu geben. Dieser ließ dem Gentleman danken, meinte aber, wenn es aus demselben Faß sei, von dem er früher schon gekostet habe, so verzichte er lieber darauf. Master Scrooges Koffer war in der Zwischenzeit auf die Kutsche gebunden worden, und die Kinder sagten dem Schulmeister von ganzem Herzen Lebewohl. Sie stiegen ein und fuhren lustig den Gartenweg hinab, während die rollenden Räder den Reif und Schnee von den dunklen Blättern des Immergrüns wie einen Sprühregen abfegten.

„Stets ein zartes Wesen, das ein Hauch hätte zum Welken bringen können", sagte der Geist. „Aber sie hatte ein großes Herz."

„Das ist wahr", rief Scrooge. „Du hast recht. Gott verhüte, daß ich dir widerspreche, Geist."

„Sie starb als Frau", fuhr der Geist fort, „und hatte, wie ich glaube, Kinder."

„Ein einziges Kind", entgegnete Scrooge.

„Richtig", sagte der Geist. „Dein Neffe."

Scrooge schien sich unbehaglich zu fühlen und antwortete kurz:

Hier brachte er eine Flasche seltsam leichten Weins zum Vorschein.

„Ja."

Obgleich sie erst einen Augenblick zuvor die Schule verlassen hatten, waren sie doch jetzt in den belebten Straßen einer Stadt, wo schattenhafte Menschen auf und ab gingen, schattenhafte Karren und Kutschen um den Weg kämpften und das ganze unruhige Treiben einer wirklichen Stadt herrschte. An der Ausstattung der Läden konnte man deutlich sehen, daß es auch hier wieder Weihnachten war; es dunkelte und die Straßen waren beleuchtet.

Der Geist machte an der Tür eines bestimmten Geschäfts halt und fragte Scrooge, ob er es kenne.

„Ob ich es kenne?" versetzte Scrooge. „War ich nicht hier Lehrling?"

Sie gingen hinein. Bei dem Anblick eines alten Gentleman mit einer Perücke, der hinter einem so hohen Pult saß, daß er, wäre er um zwei Zoll größer gewesen, mit dem Kopf an der Decke hätte anstoßen müssen, rief Scrooge in großer Aufregung:

„Ei, das ist ja der alte Fezziwig! Gott behüte sein Herz; es ist der alte Fezziwig wie er leibt und lebt!"

Der alte Fezziwig legte seine Feder nieder und sah nach der Uhr, die die siebente Stunde zeigte. Er rieb sich die Hände, zupfte seine weite Weste zurecht, begann mit dem ganzen Körper zu lachen und rief mit einer behaglichen, öligen und fröhlichen Stimme:

„Holla – heda! Ebenezer! Dick!"

Scrooges vormaliges Ich, das nun zu einem jungen Mann herangewachsen war, kam hurtig mit dem andern Lehrling herein.

„Wahrhaftig, Dick Wilkins!" sagte Scrooge zu dem Geist. „Gott behüte mich – ja, da ist er. Er war mir sehr zugetan, der brave Dick. Lieber, guter Dick! Du mein Himmel!"

„Frischauf, meine Jungen!" sagte Fezziwig. „Heute wird nicht mehr gearbeitet. Weihnachtsabend, Christfest, Ebenezer. Wir wollen die Läden vorlegen, ehe einer Jack Robinson sagen kann", fügte der alte Fezziwig mit einem scharfen Klatschen seiner Hände hinzu.

Man würde es nicht glauben, wie schnell die beiden Burschen an ihre Aufgabe gingen. Eins, zwei, drei – eilten sie mit den Läden auf die Straße hinaus – vier, fünf, sechs – hatten sie sie an ihrem Platz – sieben, acht, neun – waren sie verriegelt – und ehe man bis zwölf zählen konnte, kamen sie schon wieder schnaubend wie Rennpferde zurück.

„Hilliho!" rief der alte Fezziwig, mit ungeahnter Behendigkeit von dem hohen Pult herunterspringend, „räumt auf, meine Jungen, damit wir hier genug Platz kriegen! Hilliho, Dick! Lustig, Ebenezer!"

Räumt auf! Es war nichts da, was sie nicht hätten wegräumen wollen oder wegräumen können, während der alte Fezziwig zusah. In einer Minute war alles geschehen – jedes Möbelstück weggepackt, als sollte es für immer verschwinden, der Boden gekehrt und gesprengt, die Lampen geputzt, im Kamin nachgelegt und der Geschäftsraum zu einem so behaglichen, warmen, trockenen und hellen Ballsaal umgewandelt, wie man sich ihn in einer Winternacht nur wünschen mag.

Herein kam ein Geiger mit einem Notenbuch, ging zu dem hohen Pult und stimmte sein Instrument, daß es durch Mark und Bein ging. Herein kam Mrs. Fezziwig, ein einziges, umfangreiches, freundliches Lächeln. Herein kamen die drei Misses Fezziwig, strahlend und liebenswürdig. Herein kamen die sechs Verehrer, denen sie das Herz brachen. Herein kamen alle jungen männlichen und weiblichen Angestellten des Geschäfts. Herein kam das Hausmädchen mit ihrem „Vetter", dem Bäcker. Herein kam die Köchin mit dem „besten Freund ihres Bruders", dem Milchmann. Herein kam der Junge von gegenüber, der, wie man vermutete, von seinem Meister nicht genug zu essen bekam und der sich jetzt hinter des Nachbars Mädchen zu verstecken suchte, von der man bestimmt wußte, daß sie von ihrer Gebieterin geohrfeigt wurde. Alle kamen nacheinander herein – einige schüchtern, andere dreist, einige anmutig, andere linkisch, einige schiebend, andere stoßend – aber alle kamen herein, auf die eine oder andere Weise. Davon stoben sie alle, an die zwanzig Paare, durch den halben Raum und an der anderen Seite wieder zurück, die Mitte hinab und wieder hinauf, um und um in verschiedenen Stufen zärtlicher Gruppierungen; das frühere erste Paar immer an den falschen Platz gelangend, das neue stets an der Stelle aufbrechend, wo das alte angelangt war, so daß zuletzt alle die vordersten und keines das hinterste sein wollte. Als es so weit war, klatschte der alte Fezziwig in die Hände, um den Tanz zu beenden, und rief: „Jetzt ist's gut!" worauf der Fiedler sein heißes Gesicht in einen Krug voll Porter tauchte, der ausdrücklich zu diesem Zweck beschafft worden war. Sobald er jedoch wieder zum Vorschein kam, verschmähte er es, auszuruhen, und begann augenblicklich von neuem, obgleich noch keine Tänzer da waren, als hätte man den alten Fiedler erschöpft auf einer Bahre nach Hause getragen, während er selbst ein nagelneuer Mann und entschlossen wäre, seinen Kollegen auszustechen oder zugrunde zu gehen.

Dem Tanz folgte Pfänderspiel, und diesem wieder Tanz; dann kam Kuchen, dann Glühwein, dann ein großes Stück kalten Rostbratens, dann ein Stück gesottenes Fleisch, dann Fleischpastete, und zu allem reichlich Bier. Aber der Knalleffekt des Abends kam nach dem Rostbraten und dem Gesottenen, als der Geiger (ein Schlaukopf, der sein Geschäft so gut verstand, daß er von niemand eine Belehrung brauchte) den „Sir Roger de Coverley" anstimmte. Denn jetzt stand der alte Fezziwig auf, um mit seiner Gattin zu tanzen – noch obendrein als erstes Paar, und ein tüchtiges Stück Arbeit vor ihnen: drei- oder vierundzwanzig Paare als ihre Mittänzer, Leute, mit denen Schritt zu halten, schwerfiel, Leute, die durchaus tanzen wollten und auf keinen Fall genug davon bekamen.

Aber wenn's zweimal – ach viermal so viele gewesen wären, so wäre ihnen der alte Fezziwig mit seiner Gattin gewachsen gewesen. Was *sie* betraf, so war sie würdig, in jedem Sinne des Wortes seine Partnerin zu sein. Wenn das nicht ein hohes Lob ist, so nennt mir ein höheres, und ich will es gern auf sie anwenden. Von Fezziwigs Waden schien geradezu ein Licht auszugehen; sie schienen in jedem Teil des Tanzes wie Monde. Man hätte in keinem Augenblick voraussagen können, was im nächsten aus ihnen werden würde. Und nachdem der alte Fezziwig und Mrs. Fezziwig den ganzen Tag getanzt hatten, vorwärts und rückwärts, Hand in Hand mit der Tänzerin, sich verbeugend und knicksend, in Korkenzieherwendungen sich bewegend und wieder an den früheren Platz zurücktretend – schnitt er eine Kapriole, tat es so geschickt, daß es schien, als zwinkere er mit den Beinen, und kam ohne das mindeste Schwanken wieder auf seine Füße.

Schlag elf wurde der Hausball aufgehoben, worauf sich Mr. und Mrs. Fezziwig zu beiden Seiten an die Tür stellten, jeder hinausgehenden Person die Hand drückten und frohe Weihnachten wünschten. Nachdem sich alle entfernt hatten, kam die Reihe auch an die beiden Lehrlinge, und die frohen Stimmen verhallten, während die beiden Jungen zurückblieben. Sie suchten ihre Betten auf, die sich unter einem Zahltisch des Hinterladens befanden.

Während dieser ganzen Zeit hatte sich Scrooge wie ein Mensch benommen, der ganz außer sich ist. Er war mit Herz und Seele bei dieser Szene und bei seinem früheren Ich. Er bekräftigte alles, erinnerte sich des geringfügigsten Umstands, freute sich daran und geriet in die seltsamste Aufregung. Erst als die frohen Gesichter seines früheren Ichs und Dicks sich abgewendet hatten, gedachte er des Geistes und bemerkte, daß dieser ihn voll ansah, während das Licht auf seinem Kopf sehr klar brannte.

„Eine Kleinigkeit", sagte der Geist, „was diese einfältigen Leute mit so viel Dankbarkeit erfüllt."

„Eine Kleinigkeit!" wiederholte Scrooge.

Der Geist bedeutete ihm, dem Gespräch der beiden Lehrlinge zu lauschen, die voll des Lobes für Fezziwig waren, dann sagte er:

„Nun ist's nicht so? Er hat nur einige Pfund ausgegeben – drei oder vier vielleicht. Verdient er wohl deswegen so viel Lob?"

„Das ist es nicht", entgegnete Scrooge, sich über die Bemerkung des Geistes ereifernd und unwillkürlich wie sein früheres Ich, nicht wie sein späteres sprechend. „Das ist es nicht, Geist. Es steht in seiner Macht, uns glücklich oder unglücklich zu machen, uns unsern Dienst zu erleichtern oder zu erschweren, ihn zu einer Freude oder zu einer Plage zu machen. Mag seine Macht auch in Worten und in Bildern liegen, in Dingen, so gering und unbedeutend, daß es unmöglich ist, sie zu berechnen, trotzdem ist das Glück, das er bietet, gerade so groß, als wenn es ein ganzes Vermögen gekostet hätte."

Er fühlte den Blick des Geistes und hielt inne.

„Was ist dir?" fragte der Geist.

„Nichts Besonderes", antwortete Scrooge.

Jetzt stand der alte Fezziwig auf, um mit seiner Gattin zu tanzen.

„Aber doch etwas, wie mir scheint?“ fuhr der Geist fort.

„Nein“, sagte Scrooge, „nein. Es wäre mir nur lieb, wenn ich jetzt meinem Gehilfen ein paar Worte sagen könnte. Weiter nichts.“

Sein früheres Ich löschte, als er diesen Wunsch aussprach, die Lampen, und Scrooge stand neben dem Geiste wieder in freier Luft.

„Meine Zeit ist nur noch kurz“, bemerkte die Erscheinung. „Rasch!“

Das war nicht zu Scrooge oder irgend jemand, den er sehen konnte, gesprochen, brachte aber eine augenblickliche Wirkung hervor. Scrooge sah abermals sein Ich – er war jetzt älter, ein Mann in der Blüte des Lebens. Sein Gesicht trug nicht die harten, starren Linien der späteren Jahre, hatte aber doch bereits angefangen, die Züge der Sorge und des Geistes aufzuweisen. In seinen Augen war eine unstete, gierige Bewegung, die zeigte, welche Leidenschaft in seinem Innern Wurzel gefaßt hatte.

Er war nicht allein, sondern saß neben einem schönen jungen Mädchen in Trauerkleidern. In ihren Augen standen Tränen, die im Licht funkelten, das von dem Geist der vergangenen Weihnacht ausstrahlte.

„Es ist von geringer Bedeutung", sagte sie mit weicher Stimme – „für dich von sehr geringer Bedeutung. Ein anderer Abgott hat mich verdrängt, und wenn er dich in künftigen Zeiten zu trösten und zu erfreuen vermag, wie ich's versucht haben würde, so bleibt mir kein Grund, mich zu grämen."

„Welcher Abgott sollte dich verdrängt haben?" entgegnete er.

„Ein goldener."

„Das ist die Gerechtigkeit der Welt!" sagte er. „Gegen nichts ist sie so hart wie gegen die Armut, und doch verdammt sie nichts mit größerer Strenge als das Streben nach Reichtum."

„Du fürchtest die Welt zu sehr", erwiderte sie sanft. Ich bin Zeuge gewesen, wie deine edleren Bestrebungen eine nach der andern dahinschwanden, bis du ganz von der einen Leidenschaft erfüllt worden bist, die Profit heißt. Ist es nicht so?"

„Und was weiter?" entgegnete er. „Selbst wenn ich um so viel weiser geworden bin, was hast du dagegen? Gegen dich bin ich nicht verändert."

Sie schüttelte den Kopf.

„Oder bin ich's?"

„Unsere Vereinbarung ist schon älter. Sie wurde geschlossen, als wir beide arm waren und darauf warten wollten, bis wir mit der Zeit unsere weltliche Habe durch unseren geduldigen Fleiß vergrößern könnten. Ja, du bist verändert. Als wir unsern Bund schlossen, warst du ein ganz anderer Mann."

„Ich war ein Knabe", sagte er ungeduldig.

„Dein eigenes Gefühl sagt dir, daß du nicht mehr bist wie früher", entgegnete sie. „Ich bin noch dieselbe. Was uns Glück verhieß, als wir noch einer Meinung waren, ist jetzt mit Elend beladen, nun da unsere Herzen getrennt sind. Wie oft und mit welchen Schmerzen ich darüber nachgedacht habe, davon will ich nicht reden. Genug, daß ich darüber nachdachte und daß ich dich freigeben kann."

„Habe ich mich je loszumachen versucht?"

„In Worten freilich nie."

„Und wie sonst?"

„Durch dein verändertes Wesen, durch deinen veränderten Geist, durch eine andere Hoffnung als höchsten Zweck des Daseins – kurz, durch eine Veränderung in allem, was meiner Liebe in deinen Augen Wert verleihen konnte. Wenn das nie zwischen uns gewesen wäre", fuhr das Mädchen fort, indem sie ihm milde, aber fest in die Augen sah, „sage mir, würdest du mich jetzt suchen und dich bemühen, mich zu gewinnen? Ach nein!"

Er schien unwillkürlich die Richtigkeit ihrer Annahme zuzugeben, sagte aber nach einigem Kampf:

„Das ist nicht dein Ernst."

„Der Himmel weiß, ich möchte gern das Gegenteil glauben, wenn ich könnte", antwortete sie. „Aber wenn sogar *ich* diese Wahrheit einsehen lernte, so empfinde ich wohl, wie stark und unwiderstehlich sie sein muß. Kann ich glauben, daß du, wenn du heute oder morgen frei wärest, ein armes Mädchen heiraten würdest – du, der du sogar in den Stunden deiner innigsten Vertraulichkeit alles nach Verdienst und Gewinn abschätzt? Oder wenn du auch für einen Augenblick deinem einzigen leitenden Grundsatz untreu würdest und eine derartige Wahl träfst, müßte ich nicht voraussehen, daß du bald von Reue und Bedauern erfüllt sein würdest? Ich sehe das und gebe dich frei. Mit schwerem Herzen – um der Liebe willen, die ich zu deinem früheren Ich trug."

Er wollte sprechen, aber sie fuhr mit abgewandtem Kopf fort:

„Vielleicht bereitet es dir für den Augenblick Schmerz, und das Andenken an die Vergangenheit läßt mich das halb und halb hoffen. Aber eine kurze, ganz kurze Frist, und du wirst die Erinnerung daran als einen nichtseintragenden Traum freudig aufgeben und dir Glück wünschen, daß du rechtzeitg daraus erwachtest. Mögest du glücklich in dem Leben sein, das du gewählt hast!"

Das Mädchen entfernte sich von seiner Seite und sie schieden.

„Geist", sagte Scrooge, „zeige mir nichts mehr! Führe mich nach Hause. Warum findest du Freude dabei, mich zu quälen?"

Es herrschte ein unglaublicher Tumult, aber niemand schien sich etwas daraus zu machen.

„Nur noch einen einzigen Schatten“, rief der Geist.

„Nein!“ rief Scrooge. „Keinen mehr. Ich wünsche ihn nicht zu sehen. Zeige mir nichts mehr!“

Aber der unerbittliche Geist hielt ihn mit beiden Armen fest und zwang ihn, auf das zu achten, was zunächst vorging.

Sie waren an einem andern Ort – in einem nicht sehr großen oder schönen, wohl aber sehr behaglich ausgestatteten Zimmer. In der Nähe des winterlichen Feuers saß ein schönes junges Mädchen, dem vorigen so ähnlich, daß Scrooge glaubte, es sei dasselbe, bis er sie richtig erkannte. Sie war jetzt eine stattliche Matrone und saß ihrer Tochter gegenüber. Der Lärm in dem Raum war geradezu betäubend, da sich hier mehr Kinder tummelten, als Scrooge in seinem aufgeregten Zustand zählen konnte. Ganz ungleich dem berühmten Rudel in dem Gedicht waren es nicht vierzig Kinder, die sich wie eines benahmen, sondern jedes führte sich im Gegenteil wie vierzig auf. Infolgedessen herrschte ein unglaublicher Tumult, aber niemand schien sich etwas daraus zu machen. Im Gegenteil, die Mutter und die Tochter lachten herzlich darüber und hatten ihre helle Freude daran. Ja, die letztere schloß sich halb den Spielen an und wurde von den jungen Räubern schonungslos geplündert.

Nun ließ sich ein Pochen an der Tür vernehmen, und jetzt erfolgte ein so plötzlicher Aufstand, daß sie mit lachendem Gesicht und zerzausten Kleidern inmitten einer lärmenden Gruppe zur Tür getragen wurde. Sie kamen gerade zur rechten Zeit, um den Vater zu begrüßen, dem ein mit Spielzeug und Weihnachtsgeschenken beladener Mann folgte. Dann der Jubel, der Kampf gegeneinander und der Ansturm, der auf den wehrlosen Lastträger unternommen wurde! Stühle wurden als Leitern benutzt, um an ihm hinaufzusteigen, ihm in die Taschen zu greifen und ihm seine Pakete zu entreißen; am Schal wurde er gefaßt, sein Nakken wurde umschlungen, auf seinem Rücken trommelten sie und stießen gegen seine Beine. Der Jubel der Verwunderung und des Entzückens, mit dem die Öffnung eines jeden Paketchens aufgenommen wurde! Die Freude, die Dankbarkeit und das Entzücken. Alles war gleich unbeschreiblich. Es genügt zu sagen, daß die Kinder mit ihrer Aufregung allmählich aus der Wohnstube hinaus und absatzweise von einer Stufe zur andern nach den obersten Räumen des Hauses kamen, wo sie zu Bett gingen und so zum Schweigen gebracht wurden.

Und jetzt wurde Scrooge immer aufmerksamer, denn der Hausherr, an den sich die Tochter zärtlich anschmiegte, setzte sich mit ihr und der Mutter an seinem häuslichen Herd nieder. Er dachte, ein ebenso anmutiges und hoffnungsvolles Wesen könnte jetzt auch ihn Vater nennen und frischen Wind in den dürren Winter seines Lebens bringen.

„Belle“, sagte der Gatte, sich mit einem Lächeln an seine Frau wendend, „ich habe diesen Nachmittag einen alten Freund von dir gesehen.“

„Wen?“

„Rate einmal.“

„Wie kann ich? Doch halt, ich kann mir's denken“, fügte sie im selben Atemzug hinzu, während sie in sein Lachen einstimmte. „Mr. Scrooge?“

„Ja, Mr. Scrooge. Ich kam an seinem Kontorfenster vorbei; es war nicht geschlossen, und da er Licht hatte, so konnte ich es kaum vermeiden, seiner ansichtig zu werden. Wie ich höre, liegt sein Partner im Sterben, und da sitzt er nun allein – ganz allein in der Welt, glaube ich.“

„Geist“, sagte Scrooge mit gebrochener Stimme, „bring mich weg von hier.“

„Ich sagte dir, das seien nur die Schatten vergangener Dinge“, versetzte der Geist. „Daß sie so sind, wie du sie siehst, kannst du nicht mir zum Vorwurf machen.“

„Bring mich fort!“ rief Scrooge. „Ich kann's nicht ertragen.“

Er wandte sich an den Geist, und als er bemerkte, daß sich auf seinem Gesicht Bruchstücke all der Gesichter, die er ihm gezeigt hatte, in seltsamer Weise miteinander mischten, rang er mit ihm.

„Verlaß mich! Bring mich zurück. Verwirre mich nicht länger.“

Während des Kampfes – wenn es ein Kampf genannt werden konnte, da der Geist, ohne von seiner Seite irgendeinen sichtbaren Widerstand zu leisten, durch alle Anstrengungen seines Gegners ungestört blieb – bemerkte Scrooge, daß sein Licht hoch und hell brannte. Da er eine unklare Vorstellung hatte, daß das irgendwie mit seinem Einfluß über ihn in Verbindung stehe, ergriff er die Löschhornmütze und drückte sie dem Geist hastig auf den Kopf.

Der Geist sank darunter zusammen, so daß das Löschhorn seine ganze Gestalt bedeckte; aber obwohl Scrooge aus Leibeskräften drückte, konnte er doch das Licht, das in einer ununterbrochenen Flut darunter hervor auf den Boden strömte, nicht verdecken.

Er fühlte sich erschöpft und eine unüberwindliche Schläfrigkeit übermannte ihn. Er merkte, daß er in seinem Schlafgemach war und fand kaum noch Zeit, zu seinem Bett zu taumeln, ehe er in einen tiefen Schlaf versank.

Dritte Strophe

Der zweite der drei Geister

In der Mitte eines erstaunlich kräftigen Schnarchens erwachend und sich in seinem Bett aufsetzend, um seine Gedanken zu sammeln, hatte Scrooge es nicht nötig, sich sagen zu lassen, daß die Glocke wieder auf Schlag ein Uhr stand. Er fühlte, daß ihm sein Bewußtsein gerade im rechten Augenblick wiedergegeben worden war, um Rücksprache mit dem zweiten Boten zu halten, der ihm durch Jacob Marleys Vermittlung zugeschickt werden sollte. Als er jedoch fand, daß ihn eine ungewöhnliche Gänsehaut überlief, wenn er darüber nachzudenken begann, welchen von den Vorhängen dieses neue Gespenst wohl zurückziehen würde, schob er sie mit eigenen Händen beiseite und legte sich wieder nieder. Er hielt Umschau rund um das ganze Bett, denn er wünschte, dem Geist im Augenblick seiner Erscheinung zu trotzen, nicht aber sich von ihm überraschen und einschüchtern zu lassen.

Wenn er sich aber fast auf alles gefaßt gemacht hatte, so war er doch keineswegs darauf vorbereitet, *nichts* zu sehen. Als daher die Glocke eins schlug und keine Gestalt erschien, befiehl ihn ein heftiges Zittern. Fünf Minuten, zehn Minuten, eine Viertelstunde vergingen, ohne daß sich etwas zeigte. Diese ganze Zeit über lag er auf seinem Bett, genau im Mittelpunkt eines rötlichen Lichts, das sich über ihn ergoß, als die Uhr die Stunde verkündete; und dieses bloße Licht war weit beunruhigender als ein Dutzend Geister, da er sich nicht erklären konnte, was das zu bedeuten hatte oder worauf es hinaus sollte. Bisweilen wandelte ihn die Furcht an. Endlich begann er jedoch zu denken – wie du, lieber Leser, oder ich gleich anfangs gedacht haben würden; denn stets sind's andere Leute, die genau wissen, was in einer Lage hätte geschehen sollen, und ganz bestimmt auch danach gehandelt haben würden – endlich, sage ich, begann er zu denken, daß die Ursache dieses geheimnisvollen, gespenstischen Lichts sich im anstoßenden Gemach befinden dürfte, von dem es bei weiterer Nachforschung auszustrahlen schien. Diese Vorstellung bemächtigte sich seiner ganz und gar, weshalb er sacht aufstand und in seinen Pantoffeln zur Tür schlich.

Sowie Scrooge seine Hand auf die Klinke legte, rief eine seltsame Stimme ihn beim Namen und hieß ihn eintreten.

Es war sein eigenes Zimmer – das war nicht zu bezweifeln, obgleich eine überraschende Verwandlung damit vorgegangen war. Die Wände und die Decke waren mit lebendigem Grün behangen, so daß der Raum einem Hain glich, in dem von allen Seiten glutrote Beeren glänzten. Die frischen Blätter der Stechpalme, der Mistel und des Efeus ließen das Licht wie aus ebenso vielen kleinen Spiegeln widerstrahlen, und im Kamin loderte ein so gewaltiges Feuer, wie es der versteinerte Herd zu Scrooges oder Marleys Zeiten, ja auch viele, viele Winter vorher nie ähnlich gesehen hatte. Auf dem Boden lagen, zu einer Art Thron aufgehäuft, Truthühner, Gänse, Wildbret, Kapaune, Speckseiten, große Schinken, Spanferkel,

lange Kränze von Würsten, Fleischpasteten, Pflaumenpuddinge, Austernfäßchen, rotglühende Kastanien, rotbackige Äpfel, saftige Orangen, Birnen mit glänzender Schale, ungeheuer große Dreikönigskuchen und dampfende Punschbowlen, die das Gemach mit ihrem köstlich riechenden Duft erfüllten. Auf diesem prunkvollen Ruhebett saß, in nachlässiger Haltung und glorreich anzusehen, ein lustiger Riese, der hoch in seiner Hand eine flammende Fackel hielt. Sie war einem Füllhorn nicht unähnlich, und er ließ ihr Licht auf Scrooge niederfallen, als dieser ins Zimmer hineinguckte.

„Komm herein!" rief der Geist. „Komm herein und lerne mich besser kennen, Mensch!"

Scrooge trat schüchtern ein und ließ den Kopf vor diesem Geist hängen. Er war nicht der störrische Scrooge, der er gewesen, und obgleich die Augen des Geistes klar und freundlich blickten, vermied er es doch, ihnen zu begegnen.

„Ich bin der Geist dieser Weihnacht", sagte die Erscheinung. „Sieh mich an!"

Scrooge gehorchte ehrerbietig. Der Geist war in einen einfachen, tiefgrünen und mit weißem Pelz gesäumten Mantel gehüllt. Das Gewand hing so lose um die Gestalt, so daß die breite Brust bloß war, als verschmähe sie es, sich irgendwie künstlich zu schützen oder zu verhüllen. Die Füße, die unter den weiten Falten hervorsahen, waren gleichfalls nackt, und auf dem Kopf trug der Geist einen Stechpalmenkranz, an dem da und dort funkelnde Eiszapfen hingen. Seine dunkelbraunen Locken waren lang und frei – so frei wie das fröhliche Gesicht, das strahlende Auge, die offene Hand, die heitere Stimme, die zwanglose Haltung und die frohe Miene. Um seinen Leib war eine Degenscheide gegürtet, jedoch steckte keine Waffe darin.

„Du hast mein Abbild nie zuvor gesehen?" rief der Geist.

„Nein", lautete Scrooges Antwort.

„Bist nie mit den jüngeren Gliedern meiner Familie ausgezogen? Ich meine damit meine älteren Brüder, die in den letzten Jahren geboren wurden, denn ich selbst bin sehr jung", fuhr die Erscheinung fort.

„Ich glaube nicht – ich fürchte, daß es nicht der Fall war", entgegnete Scrooge. „Hast du viele Brüder, Geist?"

„Für jedes Jahr seit Christi Geburt einen!" versetzte die Erscheinung.

„Das ist eine schrecklich große Familie, wenn die versorgt werden muß", murmelte Scrooge.

Der Geist der diesjährigen Weihnacht erhob sich.

„Geist", sagte Scrooge unterwürfig, „führe mich, wohin du willst. Ich mußte mir gestern nacht eine Wanderung aufzwingen lassen und habe dabei eine Lehre erhalten, die jetzt in mir nachwirkt. Wenn auch du mich heute etwas zu lehren hast, so will ich Nutzen daraus ziehen."

„Berühre mein Gewand!"

Scrooge tat, wie ihm geheißen wurde, und hielt sich fest.

Stechpalmen, Misteln, rote Beeren, Efeu, Truthühner, Gänse, Wildbret, Kapaune, Speckseiten, Schinken, Ferkel, Würste, Austern, Pasteten, Puddinge, Früchte und Punsch – alles verschwand augenblicklich. Dasselbe geschah mit dem Zimmer, dem Feuer, der roten Glut, der nächtlichen Stunde, und sie standen am Christfestmorgen in den Straßen der Stadt, wo die Leute in der strengen Winterkälte eine rauhe, aber lebhafte und nicht unangenehme Art Musik machten, indem sie den Schnee von dem Pflaster vor ihren Wohnungen und von den Dächern ihrer Häuser abkratzten. Die Jungen sahen mit höchstem Entzücken zu, wie die Schneemassen in die Straßen herunterstürzten und in künstliche kleine Schneestürme zerstoben.

Es lag nichts sehr Fröhliches im Wetter oder in der Stadt, und doch herrschte allenthalben eine Heiterkeit, die die klarste Sommerluft und die glänzendste Sommersonne vergeblich zu verbreiten versucht haben würde.

Denn die Leute, die auf den Hausgiebeln drauflosschaufelten, waren voll Lust und Heiterkeit, riefen einander von den Brüstungen aus zu, wechselten von Zeit zu Zeit einen scherzhaften Schneeball (ein gemütlicheres Wurfgeschoß als mancher Wortscherz) und lachten herzlich, mochten sie nun treffen oder nicht. Die Geflügelläden waren noch halb offen und die Buden der Fruchthändler strahlten in ihrem Glanz. Da waren große, runde, dickbauchige Körbe mit Kastanien, geformt wie die Bäuche lustiger alter Gentlemen, die an den Türen lungerten oder in ihrer Übermästung auf die Straße hinausrollten. Da waren rötliche, braungesichtige, breitgegürtete spanische Zwiebeln, ihrem Umfang nach wie spanische Mönche aussehend und von ihren Gesimsen in übermütiger Schalkhaftigkeit auf die vorbeigehenden Mädchen niederblinzelnd, die schüchtern nach der aufgehängten Mistel in die Höhe blickten. Da gab es Birnen und Äpfel, in hohen Pyramiden aufgeschichtet, Bündel von Trauben, die die Verkäufer wohlwollend von großen Haken niederbaumeln ließen, um den Vorübergehenden gratis den Mund zu wässern, Haufen von Lambertnüssen, moosig und braun, bei deren Duft einem alte Spaziergänge durch die Wälder in die Erinnerung kamen, und wie angenehm es sich durch das knöcheltiefe welke Laub lief.

Und die Spezereiläden! Oh, die Spezereiläden! Sie waren beinahe geschlossen, ein Laden oder auch zwei niedergelassen; aber durch diese Öffnungen solche Schauspiele! Nicht allein, daß die Waagschalen beim Aufstoßen auf den Ladentisch einen so fröhlichen Ton von sich gaben, daß der Bindfaden sich so schnell aus seiner Büchse haspelte, daß die Blechbüchsen auf und nieder rasselten wie Taschenspielergeräte, daß der Duft des Tees und Kaffees so lieblich in die Nase stieg, daß die Rosinen in solcher Fülle dalagen und so ausgesucht schön aussahen, daß die Mandeln so weiß, die Zimtstangen so lang und gerade, die anderen Gewürze so köstlich und die kandierten Früchte so gefleckt mit geschmolzenem Zucker waren, daß sogar die kältesten Zuschauer sich schwach und hinterdrein süchtig fühlten –; auch nicht, daß die Feigen so voller Saft und fleischig waren, daß die Datteln in bescheidener Herbheit in ihren hochdekorierten Schachteln erglühten oder daß alles gut zu essen und in seinem Christfestputz war. Nein, die Kunden waren es, die alle so hastig und so eifrig in der Hoffnungsfülle des Tages unter der Tür zusammenprallten, ihre Weidenkörbe wild aneinanderstießen, ihre Einkäufe auf dem Ladentisch liegen ließen, wieder zurückkamen, um sie zu holen, und in der besten Laune der Welt hundert ähnliche Mißgriffe begingen. Die Krämer und ihre Leute waren es, die sich so frisch und frei gaben, als wären die polierten Herzen, mit denen sie ihre Schürzen hinten befestigten, ihre eigenen, welche sie zur allgemeinen Einsichtnahme außen trügen.

Bald aber riefen die Turmglocken alle guten Leute zur Kirche und Kapelle, und dahin ging's scharenweise durch die Straßen in den besten Kleidern und mit den fröhlichsten Gesichtern. Zu gleicher Zeit tauchten aus Dutzenden von Straßen, Gassen und namenlosen Ecken unzählige Leute auf, die ihr Mittagessen zu den Bäckerläden trugen. Der Anblick dieser armen Schwelger schien den Geist sehr zu interessieren, denn er trat mit Scrooge unter die Tür eines Bäckers, nahm den Trägern die weißen Tücher über ihren Töpfen ab und sprengte aus seiner Fackel Weihrauch auf die Gerichte. Es war eine ganz ungewöhnliche Art von Fackel, denn als ein- oder zweimal ein paar Leute aneinandergestoßen waren und ein zorniger Wortwechsel zwischen ihnen entstand, ließ er nur einige Tropfen daraus auf sie niederfallen, und ihre gute Laune war augenblicklich wiederhergestellt. Sie sagten dann, es sei eine Schande, am Christfest Streit anzufangen, und das war es auch – Gott segne sie, das war es!

Einige Zeit später hörten die Glocken auf zu läuten und die Bäckerläden wurden geschlossen. Doch war ein fröhliches Anzeichen aller dieser Gerichte und des Verlaufs ihres Backens in dem auftauenden nassen Fleck vor jedem Bäckerofen wahrzunehmen, wo das Pflaster dampfte, als ob seine Steine gleichfalls kochten.

„Liegt vielleicht ein besonderer Wohlgeschmack in dem, was du aus deiner Fackel schüttest?" fragte Scrooge.

„Ja, 's ist mein eigener."

„Und paßt er zu jeder Art von Mittagessen am heutigen Tag?" fragte Scrooge.

„Zu jedem, das gern gegeben wird – am besten aber zu einem armen."

„Warum am besten zu einem armen?" fragte Scrooge.

„Weil es dessen am meisten bedarf."

„Geist", sagte Scrooge nach kurzem Nachdenken, „es wundert mich, daß von allen Wesen in den vielen Welten um uns gerade du soviel Verlangen trägst, diesen Leuten die Gelegenheit zu unschuldiger Freude zu verkümmern."

„Ich?" rief der Geist.

„Beraubst du sie nicht an jedem siebten Tag der Mittel, zu Mittag zu essen – oft dem einzigen Tage, von dem sich überhaupt sagen läßt, daß sie zu Mittag essen können?" sagte Scrooge. „Tust du das nicht?"

„Ich?" rief der Geist.

„Suchst du nicht am siebten Tag diese Orte zu schließen?" fuhr Scrooge fort. „Und kommt das nicht auf dasselbe hinaus?"

„*Ich* sollte das tun?" rief der Geist.

„Vergib mir, wenn ich unrecht habe. Immerhin ist's aber in deinem Namen oder wenigstens im Namen deiner Familie geschehen", sagte Scrooge.

„Es gibt einige auf dieser eurer Erde", entgegnete der Geist, „die so tun, als kennten sie uns – Leute, die die Werke ihrer Leidenschaften, ihres Stolzes, ihrer Mißgunst, ihres Hasses, ihres Neides, ihrer Heuchelei und ihrer Selbstsucht in unserem Namen üben – Leute, die uns und unserer Verwandtschaft so fremd sind, als ob sie nie gelebt hätten. Merke dir das und lege ihr Treiben ihnen selbst, nicht aber uns zur Last.

Scrooge versprach das, und sie gingen, unsichtbar wie bisher, in die Vorstädte von London. Wie Scrooge bereits in dem Bäckerladen bemerkt hatte, war es eine merkwürdige Eigenschaft des Geistes, daß er ungeachtet seiner riesigen Körpergröße mit Leichtigkeit an jedem Ort zurechtkam; er stand unter einem niedrigen Dach genau so anmutig, als wenn er sich in der stolzesten Halle befunden hätte.

Und vielleicht machte es dem guten Geist ein besonderes Vergnügen, sich in dieser Eigenschaft zu zeigen, oder aber es war seine wohlwollende, edle, warmherzige Art und sein Mitgefühl mit allen Armen, die ihn schnurstracks zu der Behausung von Scrooges Gehilfen führten. Denn dahin begab er sich jetzt, Scrooge, der sich an seinem Gewand festhielt, mit sich nehmend. Auf der Schwelle lächelte der Geist und blieb stehen, um Bob Cratchits Wohnung mit einigen Tropfen aus seiner Fackel zu segnen. Man denke nur! Bob hatte nur fünfzehn Schilling wöchentlich, und doch segnete der Geist sein Haus mit den vier Stübchen.

Dann erhob sich Mrs. Cratchit, Cratchits Frau, die ein ärmliches, zweimal gewendetes Kleid trug, aber trotz aller Einfachheit noch ordentlich Staat damit machte. Sie legte mit ihrer zweiten Tochter Belinda Cratchit das Tischtuch auf, während Master Peter Cratchit mit der Gabel in die Kartoffelpfanne langte. Dabei gerieten ihm die Spitzen seines ungeheuren Stehkragens (Bobs Privateigentum, das der Sohn zu Ehren des Tages tragen durfte) in die Mundwinkel und erinnerten ihn daran, wie fein er ausstaffiert war, so daß der sehnsüchtige Wunsch in ihm erweckt wurde, sein feines Weißzeug in den Londoner Parks zeigen zu können. Und nun kamen zwei kleinere Cratchits, ein Junge und ein Mädchen, hereingestürmt und schrieen, sie hätten vor dem Bäckerladen die Gans gerochen und gleich erkannt, daß es die ihrige sei. In der Vorfreude auf Salbei und Zwiebeln tanzten sie um den Tisch und erhoben Master Peter Cratchit bis in die Wolken, während dieser in das Feuer blies, bis die Kartoffeln aufwallten und, laut klopfend, herausgelassen und geschält zu werden verlangten.

„Wo mag nur Vater bleiben?" sagte Mrs. Cratchit. „Und euer Bruder Tiny Tim. Auch Martha ist am letzten Christfest um eine halbe Stunde früher gekommen."

„Hier ist Martha, Mutter!" sagte ein Mädchen, das gerade hereinkam.

„Da ist Martha, Mutter", riefen die beiden jungen Cratchits. „Hurra! Wir haben eine *solche* Gans, Martha!"

„Ei Gott behüte, mein Kind, wie spät du kommst!" sagte Mrs. Cratchit unter wiederholten Küssen, während sie ihr mit geschäftigem Eifer Hut und Schal abnahm.

„Wir mußten gestern bis in die späte Nacht arbeiten", versetzte das Mädchen, „und hatten dann diesen Morgen aufzuräumen, Mutter!"

„Nun, schon gut, wenn du nur da bist", entgegnete Mrs. Cratchit. „Setz dich ans Feuer, mein Kind, und wärme dich."

„Nein, nein! Da kommt der Vater", riefen die beiden jungen Cratchits, die überall zugleich waren. „Versteck dich, Martha, versteck dich!"

Martha versteckte sich, und der kleine Bob, der Vater, kam herein. Sein Schal hing wenigstens drei Fuß lang herab, sein fadenscheiniger Anzug war ausgebessert und gebürstet, damit er festlich aussähe, und Tiny Tim saß auf seiner Schulter. Der arme Tiny Tim! Er trug eine kleine Krücke, und um seinen Leib hatte er ein eisernes Gestell!

„Wo ist unsere Martha?" rief Bob Cratchit umherschauend.

„Sie kommt nicht", versetzte Mrs. Cratchit.

„Sie kommt nicht?" entgegnete Bob, und seine Heiterkeit schwand plötzlich dahin, denn

er war auf dem ganzen Weg von der Kirche her Tims galoppierendes Vollblutpferd gewesen. „Sie kommt am Christfest nicht nach Hause?"

Martha tat es leid, ihn enttäuscht zu sehen, wenn es auch nur ein Scherz war; sie kam hinter der Schranktür hervor und eilte in seine Arme, während die beiden Cratchits Tiny Tim zur Küche mit fortrissen, damit er den Pudding im Kessel sähe.

„Und wie hat sich der kleine Tim aufgeführt?" fragte Mrs. Cratchit, nachdem sie Bob wegen seiner Leichtgläubigkeit geneckt und dieser seine Tochter nach Herzenslust umarmt hatte.

„Wie ein Engel", versetzte Bob, „und besser noch. Ich weiß nicht – vermutlich weil er soviel allein ist, wird er sehr gedankenvoll und denkt die seltsamsten Dinge, von denen du je gehört hast. Auf dem Heimweg sagte er mir, er hoffe, die Leute in der Kirche hätten ihn gesehen, weil er ein Krüppel wäre, und es könne ihnen lieb sein, sich am Christfest an den zu erinnern, der lahme Bettler gehen und blinde Menschen sehen machte."

Bobs Stimme zitterte, als er das erzählte, noch mehr aber, als er sagte, daß Tiny Tim jetzt stark und kräftig werde.

Die rührige kleine Krücke wurde auf dem Flur draußen hörbar, und ehe noch ein weiteres Wort gesprochen wurde, kam Tiny Tim herein. Sein Bruder und seine Schwester führten ihn zu seinem Schemel neben dem Feuer. Dann krempelte Bob seine Ärmel auf – armer Kerl, als ob sie noch schäbiger hätten werden können –, mischte in einem Krug ein heißes Getränk aus Wacholderbranntwein und Zitronensaft, rührte es um und um und setzte es auf den Kamin, um es sieden zu lassen. Unterdessen gingen Master Peter und die beiden allgegenwärtigen jungen Cratchits fort, um den Gänsebraten zu holen, und kehrten halb in feierlicher Prozession damit zurück.

Nun folgte ein so frohes Getümmel, daß man hätte glauben können, eine Gans sei der seltenste von allen Vögeln, ein gefiedertes Wundertier, gegen das ein schwarzer Schwan gar

Er war auf dem ganzen Weg von der Kirche her Tims galoppierendes Vollblutpferd gewesen.

nichts bedeute: und in der Tat, in diesem Haus war sie auch ein seltenes Wunder. Mrs. Cratchit ließ die Soße, die schon vorher in einer kleinen Pfanne bereitgestanden hatte, aufkochen, Master Peter zerdrückte die Kartoffeln mit unglaublicher Kraft, Miß Belinda tat Zucker an die Apfelsoße, Martha fuhr mit einem Tuch über die gewärmten Teller, Bob nahm Tiny Tim neben sich an eine winzige Tischecke, und die beiden jungen Cratchits stellten für jeden einen Stuhl an den Tisch, ohne dabei sich selber zu vergessen. Endlich wurden die Schüsseln aufgetragen und das Gebet gesprochen. Es folgte eine atemlose Pause, während der Mrs. Cratchit das Vorlegemesser von allen Seiten betrachtete und sich anschickte, es dem Vogel in die Brust zu stoßen. Als das endlich geschah und die langerwartete Füllung hervorbrach, lief ein Murmeln des Entzückens um den ganzen Tisch, und sogar Tiny Tim schlug, von den beiden jungen Cratchits aufgemuntert, mit dem Griff seines Messers auf den Tisch und rief matt: „Hurra!"

Nie hatte es eine solche Gans gegeben. Bob sagte, er glaube nicht, daß je eine ähnliche zubereitet worden sei. Die Zartheit, der Wohlgeschmack, die Größe und der Preis – das alles rief allgemeine Bewunderung hervor. Zusammen mit der Apfelsoße und dem Kartoffelbrei gab die Gans ein ausreichendes Mittagessen für die ganze Familie ab, und Mrs. Cratchit bemerkte sogar vor Freude, während sie einen winzigen noch auf der Platte liegenden Knochen betrachtete, sie hätten den Braten nicht einmal ganz aufgezehrt! Jedenfalls waren alle satt geworden, besonders die jüngsten Cratchits, die bis hinter die Ohren voll Salbei und Zwiebelbrühe waren.

Aber jetzt wurden von Miß Belinda die Teller gewechselt, und Mrs. Cratchit, zu nervös, um Zuschauer zu ertragen, verließ ganz allein das Zimmer, um den Pudding zu holen und ihn hereinzubringen.

Wenn er etwa nicht gar wäre! Wenn er beim Herausnehmen auseinanderfiele! Wenn gar jemand über die Mauer des Hinterhofs gestiegen und ihn gestohlen hätte, während sie sich bei der Gans gütlich taten – eine Besorgnis, über die die beiden jungen Cratchits leichenblaß wurden! Kurz, man malte sich alle nur erdenklichen Schrecken aus.

Hallo! Eine mächtige Dampfwolke! Der Pudding war aus der Form. Ein Geruch wie aus einem Speisehaus, dessen Nachbarn ein Pastetenkoch und eine Wäscherin sind! Das war der Pudding.

Eine halbe Minute später trat Mrs. Cratchit mit gerötetem Gesicht und stolzem Lächeln ein; sie trug den Pudding, der wie eine gescheckte Kanonenkugel aussah, kompakt und von angezündetem Branntwein umgeben, während oben zum Schmuck ein Stechpalmenzweig steckte.

Oh, ein wundervoller Pudding! Bob Cratchit sagte, und obendrein mit aller Ruhe, so gut sei seiner Frau seit ihrer Hochzeit nichts geraten. Mrs. Cratchit erklärte, ihr sei ein Stein vom Herzen gefallen, denn sie wolle gern gestehen, daß sie ihre Zweifel gehabt habe wegen der Menge des Mehls. Jeder hatte etwas darüber zu sagen, aber niemand sagte oder dachte, daß es doch nur ein kleiner Pudding für eine so große Familie sei. Das wäre schnöde Ketzerei gewesen, und jeder einzelne der Familie Cratchit würde schon bei dem Gedanken daran errötet sein.

Endlich war das Essen vorüber; das Tischtuch wurde abgenommen, der Herd gefegt und das Feuer nachgelegt. Man kostete nun das Gemisch im Krug und fand es vortrefflich. Auf

Der Pudding, der wie eine gescheckte Kanonenkugel aussah

den Tisch kamen Äpfel und Orangen, und auf das Feuer wurde ein Röstblech voll Kastanien gelegt. Dann scharte sich die ganze Familie Cratchit um den Herd – im Kreis, wie es Bob Cratchit nannte, obwohl es nur ein Halbkreis war; und neben Bob Cratchits Ellbogen stand der ganze Reichtum der Familie an gläsernem Geschirr – zwei Trinkgläser und ein Becher ohne Henkel.

Das heiße Getränk aus dem Krug schmeckte jedoch so köstlich daraus, als hätte es in goldenen Bechern gedampft, und Bob verteilte es mit leuchtenden Blicken, während die Kastanien auf dem Feuer zischten und prasselten. Dann brachte Bob einen Trinkspruch aus:

„Frohe Weihnachten, meine Lieben! Gott segne uns!"

Die ganze Familie stimmte darin ein.

„Gott segne uns samt und sonders", ließ sich Tiny Tim zuletzt vernehmen.

Er saß auf seinem Schemelchen dicht neben seinem Vater. Bob hielt seine welke kleine

Hand in der seinigen, als wünsche er das Kind an seiner Seite zu behalten, obwohl er fürchte, es könnte ihm entrissen werden.

„Geist“, sagte Scrooge mit einer Anteilnahme, die er nie zuvor gefühlt hatte, „sage mir, ob Tiny Tim am Leben bleiben wird.“

„Ich sehe einen leeren Sitz in der ärmlichen Kaminecke“, versetzte der Geist, „und eine Krücke ohne Eigentümer, die sorgfältig aufbewahrt wird. Wenn die Zukunft nicht diese Schatten ändert, wird das Kind sterben.“

„Nein, nein!“ entgegnete Scrooge. „Oh nein, freundlicher Geist, sage, daß er verschont bleiben wird!“

„Wenn diese Schatten nicht durch die Zukunft geändert werden, so wird ihn keiner meiner Brüder wieder hier finden“, sprach der Geist. „Was willst du auch? Wenn er nun einmal sterben muß, so mag er es nur tun und die überschüssige Bevölkerung vermindern.“

Scrooge senkte den Kopf, als er den Geist seine eigenen Worte anführen hörte, und empfand bittere Reue.

„Mensch“, sagte der Geist, „wenn du nicht etwa einen Stein statt eines menschlichen Herzens in deiner Brust trägst, so höre auf mit solchen vermessenen Reden, bis du entdeckt hast, was und wo der Überschuß ist. Willst du entscheiden, welche Menschen leben und welche sterben sollen? Möglich, daß in den Augen des Himmels du weit wertloser und des Lebens unwürdiger bist als Millionen, die dem Kind dieses armen Mannes gleichen. Oh Gott! Man höre das arme Insekt auf dem Baum, das erklärt, es gäbe zuviel Leben unter seinen hungrigen Brüdern im Staub!“

Scrooge beugte sich unter dem Vorwurf des Geistes und sah zu Boden, hob die Augen aber wieder, als er seinen eigenen Namen nennen hörte.

„Auf Mr. Scrooges Gesundheit!“ sagte Bob. „Wir wollen auf Mr. Scrooges Gesundheit trinken, des Urhebers dieses Festschmauses.“

„Jawohl, des Urhebers dieses Festschmauses!“ rief Mrs. Cratchit errötend. „Ich wollte, ich hätte ihn hier. Ich würde ihm ein Stückchen auf meine Art geben, an dem er sich laben könnte; möchte er es dann gut verdauen.“

„Meine Liebe“, versetzte Bob. „Die Kinder. Das Christfest.“

„Es muß wahrhaftig Christfest sein“, sagte sie, „um auf die Gesundheit eines solchen garstigen, filzigen, harten und gefühllosen Mannes, wie Mr. Scrooge ist, zu trinken. Du weißt, daß ich ihm nicht unrecht tue, Robert! Niemand weiß das besser als du, armer Mann!“

„Meine Liebe“, lautete Bobs milde Antwort, „’s ist Christfest.“

„Dir zuliebe und des Tages wegen will ich auf seine Gesundheit trinken“, sagte Mrs. Cratchit; „aber nicht um seinetwillen. Möge er lange leben! Frohe Weihnachten und ein glückliches Neujahr! – Ich zweifle nicht, daß er sehr froh und sehr glücklich sein wird.“

Das war der erste Vorgang an diesem Abend, in dem nichts von Herzlichkeit zu spüren war. Tiny Tim trank zuletzt, aber er machte sich nichts daraus. Scrooge war der Werwolf der Familie. Die Erwähnung seines Namens warf einen dunklen Schatten auf die Gesellschaft, der sich volle fünf Minuten lang nicht verscheuchen lassen wollte.

Nachdem er entschwunden, waren sie zehnmal fröhlicher als zuvor, nur weil sie mit dem garstigen Scrooge fertig waren. Bob Cratchit sagte ihnen, er habe eine Stelle für Master Peter im Auge, die, wenn seine Hoffnungen nicht fehlschlügen, volle fünf Schilling und sechs

Pence einbringen dürfte. Die beiden jungen Cratchits lachten aus vollem Hals über den Gedanken, daß Peter ein Geschäftsmann werden sollte, und Peter selbst blickte zwischen seinen Hemdkragenspitzen gedankenvoll nach dem Feuer, als ob er überlegte, wie er sein Kapital anlegen wollte, wenn er in den Besitz dieses ungeheuren Einkommens gelangte. Martha, die als Lehrmädchen bei einer Putzmacherin arbeitete, erzählte nun, was sie genäht und wieviele Stunden sie in einem fort gearbeitet habe. Morgen wolle sie aber einmal lange im Bett liegen, denn am folgenden Tag hatte sie frei und konnte zu Hause bleiben. Tags zuvor hätte sie eine Gräfin und einen Lord gesehen, und der Lord sei ungefähr so groß wie Peter – eine Bemerkung, bei der Peter seine Kragenspitzen so sehr in die Höhe zupfte, daß sein Kopf ganz darin verschwand. Während dieser ganzen Zeit gingen die Kastanien und der Krug im Kreis herum, und zwischendurch sang Tiny Tim mit seinem klagenden Stimmchen ein Lied.

Das Ganze hatte durchaus keinen feinen Anstrich. Es war keine schöne Familie – sie sahen keineswegs elegant aus, ihre Schuhe waren nicht wasserdicht, ihre Kleider waren dürftig, und Master Peter wußte aller Wahrscheinlichkeit nach ganz gut Bescheid, wie es im Laden eines Pfandleihers aussah. Aber sie waren glücklich und dankbar, voller Liebe zueinander und zufrieden mit der Zeit, und als unter dem hellen Träufeln der Geisterfackel die Gestalten entschwanden, hielt Scrooge bis zuletzt seine Augen auf die glücklichen Gesichter geheftet – besonders aber auf Tiny Tim.

Mittlerweile war es dunkel geworden und der Schnee fiel in großen Flocken nieder. Während Scrooge und der Geist durch die Straßen gingen, bot der Glanz der lodernden Feuer aus den Küchen und Wohnzimmern einen herzerfreuenden Anblick dar. Hier zeigte das Flackern der Flamme Vorbereitungen für eine leckere Mahlzeit mit heißen Schüsseln, die vor dem Feuer durch und durch buken, während die tiefroten Vorhänge gerade zugezogen wurden, um die Kälte und Dunkelheit auszuschließen. Dort liefen alle Kinder des Hauses in den Schnee hinaus, um als erste ihre verheirateten Schwestern, Brüder, Vettern, Onkel und Tanten zu begrüßen. Da sah man an der Fensterblende die Schatten sich versammelnder Gäste, und dort trippelte eine Gruppe plaudernder schöner Mädchen in Mänteln und Pelzstiefeln einem Nachbarhaus zu, und dort – wehe dem unverheirateten Mann, der die schalkhaften Hexen eintreten sah! Sie wußten es wohl und waren voller Freude darüber.

Aber wenn man aus der Zahl der Leute, die sich auf dem Weg zu geselligen Zusammenkünften befanden, einen Schluß ziehen durfte, so hätte man glauben sollen, daß niemand zu Hause sei, um sie bei ihrer Ankunft willkommen zu heißen. Und dabei erwartete man doch in jedem Haus Gesellschaft, und in den Kaminen wurde eingeheizt, daß die Kohlen sich bis fast in den Schornstein hinein häuften. Wie freute sich der Geist! Wie entblößte er seine breite Brust, öffnete seine weite Handfläche und schwebte dahin, über alles, was in seinen Bereich kam, seine herzliche und harmlose Fröhlichkeit ausgießend! Sogar der Lampenanzünder, der dahineilte, um die dunkle Straße mit hellen Lichtpunkten zu besäen, und gleichfalls gekleidet war, als wolle er den Abend irgendwo zubringen, lachte laut auf, als der Geist an ihm vorbeikam; und doch lachte er nur, weil Weihnachten war.

Auf einmal standen sie unversehens auf einem kalten, einsamen Moor, wo ungeheure Massen unförmigen Gesteins umherlagen, als wäre es ein Friedhof für Riesen. Der Frost hielt das Wasser, das sich überallhin in kleinen Rinnsalen ausgebreitet hatte, gefangen, und wohin sie blickten, wuchs nichts als Moos und Ginster und struppiges, wildwucherndes Gras. Drunten im Westen hatte die Sonne einen feurigen, roten Streifen zurückgelassen, der für einen Augenblick wie ein totes Auge auf die Öde niederstarrte.

„Wo sind wir hier?“ fragte Scrooge.

„An einem Ort, wo Bergleute leben, die in den Eingeweiden der Erde arbeiten“, antwortete der Geist. „Aber sie kennen mich. Sieh!“

Ein Licht schien aus dem Fenster einer Hütte, der sie sich rasch näherten. Die Wände bestanden aus Lehm und Steinen, und als sie eintraten, fanden sie eine heitere Gesellschaft um ein loderndes Feuer versammelt. Um einen steinalten Mann mit seiner gleich alten Frau scharten sich seine Kinder, Enkel, Urenkel und Ururenkel, alle mit ihren Festtagskleidern angetan. Der Greis sang ihnen mit einer Stimme, die nur selten das Heulen des Windes auf der starren Einöde übertönte, ein Weihnachtslied, das schon gesungen wurde, als er noch ein Knabe war, und seine Umgebung stimmte von Zeit zu Zeit als Chor mit ein. Sobald sie ihre Stimmen erhoben, wurde auch der alte Mann ganz rüstig und laut; aber wenn sie aufhörten, sank augenblicklich auch seine Kraft.

Der Geist weilte hier nicht lange, sondern forderte Scrooge auf, sich an seinem Gewand festzuhalten, worauf er das Moor kreuzte – wohin? Doch nicht auf die See hinaus? Ja, auf die See hinaus. Zu seinem Entsetzen sah Scrooge, als er zurückblickte, eine furchtbare Reihe von Klippen hinter sich, und seine Ohren wurden betäubt durch das Donnern der Wogen, die unter den tiefen, ausgewühlten Höhlen rollten, brüllten und tobten.

Auf einem Riff, vom Ufer etwa eine Stunde entfernt, wo sich das ganze Jahr hindurch die wilden Wellen brachen, stand ein einsamer Leuchtturm. Große Haufen von Seegras umgaben das Gemäuer, und Sturmvögel hoben und senkten sich darum her, gleich den steigenden und fallenden Wogen des Meeres.

Aber auch hier hatten die beiden Männer, die den Leuchtturm bewachten, ein Feuer angezündet, das durch das Luftloch in der dicken Steinmauer einen Strahl von Helligkeit auf die wilde See hinauswarf. Über dem rauhen Tisch, an dem sie saßen, drückten sie sich die schwieligen Hände und wünschten sich gegenseitig bei ihrer Kanne Grog Frohe Weihnachten, und der eine, noch obendrein der ältere, mit einem Gesicht, das vom rauhen Wetter so mitgenommen war wie die Bugfigur eines alten Schiffes, stimmte ein kerniges Lied an, das selbst wie ein Sturmwind dahinbrauste.

Wieder eilte der Geist weiter über die schwarze, wogende See – weiter und weiter –, bis sie sich endlich in großer Ferne auf einem Schiff niederließen. Der Steuermann am Rad, der Ausguck im Bug, die Offiziere, die die Wache hatten, düstere Gestalten auf ihren verschiedenen Posten – jeder von ihnen summte ein Weihnachtslied, hatte einen Weihnachtsgedanken oder erzählte seinem Kameraden mit gedämpfter Stimme von vergangenen Weihnachtstagen und den heimatlichen Erinnerungen, die sie weckten. Und jedermann an Bord, mochte er nun wachen oder schlafen, gut oder schlimm sein, hatte an diesem Tag im Jahr ein freundlicheres Wort für seine Gefährten als sonst, nahm teil an den Festlichkeiten, gedachte seiner fernen Lieben und war sich bewußt, daß sie sich jetzt auch seiner erinnerten.

Während Scrooge noch auf das Stöhnen des Windes lauschte und Betrachtungen darüber anstellte, wie feierlich es sei, durch die totenstille Finsternis über unbekannte Abgründe hinzuschweben, deren Tiefen so voll unerforschlicher Geheimnisse sind, war er nicht wenig erstaunt, ein herzliches Lachen zu hören. Seine Überraschung steigerte sich, als er die Stimme seines Neffen erkannte und sich in einem hellen, trockenen Zimmer sah. Der Geist stand lächelnd an seiner Seite und blickte diesen Neffen mit beifälliger Freundlichkeit an.

„Ha, ha", lachte Scrooges Neffe. „Ha, ha, ha!"

Es ist eine schöne, ausgleichende, edle Einrichtung der Natur, daß, während in Krankheit und Schmerz Ansteckung liegt, sich nichts in der Welt so unwiderstehlich mitteilt wie Gelächter und gute Laune. Als Scrooges Neffe in dieser Weise lachte, sich die Seiten haltend, den Kopf vergnügt schüttelnd und sein Gesicht zu den seltsamsten Grimassen verziehend, da mußte auch Scrooges angeheiratete Nichte ebenso herzlich lachen wie er. Auch die versammelten Freunde standen um kein Haar zurück und brüllten vor Lachen.

„Ha, ha! Ha, ha, ha, ha!"

„So wahr ich lebe, er sagte, Weihnachten wäre dummes Zeug!" rief Scrooges Neffe. „Und wahrhaftig, er glaubte es auch."

„Um so mehr sollte er sich schämen, Fred", versetzte Scrooges Nichte unwillig.

Sie war sehr hübsch – ungemein hübsch, hatte ein reizendes Gesicht voller Grübchen, das stets einen überraschten Ausdruck trug, ein kirschrotes Mündchen, das zum Küssen gemacht zu sein schien (und wahrscheinlich auch dazu benutzt wurde), alle Arten hübscher kleiner Tüpfelchen um das Kinn, die beim Lachen ineinanderschmolzen, und das sonnigste Augenpaar, das man je in dem Gesicht eines so lieben Wesens sehen konnte. Kurz, sie war das, was man reizend nennt; aber dabei war sie auch befriedigend – oh, in jeder Beziehung befriedigend.

„Er ist ein schnurriger alter Kauz", sagte Scrooges Neffe, „das muß wahr sein – und nicht ganz so angenehm, wie man wünschen möchte. Indes tragen seine Abgeschmacktheiten ihre Strafe in sich selber, und ich habe nichts gegen ihn einzuwenden."

„Er muß wohl sehr reich sein, Fred", bemerkte Scrooges Nichte. „Wenigstens habe ich dich immer so sagen hören."

„Wozu ist das gut, mein Herz?" versetzte Scrooges Neffe. „Sein Reichtum nützt ihm doch nichts. Er erweist niemand eine Wohltat damit, er gönnt sich selber keinen Genuß, und er kann sich nicht an dem Gedanken erfreuen – ha, ha, ha! –, daß er jemals *uns* etwas Gutes damit tun wird."

„Ich verstehe ihn nicht", entgegnete Scrooges Nichte.

Und die Schwestern von Scrooges Nichte, wie sämtliche übrigen Damen, ließen sich in demselben Sinne vernehmen.

„Oh, aber ich!" sagte Scrooges Neffe. „Er tut mir leid und ich kann ihm nicht böse sein, wenn ich auch wollte. Wer leidet unter seinen schlimmen Launen? Niemand als er selbst. Da hat er sich's in den Kopf gesetzt, uns zu ärgern, und deshalb kommt er nicht, um mit uns zu speisen. Was ist die Folge davon? Es entgeht ihm zwar kein besonderes Essen, aber ..."

„Ich glaube, daß ihm ein sehr gutes Essen entgeht", erwiderte Scrooges Nichte.

Alle Anwesenden sagten dasselbe, und man mußte zugeben, daß sie zuständig waren, darüber zu urteilen. Denn das Essen war eben vorüber, und sie saßen, das Dessert auf dem Tisch, beim Licht der Lampe um das Feuer herum.

„Es freut mich, das zu hören", versetzte Scrooges Neffe, „weil ich eben kein großes Vertrauen zu den Fähigkeiten so junger Hausfrauen habe. Was meinen Sie, Topper?"

Topper hatte offenbar ein Auge auf eine der Schwestern von Scrooges Nichte geworfen, denn er antwortete, ein Junggeselle sei ein elend Ausgestoßener, der kein Recht habe, eine Ansicht über diese Sache zu äußern, worüber die eine Schwester von Scrooges Nichte – die rundliche mit dem Spitzenkragen, nicht die mit den Rosen – errötete.

„So fahre doch fort, Fred“, sagte Scrooges Nichte, und klatschte in die Hände. „Er spricht nie zu Ende, was er angefangen hat! Er ist so ein komischer Kerl!“

Scrooges Neffe brach wieder in Lachen aus, und da man unmöglich der Ansteckung widerstehen konnte, folgte man einmütig seinem Beispiel.

„Ich wollte nur sagen“, fuhr Scrooges Neffe fort, „daß seine Abneigung gegen uns und seine Weigerung, mit uns fröhlich zu sein, lediglich die Folge für ihn hat, ihn um einige vergnügte Augenblicke zu bringen, die ihm nicht hätten schaden können. Ich bin überzeugt, es entgeht ihm eine angenehmere Gesellschaft, als er sie in seinen Gedanken findet, mag er in seinem moderigen alten Kontor oder seiner finsteren Wohnung sitzen. Ich gedenke, ihm jedes Jahr dieselbe Wahl zu lassen, mag er nun Gebrauch davon machen oder nicht, denn ich bemitleide ihn. Meinetwegen mag er bis zu seinem Tod über das Christfest spotten, aber er muß doch in seinem Innern besser davon denken, wenn ich Jahr um Jahr in guter Laune zu ihm gehe und sage: ‚Onkel Scrooge, wie geht es Ihnen?‘ Wenn ihn das nur auf den Einfall bringt, seinem armen Gehilfen fünfzig Pfund zu hinterlassen, dann ist schon etwas erreicht; und ich denke, ich habe ihn gestern erschüttert.“

Die Gesellschaft lachte bei der Behauptung, er habe Scrooge mit etwas erschüttern können. Da er aber ein gutmütiger Mensch war und sich nicht darum kümmerte, über wen seine Gäste lachten, wenn sie nur lachten, so ermutigte er sie in ihrer Heiterkeit und ließ fröhlich die Flasche herumgehen.

Nach dem Tee machten sie ein wenig Musik, denn sie waren eine musikalische Familie und wußten, was sie taten, wenn sie einen Kanon oder einen Rundgesang anstimmten – namentlich Topper, der einen Baß brummen konnte so gut wie keiner, ohne daß die großen Adern auf seiner Stirn anschwollen oder er rot im Gesicht wurde. Scrooges Nichte spielte hübsch Harfe und gab unter anderen Stücken ein einfaches Liedchen zum besten – man konnte es in zwei Minuten pfeifen lernen –, welches das Kind gern gesungen hatte, das Scrooge aus der Schule holte, wie der Geist der vergangenen Weihnacht ihm wieder vor Augen geführt hatte. Bei dem Klang dieser Musik zogen alle früheren Bilder, die ihm jener Geist gezeigt hatte, wieder vor ihm vorüber, und er fühlte sich immer milder und milder werden. Er dachte, wenn er vor Jahren öfter darauf gehört haben würde, so hätte er die freundlichsten Dinge des Lebens zu seinem Glück mit eigenen Händen pflegen können, ohne dazu den Spaten des Totengräbers zu brauchen, der Jacob Marley eingescharrt hatte.

Sie widmeten jedoch nicht den ganzen Abend der Musik. Nach einer Weile spielten sie Pfänder, denn es ist bisweilen gut, Kind zu sein, und nie besser als an Weihnachten, wo der Stifter des Festes selbst noch ein Kind war. Halt, gab es nicht noch ein Spiel, das Blindekuh hieß? Oh freilich! Und ich glaube wahrhaftig ebensowenig, daß Topper wirklich blind war, wie ich glaube, daß er Augen an seinen Stiefeln hatte. Meine Ansicht ist, daß sich's hier um eine abgekartete Sache zwischen ihm und Scrooges Neffen handelte und daß der Geist dieser Weihnacht darum wußte. Die Art und Weise, wie er hinter der rundlichen Schwester in dem Spitzenkragen her war, war eine starke Zumutung für die Leichtgläubigkeit der

Er wußte stets, wo die rundliche Schwester war, und wollte niemand anderes fangen.

menschlichen Natur. Er warf Schüreisen herab, stolperte über die Stühle, prallte gegen das Piano, verwickelte sich in den Vorhängen – aber wo sie sich befand, war auch er. Er wußte stets, wo die rundliche Schwester war, und wollte niemand anderes fangen. Einige liefen ihm absichtlich direkt in die Arme, aber er tat nur so, als wolle er sie greifen, wobei es ihm offensichtlich so wenig Ernst damit war, daß es geradezu eine Beleidigung für den Verstand der Mitspielenden bedeutete, und machte sich augenblicklich wieder davon, der rundlichen Schwester nach. Sie rief oft, das sei kein ehrliches Spiel, und sie hatte auch wahrhaftig recht. Aber als er sie endlich haschte, als er sie, trotz des Rauschens ihres seidenen Kleides und den Versuchen, hurtig an ihm vorbeizukommen, in eine Ecke drängte, wo sie nicht entwischen konnte, war sein Benehmen ganz abscheulich. So zu tun, als ob er sie nicht kenne, sich anzustellen, als ob es nötig sei, ihren Kopfputz zu berühren und sich ihrer Person dadurch zu versichern, daß er einen gewissen Ring an ihrem Finger und eine gewisse Kette um ihren Hals untersuchte – nein, das war schlecht und ungeheuerlich! Ohne Zweifel las sie ihm auch tüchtig die Leviten dafür, als sie, während eine andere „Blindekuh" im Amt war, vertraulich miteinander hinter den Vorhängen standen und noch vertraulicher miteinander flüsterten und scherzten.

Scrooges Nichte beteiligte sich nicht an dem Spiel, sondern hatte sich's in einem behaglichen Winkel auf einem großen Stuhl und einem Fußschemel bequem gemacht, wo der Geist und Scrooge dicht hinter ihr standen. Es mochten etwa zwanzig Personen da sein, und jung und alt spielten mit. Auch Scrooge nahm teil daran, denn in seinem Interesse an den Vorgängen vergaß er ganz, daß seine Stimme in ihren Ohren keinen Ton erzeugte.

Der Geist war sehr erfreut, ihn in dieser Stimmung zu finden, und blickte ihn so wohlwollend an, daß Scrooge wie ein Kind bettelte, bleiben zu dürfen, bis sich alle Gäste entfernt hätten. Der Geist erklärte jedoch, das sei nicht möglich.

„Da kommt wieder ein neues Spiel", sagte Scrooge. „Nur noch eine halbe Stunde, Geist – nur noch eine einzige halbe Stunde!"

Es kam nun das Spiel „Ja und nein" an die Reihe, in dem Scrooges Neffe sich etwas denken und die andern es erraten mußten, ohne daß er auf ihre Fragen etwas anderes als ja oder nein zu antworten hatte. Das Plänkelfeuer von Fragen, dem er ausgesetzt war, entlockte ihm, er denke an ein Geschöpf, ein lebendiges Geschöpf, ein sehr unangenehmes Geschöpf, ein wildes Geschöpf, ein Geschöpf, das bisweilen brumme und grunze und bisweilen auch spreche, in London lebe, in den Straßen umhergehe und nicht zur Schau ausgestellt werde, ein Geschöpf, das niemand führe und das weder in einer Menagerie lebe, noch auf dem Markt verkauft werde; ein Geschöpf, das weder ein Pferd noch ein Esel, weder eine Kuh noch ein Stier, weder ein Tiger noch ein Hund, weder ein Schwein noch eine Katze noch ein Bär sei. Bei jeder neuen Frage brach der Neffe in schallendes Gelächter aus und fühlte sich so ungemein belustigt, daß er von dem Sofa aufstehen und mit den Füßen stampfen mußte. Endlich verfiel die rundliche Schwester in einen ähnlichen Zustand und rief:

„Ich habe es – ich weiß, was es ist, Fred; ich weiß, was es ist!"

„Nun, so laß hören", versetzte Fred.

„Es ist dein Onkel Scro-o-o-o-oge."

Sie hatte richtig geraten und erntete allgemeine Bewunderung, obgleich einige meinten, bei der Frage: „Ist es ein Bär?" hätte mit „Ja" geantwortet werden sollen, da die Verneinung genügt hätte, ihre Gedanken von Mr. Scrooge abzuleiten, wenn sie je in eine solche Richtung gelenkt worden wären.

„Jedenfalls hat er uns viel Heiterkeit bereitet", sagte Fred, „und es wäre undankbar, nicht auf seine Gesundheit zu trinken. Da haben wir Glühwein zur Hand, und ich rufe: ‚Auf Onkel Scrooge!'"

„Gut! Auf Onkel Scrooge!" riefen sie.

„Frohe Weihnachten und ein glückliches Neujahr dem alten Manne, mag er nun sein, wie er ist!" fuhr Scrooges Neffe fort. „Er wollte den Wunsch nicht von mir annehmen, soll ihn aber trotzdem haben. Auf Onkel Scrooge!"

Onkel Scrooge war so heiter und vergnügt geworden, daß er sich der nichtsahnenden Gesellschaft verraten hätte und ihnen in einer unhörbaren Rede geantwortet haben würde, wenn ihm der Geist Zeit gelassen hätte. Der ganze Schauplatz verschwand mit dem letzten Wort, das der Neffe sprach, und er befand sich mit dem Geist abermals auf der Wanderung.

Vieles kam ihnen vor Augen, sie legten weite Strecken zurück, und traten in viele Häuser ein, aber stets war es Glück, was sie brachten.

Es war eine lange Nacht, wenn es überhaupt nur eine einzige Nacht war, und Scrooge bezweifelte das, weil die Christfeiertage sich augenscheinlich in den Zeitraum zusammendrängten, den sie miteinander verbrachten. Auch war es seltsam, daß, während Scrooge in seiner äußeren Gestalt unverändert blieb, der Geist zusehens älter und älter wurde. Scrooge hatte diesen Wechsel bemerkt, aber nie darüber gesprochen, bis sie einen Kinder-Drei-Königs-Abend verlassen hatten. Als sie miteinander auf einem freien Platz standen, bemerkte Scrooge, daß das Haar des Geistes grau geworden war.

„Haben Geister ein so kurzes Leben?" fragte Scrooge.

„Mein Leben auf diesem Erdball ist sehr kurz", versetzte der Geist. „Es endet mit dieser Nacht."

„Mit dieser Nacht?" rief Scrooge.

„Ja, heute um Mitternacht. Horch! die Zeit rückt näher."

In diesem Augenblick schlugen die Glocken dreiviertel zwölf.

„Vergib mir, wenn ich dich etwas frage, was mir nicht zukommt", sagte Scrooge, das Niemand des Geistes angelegentlich betrachtend, „aber ich sehe etwas Seltsames, das nicht zu dir gehört, aus deinen Schößen hervorragen. Ist es ein Fuß oder ein Knochen?"

„Um des Fleisches willen, was darauf ist, könnte es wohl ein Knochen sein", antwortete der Geist bekümmert. „Sieh her."

Aus den Falten seines Gewandes brachte er zwei Kinder zum Vorschein – zwei elende, häßlich abgezehrte, arme Kinder. Sie knieten zu seinen Füßen und klammerten sich an seinen Mantel.

„Oh Mensch! sieh her. Sieh diese beiden Kinder an!" rief der Geist.

Es waren ein Knabe und ein Mädchen – gelb, mager, zerlumpt, finster blickend und ausgehungert. Statt jugendlicher Anmut, die ihr Gesicht hätte erfüllen und es mit frischen Farben zieren sollen, waren sie verzerrt, runzelig und entstellt.

Scrooge fuhr zurück und erblaßte. Da sie ihm in dieser Weise gezeigt worden waren, versuchte er zu sagen, es wären schöne Kinder, aber die Worte erstickten in seiner Kehle, weil sie sich nicht an einer so ungeheuerlichen Lüge beteiligen mochten.

„Geist, sind das deine Kinder?“

Weiter konnte Scrooge nichts herausbringen.

„Sie gehören der Menschheit“, sagte der Geist, auf sie niederblickend, „und klammern sich an mich, um gegen ihre Väter Klage zu führen. Dieser Knabe ist der Mangel, dieses Mädchen die Unwissenheit. Hüte dich vor diesen beiden und ihrer ganzen Sippschaft, besonders aber vor diesem Mädchen, denn auf ihrer Stirn lese ich eine Schrift, die das Urteil der Verdammung spricht, wenn sie nicht ausgetilgt wird. Verleugnet sie für immer!“ rief der Geist, seine Hand gegen die Stadt ausstreckend. „Verleumdet diejenigen, die euch davon in die Ohren schreien! Gebt es zu, wenn es zu euren aufwieglerischen Zwecken gerade paßt und macht alles noch schlimmer!“

„Haben sie keinen Zufluchtsort – kein Unterkommen?“ rief Scrooge.

„Gibt es keine Gefängnisse?“ sprach der Geist, ihm zum letztenmal seine eigenen Worte entgegenhaltend. „Gibt es keine Arbeitshäuser?“

Die Glocke schlug zwölf.

Scrooge blickte sich nach dem Geist um und sah nichts mehr. Als der letzte Schlag verklungen war, erinnerte er sich der Prophezeiung des alten Jacob Marley, und während er seine Augen hob, erblickte er eine feierliche Erscheinung, die völlig verhüllt war und wie ein Nebel über den Boden auf ihn zukam.

Vierte Strophe

Der letzte der Geister

Die Erscheinung kam langsam, ernst und schweigend näher. Als sie ganz nahe vor ihm stand, sank Scrooge auf die Knie, denn sogar in der Luft, durch die dieser Geist sich bewegte, schien sich ein geheimnisvoller Hauch zu verbreiten.

Er war in ein tiefschwarzes Gewand gehüllt, das Kopf, Gesicht und Gestalt verbarg und nichts sichtbar werden ließ als eine einzige ausgestreckte Hand. Ohne sie wäre es überhaupt schwer gewesen, die Gestalt von der Nacht zu unterscheiden und sie von der Dunkelheit zu trennen, von der sie umgeben war.

Er fühlte, daß es eine große, stattliche Gestalt war, die an seine Seite trat, und daß ihre geheimnisvolle Anwesenheit ihn mit feierlicher Furcht erfüllte. Mehr kam ihm nicht zu Bewußtsein, denn der Geist sprach nicht und blieb regungslos stehen.

„Habe ich den Geist der zukünftigen Weihnacht vor mir?“ fragte Scrooge.

Der Geist antwortete nicht, sondern deutete mit seiner Hand vorwärts.

„Du willst mir die Schatten von Dingen zeigen, die noch nicht gewesen sind, in der vor uns liegenden Zeit aber eintreffen werden“, fuhr Scrooge fort. „Ist es so, Geist?“

Der obere Teil des Gewandes wurde für einen Augenblick in feinen Falten zusammengezogen, als ob der Geist mit dem Kopf genickt hätte. Das war die einzige Antwort.

Obwohl sich Scrooge inzwischen ziemlich an Geistergesellschaft gewöhnt hatte, so erfüllte ihn doch diese stumme Gestalt mit einem unüberwindlichen Grauen. Die Beine zitterten unter ihm und er merkte, daß er sich kaum aufrecht halten konnte, als er sich anschickte, ihr zu folgen. Der Geist machte einen Augenblick halt, als ob er den Zustand seines Begleiters bemerkt hätte und ihm Zeit geben wollte, sich zu fassen.

Aber mit Scrooge wurde es nur um so schlimmer. Es durchschauerte ihn mit einem unbestimmten Entsetzen, zu wissen, hinter jener dunklen Hülle seien geisterhafte Augen scharf auf ihn gerichtet, während er, obwohl er die seinigen aufs äußerste anstrengte, nichts sehen konnte als eine gespenstische Hand und einen einzigen großen schwarzen Schatten.

„Geist der Zukunft!“ rief er, „ich fürchte dich mehr als jede Erscheinung, die mir bisher vorgekommen ist. Aber weil ich weiß, daß du die Absicht hast, mir Gutes zu erweisen, und weil ich hoffe, von nun an als ein anderer Mensch zu leben, so bin ich bereit, mit dir zu gehen und dir dabei von Herzen dankbar zu sein. Willst du nicht mit mir sprechen?“

Der Geist gab keine Antwort. Seine Hand wies gerade vor ihnen her.

„So geh voran!“ sagte Scrooge. „Geh voran! Die Nacht schwindet schnell, und ich weiß, es ist eine kostbare Zeit für mich. Geh voran, Geist!“

Die Erscheinung bewegte sich in derselben Weise davon, wie sie auf ihn zugekommen war. Scrooge folgte ihr im Schatten ihres Gewandes, das sie trug.

Es war nicht, als ob sie die City beträten, sondern vielmehr, als ob sie ihnen entgegenspränge und sie aus freiem Antrieb mit ihren Grenzen umschlösse. Nun, da waren sie, in ihrem Herzen, auf der Börse unter den Kaufleuten, die auf und ab eilten, mit dem Geld in ihren Taschen klimperten, sich in Gruppen unterhielten, gedankenvoll mit ihren großen goldenen Siegeln spielten, und so weiter, wie es Scrooge oft mit angesehen hatte.

Der Geist machte neben einem kleinen Häuflein von Geschäftsleuten halt. Da Scrooge bemerkte, daß die gespenstische Hand auf die Gruppe deutete, trat er näher, um ihr Gespräch mit anzuhören.

„Nein“, sagte ein großer fetter Mann mit einem ungeheuren Kinn, „ich weiß nicht viel von der Sache. Ich kann weiter nichts sagen, als daß er tot ist.“

„Wann starb er?“ fragte ein anderer.

„Gestern nacht, glaube ich.“

„Was hat ihm denn gefehlt?“ fragte ein dritter, eine gewaltige Prise aus einer sehr großen Schnupftabaksdose nehmend. „Ich meinte, er werde nie sterben.“

„Gott weiß es“, sagte der erste mit einem Gähnen.

„Was hat er mit seinem Geld angefangen?“ fragte ein rotgesichtiger Gentleman mit einem hängenden Auswuchs am Ende seiner Nase, der wie der Bartlappen eines Truthahns unaufhörlich wackelte.

„Habe nichts davon gehört“, sagte der Mann mit dem großen Kinn, indem er abermals gähnte. „Vielleicht hat er es seiner Gilde hinterlassen. Mir jedenfalls hat er nichts vermacht – so viel weiß ich wenigstens.“

Dieser Scherz wurde mit lautem Gelächter aufgenommen.

„Es wird wahrscheinlich ein sehr billiges Leichenbegräbnis werden“, sagte der eine Sprecher; „denn bei meinem Leben, ich wüßte niemand, der mitgehen möchte. Wollen nicht wir als Freiwillige mithalten?“

„Ich will meinetwegen kommen, wenn für ein Mittagessen gesorgt ist“, bemerkte der Gentleman mit dem Nasenanhängsel. „Denn für meine Teilnahme will ich gefüttert werden.“

Ein abermaliges Gelächter.

„Nun, da bin ich im Grunde doch der Uneigennützigste unter euch“, sagte der erste Sprecher, „denn ich trage nie schwarze Handschuhe und esse nie zu Mittag. Aber ich will kommen, wenn noch ein paar andere von euch mittun. Bei weiterer Überlegung weiß ich obendrein nicht einmal gewiß, ob ich nicht sein bester Freund war, denn wir pflegten stehenzubleiben und miteinander zu sprechen, sooft wir uns begegneten. Morgen!“

Die Sprecher und Zuhörer gingen weiter, sich zu andern Gruppen gesellend. Scrooge kannte die Männer und blickte den Geist um eine Erklärung bittend an.

Die Erscheinung glitt in eine Straße – ihr Finger deutete auf zwei sich begegnende Personen. Scrooge lauschte abermals und dachte, das könne ihm vielleicht Aufklärung geben.

Er kannte diese Männer gleichfalls ganz genau – es waren Geschäftsleute, sehr reich und von großem Einfluß. Er hatte sich stets Mühe gegeben, hoch in ihrer Achtung zu stehen – natürlich nur in geschäftlicher Beziehung – lediglich in geschäftlicher Beziehung.

„Wie geht's Ihnen?“ fragte der eine.

„Und Ihnen?“ entgegnete der andere.

„Haben Sie's gehört?" sagte der erste. „Der Teufel hat ihn nun endlich heimgeholt, was?"

„Habe davon gehört", entgegnete der zweite. „Kalt, finden Sie nicht?"

„Wie's um Weihnachten sein soll. Sie sind vermutlich kein Schlittschuhläufer?"

„Nein, nein. Habe an andere Sachen zu denken. Guten Morgen."

Kein weiteres Wort. Das war ihr Zusammentreffen, ihr Gespräch und ihr Abschied.

Scrooge war anfangs verwundert, daß der Geist so nichtssagenden Gesprächen Bedeutung beilegen mochte; doch fühlte er sich bald überzeugt, daß irgendein geheimer Zweck dahinter verborgen liege. Er überlegte deshalb bei sich, was es wohl sein könnte. Es konnte sich kaum auf den Tod Jacob Marleys, seines alten Partners, beziehen, denn dieser gehörte der Vergangenheit an, und der Bereich des gegenwärtigen Geistes umfaßte die Zukunft. Auch konnte er sich auf keinen von seinen näheren Bekannten besinnen, auf den diese Gespräche möglicherweise zutrafen. Da er jedoch nicht daran zweifelte, daß sie irgendeine verborgene Moral zu seiner eigenen Besserung enthielten, beschloß er, jedes Wort, das er vernahm, und alles, was ihm vor Augen kam, wie einen Schatz in seinem Innern aufzubewahren, besonders aber seinen eigenen Schatten genau zu beobachten, wenn er aufträte. Denn er erwartete, das Benehmen seines künftigen Ichs werde ihm den Schlüssel geben, den er brauchte, und ihm so die Lösung der Rätsel leichtmachen.

Er sah sich hier auch nach seinem eigenen Bild um; aber ein anderer Mann stand in seiner gewohnten Ecke, und obgleich die Uhr die Zeit angab, in der er gewöhnlich zugegen war, sah er unter den Massen, die sich durch das Portal drängten, doch nichts, was Ähnlichkeit mit ihm selbst hatte. Das überraschte ihn jedoch wenig, denn er hatte sich in seinem Innern vorgenommen, sein Leben zu ändern, und so gab er sich der Hoffnung hin, daß das ein Zeichen sei, wie seine neugeborenen Entschlüsse zur Ausführung kämen.

Ruhig und düster stand mit ihrer ausgestreckten Hand die Erscheinung an seiner Seite. Als er von seinem gedankenvollen Spähen abließ, schien es ihm, nach der Haltung der Hand und der Stellung der ganzen Gestalt zu urteilen, als ob die unsichtbaren Augen fest auf ihm ruhten. Scrooge schauderte, und das Blut lief ihm eiskalt durch die Adern.

Sie verließen den geschäftigen Schauplatz und gingen zu einem finsteren Stadtteil, wo Scrooge früher nie gewesen war, obwohl er dessen Lage und schlimmen Ruf kannte. Die Wege waren schlecht und schmal, Läden und Häuser erbärmlich, am abscheulichsten aber die halbnackte, betrunkene, zerlumpte Einwohnerschaft. Gäßchen und Hausöffnungen ergossen wie ebensoviele Kloaken ihre widerwärtigen Gerüche, ihren Schmutz und ihr Leben auf die Straßen, und das ganze Viertel dampfte von Verbrechen, Unflat und Elend.

Weit drinnen in diesem Zufluchtsort aller Scheußlichkeit stand ein niedriger, vorspringender Laden unter einem Schirmdach, wo Eisen, alte Lumpen, Flaschen, Knochen und schmieriger Abfall gekauft werden konnten. Auf dem Boden innen waren rostige Schlüssel, Nägel, Ketten, Türangeln, Feilen, Waagschalen, Gewichte und altes Eisenzeug aller Art aufgehäuft. Geheimnisse, die wenige hätten erforschen wollen, versteckten sich in Bergen unscheinbarer Lumpen, Massen verdorbenen Fettes und Knochengruben. Mitten unter seinem Warenvorrat saß bei einem aus alten Ziegeln gebauten Holzkohlenofen ein grauhaariger Kerl von ungefähr siebzig Jahren, der sich gegen die Kälte draußen durch ein paar schmutzige Lumpen schützte, die er wie eine Gardine an einem Seil aufgehängt hatte. Dabei rauchte er in allem Hochgenuß ruhiger Zurückgezogenheit seine Pfeife.

Scrooge und die Erscheinung traten zu diesem Mann, als eben eine Frau mit einem schweren Bündel in den Laden hereinwankte. Ihr folgte unmittelbar eine andere, die in gleicher Weise beladen war, und hinterdrein kam ein Mann in verblichenem Schwarz, der bei dem Anblick der beiden Frauen nicht weniger betroffen wurde, als diese es gewesen waren, als sie einander ansichtig wurden. Nach einer kurzen Pause der Überraschung, die auch der alte Mann mit der Pfeife teilte, brachen die drei in ein lautes Lachen aus.

„Da rückt nun die Scheuerfrau als erste an", rief diejenige, die zuerst eingetreten war; „hinterdrein kommt die Wäscherin, und der Gehilfe des Leichenbestatters macht den dritten. Guckt mal, alter Joe, was für ein Zufall! Sind wir alle drei hier zusammengetroffen, ohne es zu wollen."

„Ihr hättet euch an keinem besseren Platze treffen können", sagte der alte Joe, seine Pfeife aus dem Mund nehmend. „Kommt in die Wohnstube. Ihr wißt, Ihr habt ja ständig Zutritt, und die anderen beiden sind auch keine Fremden. Wartet noch, bis ich die Ladentür geschlossen habe. Ah, wie sie kreischt! Es ist, glaube ich, kein so rostiges Stück Metall unter dem ganzen Haufen wie diese Angeln; und ich bin sicher, es gibt keine so alten Knochen hier wie die meinigen. Ha, ha! Wir passen alle für unsern Beruf und stimmen gut zusammen. Kommt in die Wohnstube – kommt in die Wohnstube."

Die Wohnstube war der Raum hinter dem Lumpenvorhang. Der Alte scharrte mit einer alten Teppichstange das Feuer zusammen, putzte die rauchige Lampe (denn es war Nacht) mit dem Stiel seiner Pfeife und steckte die Pfeife in den Mund.

Während er das tat, warf das Weib, das bereits gesprochen hatte, ihr Bündel auf den Boden und setzte sich stolz auf einen Schemel, dabei die Ellbogen auf den Knien kreuzend und die beiden anderen ins Auge fassend.

„Was macht's auch – was macht's auch, Mrs. Dilber?" sagte das Weib. „Jedermann hat ein Recht, für sich selbst zu sorgen. Er hat's immer so gehalten."

„Das ist ganz richtig", versetzte die Wäscherin. „Niemand mehr als er."

„Wohlan denn, so macht keine solchen Glotzaugen, als ob Ihr Euch fürchtet, Weibsbild. Wer ist da am klügsten? Wir werden doch, denk' ich, nicht uns selbst Löcher in die Kleider brennen wollen?"

„Nein, wahrhaftig nicht", entgegneten Mrs. Dilber und der Mann zugleich. „Wir wollen's nicht hoffen."

„Gut also", rief das Weib. „Das ist genug. Wem schadet der Verlust dieser paar Sachen da? Doch wohl nicht einem toten Mann?"

„Nein, gewiß nicht", sagte Mrs. Dilber lachend.

„Wenn der gottlose alte Knicker sie nach seinem Tode noch behalten wollte", fuhr das Weib fort, „warum hat er sich zu seinen Lebzeiten nicht natürlicher benommen? Hätte er das getan, so wäre jemand da gewesen, um nach ihm zu sehen, als der Tod kam, und er hätte dann nicht mutterseelenallein ausschnaufen müssen."

„Das ist das wahrste Wort, das je gesprochen wurde", sagte Mrs. Dilber.

„Öffnet das Bündel", versetzte die Scheuerfrau, „alter Joe, und laßt mich den Wert wissen. Sprecht rundheraus. Ich scheue mich nicht, die erste zu sein, und fürchte mich ebensowenig, wenn sie's sehen. Wir wußten, glaube ich, recht wohl, ehe wir hier zusammentrafen, daß wir dabei waren, uns zu versorgen. Es ist keine Sünde. Öffnet das Bündel, Joe."

„Wie geht es Ihnen?“ fragte der eine. „Und Ihnen?“ entgegnete der andere.

Aber die Galanterie ihrer Freunde wollte das nicht gestatten, und der Mann in dem verschossenen Schwarz trat zuerst in die Bresche, um seine Beute vorzuzeigen. Sie waren nicht bedeutend – ein paar Uhrkettenanhängsel, ein Bleistiftrohr, ein paar Manschettenknöpfe, eine Krawattennadel ohne großen Wert – das war alles. Sie wurden vom alten Joe einzeln untersucht und abgeschätzt. Er schrieb die Summen, die er für die einzelnen Gegenstände zu geben gedachte, mit Kreide an die Wand und addierte sie dann, als er sah, daß nichts mehr kam.

„Das kann ich Euch dafür geben, aber auch kein Sechspencestück mehr, und wenn man mich deshalb lebendig sieden würde. Wer kommt jetzt?"

Mrs. Dilber war die nächste. Bettlaken und Handtücher, ein paar Kleidungsstücke, zwei altmodische silberne Teelöffel, eine Zuckerzange und etliche Stiefel. Der Betrag dafür wurde gleichfalls an der Wand aufgezeichnet.

„Den Damen geb' ich immer zuviel. Das ist eine Schwäche von mir, die mich noch zugrunderichten wird", sagte der alte Joe. „Soviel macht das Eurige. Verlangt Ihr aber nur noch einen Penny, so bereue ich meine Freigebigkeit und ziehe eine halbe Krone ab."

„Und jetzt macht euch an mein Bündel, Joe", sagte die Scheuerfrau.

Joe ließ sich auf die Knie nieder, um es besser öffnen zu können, und nachdem er viele Knoten aufgelöst hatte, zog er eine große, schwere Rolle von irgendeinem dunklen Stoff hervor.

„Was soll das sein?" fragte Joe. „Bettvorhänge?"

„Ja!" versetzte das Weib lachend und sich auf ihren gekreuzten Armen vorwärts beugend. „Bettvorhänge!"

„Ihr wollt doch nicht sagen, Ihr hättet sie samt Ringen und allem heruntergenommen, während er dort lag?" fragte Joe.

„Genau das will ich sagen", entgegnete das Weib. „Warum nicht?"

„Ihr seid dazu geboren, Euch ein Vermögen zu machen", sagte Joe, „und werdet's gewiß noch dazu bringen."

„Ich halte bestimmt meine Hand nicht zurück, wenn ich sie nur nach etwas auszustrecken brauche, um es zu kriegen – besonders bei einem solchen Menschen, wie er einer war – das verspreche ich Euch, Joe", erwiderte das Weib kaltblütig. „Laßt doch kein Öl auf die Dekken tropfen."

„Seine Decken?" fragte Joe.

„Was sonst?" erwiderte das Weib. „Ich stehe dafür, er wird auch ohne sie keinen Schnupfen kriegen."

„Ich hoffe, er ist an nichts Ansteckendem gestorben, he?"
sagte der alte Joe.

„Habt keine Sorge", erwiderte das Weib. „Ich bin nicht so sehr auf seine Gesellschaft erpicht, daß ich bei ihm geblieben wäre und diese Sachen an mich genommen hätte, wenn es so stünde. Ja, Ihr könnt durch dieses Hemd sehen, bis Euch die Augen schmerzen, ohne ein Loch oder eine fadenscheinige Stelle darin zu finden. Es ist das beste, das er hatte, und wirklich ein sehr gutes Stück. Ohne mich hätte man's zuschanden gehen lassen."

„Was versteht Ihr unter zuschanden gehen lassen?" fragte der alte Joe.

„Nun, es ihm anziehen, um es ihm mit ins Grab zu geben", antwortete die alte Frau unter

Gelächter. „Man ist einfältig genug gewesen, das zu tun; ich streifte es ihm aber wieder ab. Wenn Kattun zu einem solchen Zweck nicht gut genug ist, so ist er für gar nichts gut genug; er steht auch der Leiche nicht schlechter, denn sie hätte nicht garstiger aussehen können, als sie in diesem Hemd aussah."

Scrooge lauschte entsetzt auf dieses Gespräch. Während sie, von dem spärlichen Licht der Lampe des alten Mannes beleuchtet, um ihren Raub herumsaßen, betrachtete er sie mit einem Widerwillen, der nicht größer hätte sein können, wenn sie wahrhaftige Teufel gewesen wären, die über die Leiche selbst verhandelten.

„Ha, ha!" lachte die Scheuerfrau, als der alte Joe einen Flanellbeutel mit Geld herauszog und jedem den ihm bestimmten Betrag auszahlte. „Seht Ihr, das ist das Ende. Solange er lebte, scheuchte er alle Welt von sich, damit nach seinem Tod uns ein Nutzen zugehe! Hahaha!"

„Geist!" sagte Scrooge, vom Kopf bis zu den Füßen schaudernd. „Ich sehe, ich sehe. Das Geschick dieses unglücklichen Mannes könnte mein eigenes sein. Mein Leben hat bis jetzt dieselbe Richtung eingeschlagen. Barmherziger Himmel, was ist das!"

Er wich entsetzt zurück, denn der Schauplatz hatte sich verändert, und er stand vor einem Bett – einem kahlen Bett ohne Vorhang, auf dem unter einem zerlumpten Leintuch etwas lag, was sich in nur zu beredter Sprache selbst ankündigte, obwohl es stumm war.

Der Raum war sehr dunkel, zu dunkel, um etwas mit Genauigkeit unterscheiden zu können, obgleich Scrooge, einem geheimen Antrieb folgend, umherblickte und sich zu vergewissern suchte, was es für ein Zimmer sei. Ein blasses Licht, das durch die Fenster hereinfiel, traf auf das Bett – und da lag die Leiche jenes Mannes, beraubt und geplündert, unbewacht und unbeweint, ganz allein und sich selbst überlassen.

Scrooge blickte auf die Erscheinung – ihre unbeweglich ausgestreckte Hand deutete nach dem Kopf. Die Decke war so sorglos darübergeworfen, daß Scrooge sie nur um ein ganz geringes zu lüften, nur einen Finger hätte zu erheben brauchen, um das Gesicht zu enthüllen. Er dachte daran, fühlte, wie leicht es zu tun war, und begehrte danach, das Gesicht zu sehen; aber er hatte ebensowenig die Macht, den Schleier zurückzustreifen, wie er das Gespenst an seiner Seite wegzuschicken vermochte.

Er dachte, wenn dieser Mann jetzt wieder zum Leben erweckt werden könnte, welche Gedanken würden ihn wohl erfüllen? Geiz, Härte gegenüber seinen Mitmenschen, gemeine Habsucht? Sie hatten ihn wahrlich zu einem reichen Ende gebracht!

Er lag in dem dunklen, leeren Haus – kein Mann, kein Weib, kein Kind zugegen, von denen eines hätte sagen können, er ist hiermit oder damit freundlich zu mir gewesen, und in der Erinnerung an dieses einzige gütige Wort will ich jetzt auch liebevoll zu ihm sein. Eine Katze scharrte an der Tür, und unter dem Herdstein hörte man das Geräusch nagender Ratten. Was sie in dem Zimmer des Todes wollten und warum sie so unruhig und aufgeregt waren, darüber wagte Scrooge nicht nachzudenken.

„Geist!" sagte er, „dies ist ein schrecklicher Ort. Glaube mir, auch wenn ich ihn verlasse, wird mir seine Lehre stets unvergeßlich bleiben. Laß uns gehen!"

Noch immer deutete der Finger des Geistes auf den Kopf.

„Ich verstehe dich", entgegnete Scrooge, „und ich würde es tun, wenn ich dazu imstande wäre. Aber es fehlt mir die Kraft dazu, Geist – es fehlt mir die Kraft dazu."

Abermals schien der Geist ihn anzublicken.

„Wenn es einen einzigen Menschen in der Stadt gibt, der bei dem Tod dieses Mannes von einem Gefühl bewegt ist", sagte Scrooge, „so flehe ich dich an, Geist, zeige ihn mir!"

Der Geist breitete für einen Augenblick sein dunkles Gewand wie einen Fittich aus, und als er es wieder sinken ließ, standen sie bei hellem Tageslicht in einem Zimmer, in dem sich eine Mutter und ihre Kinder befanden.

Sie wartete auf jemand, und zwar mit ängstlicher Sorge, denn sie ging in der Stube hin und her, fuhr bei jedem Laut zusammen, sah zum Fenster hinaus, blickte auf die Uhr, versuchte, wenn auch vergeblich, mit ihrer Nadel zu arbeiten, und konnte kaum das Lachen der spielenden Kinder ertragen.

Endlich ließ sich das längst erwartete Pochen vernehmen. Sie eilte zur Tür und ihrem Gatten entgegen, einem Mann, dessen bekümmertes Gesicht die Spuren von Sorge und Not trug, obwohl er noch jung war. Dennoch lag jetzt ein eigentümlicher Ausdruck darauf, eine Art finsterer Freude, deren er sich schämte und die er niederzukämpfen suchte.

Er setzte sich zu dem Mahl, das am Feuer für ihn warm gehalten worden war, und als die Frau ihn nach einem langen Schweigen mit matter Stimme fragte, was er Neues bringe, war er augenscheinlich verlegen, was er antworten sollte.

„Ist es gut?" fragte sie, „oder schlimm?" – um ihm das Reden zu erleichtern.

„Schlimm", antwortete er.

„So sind wir also ganz zugrunde gerichtet?"

„Nein. Es ist noch Hoffnung da, Caroline."

„Wenn er nachgibt", sagte sie erstaunt, „dann ist noch Hoffnung da. Wenn ein solches Wunder eintritt, dann gibt es nichts mehr, was ganz hoffnungslos wäre."

„Mit dem Nachgeben hat es ein Ende", entgegnete ihr Gatte. „Er ist tot."

Sie war ein mildes Geschöpf, wenn ihr Gesicht die Wahrheit sprach; aber dennoch dankte sie dem Himmel mit gefalteten Händen für diese Nachricht – wenn auch nur in der ersten Aufwallung ihres Herzens, denn schon im nächsten Augenblick bereute sie ihre Worte und bat den Himmel um Vergebung.

„Was das halbbetrunkene Weib, von dem ich dir gestern abend erzählte, zu mir sagte, als ich bei ihm vorsprach und ihn um eine Woche Aufschub bitten wollte, und was ich damals nur für einen Vorwand hielt, um mich nicht sehen zu müssen, hat sich als völlig wahr herausgestellt. Er war nicht nur sehr krank, sondern lag im Sterben."

„Auf wen wird unsere Schuld übertragen werden?"

„Ich weiß es nicht. Aber ehe diese Zeit herankommt, werden wir das Geld beschafft haben; und wenn das nicht möglich sein sollte, so müßten wir wirklich vom schlimmsten Mißgeschick verfolgt sein, wenn wir in seinem Nachfolger einen ebenso erbarmungslosen Gläubiger finden sollten. Wir können heute nacht mit leichtem Herzen schlafen, Caroline!"

Ja, so standen die Dinge. Mochten sie das Gefühl der Freude zu unterdrücken suchen, wie sie wollten, ihre Herzen waren leichter. Die Kinder, die still geworden waren und sich um die Eltern geschart hatten, um zu hören, was sie so wenig verstanden, machten fröhlichere Gesichter, und es war ein glücklicheres Heim, weil jener Mann gestorben war! Das einzige von jenem Ereignis hervorgerufene Gefühl, das der Geist ihm zeigen konnte, war ein freudiges.

„Laß mich ein Gefühl der Anteilnahme sehen, das sich irgendwo bei einem Tod kundgibt“, sagte Scrooge, „oder jene dunkle Kammer, Geist, die wir vorhin verlassen haben, wird mir für immer vor Augen stehen.“

Der Geist führte ihn durch mehrere Straßen, die ihm bekannt waren, und während sie dahingingen, schaute Scrooge umher, ob er nirgends sein eigenes Abbild zu sehen bekomme. Jedoch vergeblich. Sie traten in das Haus des armen Bob Cratchit, das er schon früher besucht hatte, und fanden die Mutter und die Kinder um das Feuer sitzend.

Ruhig. Ganz ruhig. Die lärmenden kleinen Cratchits saßen alle in einer Ecke, so still wie Statuen, und blickten zu Peter auf, der ein Buch vor sich hatte. Die Mutter und ihre Töchter waren mit Nähen beschäftigt. Aber wie gesagt, sie waren sehr still.

„Und er nahm ein Kind und setzte es in ihre Mitte.“

Wo hatte Scrooge diese Worte gehört? Er hatte sie nicht geträumt. Der Knabe mußte sie aus dem Buch vorgelesen haben, als er und der Geist über die Schwelle traten. Warum fuhr er nicht fort?

Die Mutter legte ihre Arbeit auf den Tisch und führte die Hand an die Stirn.

„Die Farbe tut meinen Augen weh“, sagte sie.

Die Farbe? Ach, armer Tiny Tim!

„Sie sind jetzt wieder besser“, fuhr Cratchits Gattin fort. „Das Kerzenlicht schwächt sie, und ich möchte nicht um die Welt eurem Vater trübe Augen zeigen, wenn er nach Hause kommt. Es muß jetzt so ziemlich an der Zeit sein.“

„Sie ist schon vorüber“, antwortete Peter, sein Buch schließend. „Aber ich glaube, er geht in letzter Zeit ein wenig langsamer als sonst, Mutter.“

Sie waren wieder sehr still. Endlich sagte sie mit fester und heiterer Stimme, die nur ein einziges Mal versagte:

„Ich habe gesehen, wie er mit – ich habe gesehen, wie er mit Tiny Tim auf seiner Schulter früher oft galoppiert ist.“

„Ich auch“, rief Peter. „Oh und wie oft.“

„Ich auch“, rief ein anderes; und so alle nach der Reihe.

„Aber er war sehr leicht zu tragen“, fuhr sie fort, über ihre Arbeit gebeugt, „und sein Vater liebte ihn so sehr, daß es ihm keine Mühe machte. Und da ist euer Vater an der Tür!“

Sie eilte ihm entgegen, und der kleine Bob kam mit seinem Tröster – der arme Bursche hatte ihn sehr nötig – in das Zimmer. Sein Tee stand auf dem Herd für ihn bereit, und alle beeilten sich, ihn zuerst zu bedienen. Dann kletterten die beiden jungen Cratchits auf seine Knie und legten ihre Wangen gegen sein Gesicht, als wollten sie sagen: „Nimm dir's nicht so sehr zu Herzen, Vater. Gräme dich nicht zuviel!“

Bob war sehr freundlich zu ihnen und sprach heiter mit der ganzen Familie. Er betrachtete die Arbeit auf dem Tisch, lobte den Fleiß seiner Frau und seiner Töchter und meinte, sie würden lange vor Sonntag fertig werden.

„Sonntag? Du gingst also heute, Robert?“ fragte seine Frau.

„Ja, meine Liebe“, versetzte Bob. „Ich wollte, du hättest dabeisein können. Es würde dir wohlgetan haben, zu sehen, was für ein schöner grüner Platz es ist. Doch du wirst's noch oft sehen. Ich versprach ihm, daß ich an einem Sonntag hingehen wolle. Mein armes kleines Kind!“ schluchzte Bob. „Mein kleines Kind!“

Er brach auf einmal zusammen – mit seiner Selbstbeherrschung war es aus. Das Band zwischen ihm und seinem Kind war zu innig gewesen, als daß es anders sein konnte.

Er verließ das Zimmer und ging in das Stübchen hinauf, das freundlich mit Kerzen erhellt und mit weihnachtlichem Grün geschmückt war. Dicht an der Seite des Kindes stand ein Stuhl; auch zeigten sich noch Spuren, daß kurz zuvor jemand dagewesen war. Der arme Bob setzte sich nieder, und nachdem er eine kleine Weile seinen Gedanken nachgehangen und sich gesammelt hatte, küßte er das kleine Gesicht. Er war mit dem Vorgefallenen versöhnt und ging ganz heiter wieder hinunter.

Sie sammelten sich um das Feuer und plauderten, während die Mädchen und die Mutter noch immer arbeiteten. Bob erzählte ihnen, wie außerordentlich freundlich sich Mr. Scrooges Neffe benommen habe, obwohl er ihn kaum ein einziges Mal gesehen habe. Er sei ihm heute auf der Straße begegnet und habe bemerkt, wie er (Bob) ein bißchen betrübt – „Ihr wißt, nur ein klein bißchen –" ausgesehen, worauf er ihn gefragt habe, was ihn bekümmere. „Ich sagte es ihm", fuhr Bob fort, „denn er hat die freundlichste Art von der Welt. ‚Das tut mir herzlich leid, Mr. Cratchit', versetzte er ‚besonders für Ihre liebe Frau.' Beiläufig, ich möchte nur wissen, wie er das erfahren hat."

„Was erfahren, mein Lieber?"

„Ei, daß du eine gute Frau bist", versetzte Bob.

„Das weiß ja jedermann", sagte Peter.

„Sehr gut bemerkt, mein Junge!" rief Bob. „Ich hoffe, du hast recht. ‚Tut mir herzlich leid für ihre gute Frau', sagte er. ‚Wenn ich Ihnen bei irgend etwas behilflich sein kann', fuhr er fort, indem er mir seine Karte gab, ‚so finden Sie hier, wo ich wohne. Suchen Sie mich bitte auf.' Es war nicht gerade der Umstand", fügte Bob hinzu, „daß er vielleicht etwas für uns tun könnte, als vielmehr sein freundliches Wesen, was mich so sehr dabei freute. Kam mir's doch wahrhaftig vor, als habe er unsern Tiny Tim gekannt und mit uns gefühlt."

„Ich bin überzeugt, er ist eine gute Seele", sagte Mrs. Cratchit.

„Du würdest noch mehr davon überzeugt sein, meine Liebe", versetzte Bob, „wenn du ihn sehen und mit ihm sprechen würdest. Denk an mich, es sollte mich nicht wundern, wenn er für Peter eine bessere Stellung ausfindig machte."

„Hörst du, Peter?" sagte Mrs. Cratchit.

„Und dann", rief eines der Mädchen, „wird Peter sich ein Mädel suchen und einen eignen Haushalt gründen."

„Ach geh!" entgegnete Peter grinsend.

„Es ist gut möglich, daß das eines Tages geschieht", sagte Bob, „obgleich es jedenfalls noch eine schöne Zeit dauern wird. Aber wie und wann wir auch voneinander getrennt werden mögen, so bin ich überzeugt, keiner von uns wird jemals den armen Tiny Tim und diese erste Trennung, die uns betroffen hat, vergessen; ist es nicht so?'

„Niemals, Vater", riefen sie alle.

„Und ich weiß", fuhr Bob fort, „ich weiß, meine Lieben – wenn wir uns erinnern, wie geduldig er trotz seines Alters war, so werden wir unter uns nicht leicht Streit anfangen und dadurch das Andenken des armen Tiny Tim kränken."

„Nein, nie, Vater!" riefen sie alle wieder.

„Ich bin sehr glücklich", sagte der kleine Bob; „ich bin sehr glücklich!"

Mrs. Cratchit küßte ihn, seine Töchter küßten ihn, die beiden jungen Cratchits küßten ihn, und Peter wechselte mit ihm einen Händedruck.

„Geist“, sagte Scrooge, „etwas mahnt mich, daß der Augenblick unserer Trennung nahe ist. Ich fühle es, obgleich ich keinen Grund dafür angeben kann. Sage mir, wer war jener Mann, den wir tot daliegen sahen?“

Der Geist der künftigen Weihnacht brachte ihn wie zuvor in die Gegend des Geschäftsverkehrs, wo er jedoch wieder nicht sich selbst zu Gesicht bekam. Der gegenwärtige Gang schien ihm jedoch in eine andere Zeit zu fallen, wie denn überhaupt in den letzten Bildern keine weitere Ordnung zu finden war, als daß sie eben die Zukunft betrafen. In der Tat hielt sich der Geist nicht auf, sondern ging geradeaus, als wolle er unverzüglich das an ihn gestellte Gesuch erfüllen, bis ihn Scrooge bat, einen Augenblick zu verweilen.

„Dieser Hof“, sagte Scrooge, „durch den wir jetzt eilen, ist meine Arbeitsstätte, wo ich eine lange Reihe von Jahren verbracht habe. Ich sehe das Haus; laß mich schauen, wie es in künftigen Tagen um mich stehen wird.“

Der Geist hielt inne; seine Hand war anderswohin gerichtet.

„Das Haus steht dort“, rief Scrooge. „Warum deutest du in eine andere Richtung?“

Der unerbittliche Finger änderte seine Haltung nicht.

Scrooge eilte zum Fenster seines Kontors und schaute hinein. Es war noch immer ein Kontor, aber nicht das seinige. Er sah andere Möbel, und die Gestalt in dem Sessel war nicht er selbst. Der Finger des Gespenstes deutete immer noch in die frühere Richtung.

Er schloß sich dem Geist wieder an, sich verwundernd fragend, wohin er jetzt ginge, und begleitete ihn, bis sie ein eisernes Tor erreichten. Er blieb stehen, um sich umzusehen, ehe er eintrat.

Ein Kirchhof. Hier lag also der unglückliche Mann, dessen Namen er jetzt erfahren sollte, unter der Erde. Es war ein merkwürdiger Ort – von Häusern umgeben, von wucherndem Unkraut, der Blüte nicht des Lebens, sondern des Todes überwachsen, von allzuviel Leichen, die hier moderten, erstickt; ein Stück Erde, das bis zum Ekel übersättigt war. Ein würdiger Ort!

Der Geist trat unter die Gräber und zeigte auf eines. Scrooge näherte sich mit Zittern. Die Erscheinung war ganz so, wie sie zuvor gewesen, aber es schien ihm, er sehe eine neue Bedeutung in ihrer feierlichen Gestalt.

„Ehe ich näher an diesen Stein herantrete, den du mir zeigst“, sagte Scrooge, „beantworte mir eine einzige Frage. Sind dies die Schatten von Ereignissen, die eintreten werden, oder nur die Schatten von Dingen, die kommen können?“

Noch immer deutete das Gespenst auf das Grab, neben dem es stand.

„Der Menschen Taten zeigen gewisse Ziele an, zu denen sie unvermeidlich führen müssen, wenn die Richtung der Lebensbahn dieselbe bleibt“, sagte Scrooge. „Aber wenn das Leben andere Wege einschlägt, muß auch das Ziel ein anderes werden. Sprich, haben die Bilder, die du mir zeigst, diesen Sinn?“

Der Geist blieb so regungslos wie zuvor.

Scrooge kroch zitternd heran, folgte dem Finger und las auf dem Stein des vernachlässigten Grabes seinen eigenen Namen –

„Bin also *ich* der Mann, der auf dem Bett lag?" rief er, neben dem Grab kniend.

Der Finger deutete von dem Grab auf ihn und wieder zurück.

„Nein, Geist! Oh nein, nein!"

Noch immer behielt der Finger seine Richtung bei.

„Geist!" rief er, sich fest an sein Gewand klammernd, „höre mich! Ich bin nicht mehr der Mann, der ich war. Ich will nicht mehr der Mensch sein, der ich ohne diese Erscheinungen geblieben wäre. Warum zeigst du mir das, wenn alle Hoffnung für mich vorbei ist?"

Zum ersten Male schien die Hand zu zittern.

„Guter Geist", fuhr er fort, während er ganz vor ihm niederfiel, „dein inneres Gefühl tritt für mich ein und hat Mitleid mit mir. Gib mir die Versicherung, daß ich durch ein verändertes Leben diese Schatten noch verändern kann, die du mir gezeigt hast."

Die freundliche Hand zitterte.

„Ich will Weihnachten ehren in meinem Herzen und versuchen, es alle Jahre würdig zu begehen. Ich will leben in der Vergangenheit, in der Gegenwart und in der Zukunft. Alle diese drei Geister sollen in meinem Innern lebendig sein, und ich will mich nicht verhärten gegen die Lehren, die sie mir erteilt haben. Oh, sage mir, kann ich die Schrift auf diesem Stein wieder austilgen?"

In seiner Angst ergriff er die Geisterhand. Sie suchte sich zu befreien, aber er, stark in seinem Flehen, hielt sie fest. Doch der Geist war noch stärker und stieß ihn zurück.

Während er seine Hände in einem letzten Gebet um Abwendung seines Geschicks emporhielt, sah er eine Veränderung in der Kopfbedeckung und dem Gewand des Geistes. Er wurde kleiner, sank in sich ein und schrumpfte zu einem Bettpfosten zusammen.

Fünfte Strophe

Der Ausgang der Geschichte

Ja, und dieser Bettpfosten war sein eigener. Das Bett war sein eigenes, das Zimmer war das seine und – oh, das größte Glück von allem – die Zeit vor ihm war sein, um sie besser nutzen zu können.

„Ich will leben in der Vergangenheit, in der Gegenwart und in der Zukunft", wiederholte Scrooge, während er aus dem Bett kroch. „Alle diese drei Geister sollen in meinem Innern lebendig sein. Oh, Jacob Marley! Der Himmel und die Weihnachtszeit seien dafür gepriesen! Ich rufe das auf meinen Knien, alter Jacob – auf meinen Knien!"

Er war so erregt und glühte in der Fülle seiner guten Vorsätze, daß ihm seine gebrochene Stimme fast den Dienst versagte.

„Sie sind nicht heruntergerissen", rief Scrooge, einen seiner Bettvorhänge mit den Armen umschlingend; „sie sind nicht heruntergerissen samt Ringen und allem. Da sind sie. Ich bin hier, und die Schatten der Dinge, die ich als zukünftig sah, lassen sich vielleicht noch zerstreuen. Sie werden sich noch zerstreuen lassen. Ja, ich weiß es gewiß, daß das noch möglich ist!"

Seine Hände waren diese ganze Zeit über mit seinen Kleidern beschäftigt, und er war so aufgeregt, daß ihm alle nur erdenklichen Mißgriffe beim Ankleiden passierten.

„Ich weiß nicht, was ich tun soll", rief Scrooge, in einem Atemzug lachend und weinend, während er mit seinen Strümpfen einen wahren Laokoon aus sich machte. „Ich bin so leicht wie eine Feder, so glücklich wie ein Engel und so vergnügt wie ein Schuljunge. Ich bin so schwindelig wie ein Betrunkener. Frohe Weihnachten für jedermann! Ein glückliches Neujahr der ganzen Welt. Holla da! Hupp! Holla!"

Er war in das Wohnzimmer gelaufen und stand nun ganz atemlos da.

„Das ist das Pfännchen, in dem die Hafergrütze war", rief Scrooge, abermals auffahrend und nach dem Kamin rennend. „Da ist die Tür, durch die der Geist Jacob Marleys hereintrat! Das ist die Ecke, wo der Geist dieser Weihnacht saß! Hier ist das Fenster, wo ich die wandernden Geister sah! Es hat alles seine Richtigkeit; 's ist alles wahr und wirklich vorgefallen. Hahaha!"

Für einen Mann, der so viele Jahre aus der Übung gekommen war, konnte man dieses Lachen in Wahrheit ein herrliches – ein ganz prächtiges Lachen nennen – den Vater einer langen, langen Reihe köstlicher Gelächter!

„Ich weiß nicht, was für ein Tag heute ist", sagte Scrooge. „Ich weiß nicht, wie lange ich wohl unter den Geistern gewesen sein mag. Ich weiß gar nichts – ich bin wie ein Kind. Doch gleichviel, ich mache mir nichts daraus. Wollte Gott, ich wäre ein Kind, Holla! Hupp! Holla da!"

Er wurde in seinem Entzücken durch das lauteste und lustigste Geläute der Kirchenglokken, das er je gehört hatte, unterbrochen. Kling, klang, ding, dong, bum, bim, bam! Bam, bim, bum, dong, ding, klang, kling! Oh, herrlich, herrlich!

Er lief zum Fenster, öffnete es und steckte den Kopf hinaus. Kein Nebel; helle, klare, lustige, belebende Kälte, eine Kälte, die dem Blut zum Tanz aufspielte. Goldenes Sonnenlicht; prächtig klarer Himmel; süße, frische Luft; fröhliches Glockengeläute! Oh, herrlich – herrlich!

„Was ist heute?" rief Scrooge, einen Jungen im Sonntagsstaat anrufend, der vielleicht in den Hof hereingekommen war, um sich ein bißchen umzuschauen.

„He?" entgegnete der Junge so verwundert wie nur möglich.

„Was heute für ein Tag ist, mein hübsches Bürschchen?" sagte Scrooge.

„Heute?" versetzte der Junge. „Nun, Weihnachtstag."

„Es ist Weihnachtstag!" sagte Scrooge zu sich selbst. „Ich habe ihn nicht versäumt. Die Geister haben das Ganze in einer einzigen Nacht abgemacht. Sie können alles, was sie wollen. Natürlich können sie das – selbstverständlich. Holla, mein hübscher Bursche!"

„Holla!" erwiderte der Junge.

„Kennst du den Geflügelhändler an der Ecke in der zweitnächsten Straße?" fragte Scrooge.

„Das will ich meinen", versetzte der Junge.

„Ein gescheiter Junge!" sagte Scrooge. „Ein bemerkenswerter Junge! Weißt du, ob sie den Preistruthahn verkauft haben, der gestern dort hing? Ich meine nicht den kleinen Preistruthahn, sondern den großen."

„Wie, den, der so groß ist wie ich?" entgegnete der Junge.

„Was für ein prächtiger Junge!" sagte Scrooge. „Es ist eine wahre Freude, mit ihm zu sprechen. Ja, mein Sohn."

„Er hängt noch dort", erwiderte der Junge.

„Wirklich?" sagte Scrooge. „So geh hin und kaufe ihn."

„Wer das glaubt!" rief der Junge.

„Nein, nein", versetzte Scrooge; „es ist mir ernst. Geh, kaufe ihn und sage, man solle ihn hierherbringen, damit ich Anweisungen geben kann, wohin er geschafft werden soll. Komm mit dem Mann hierher, und ich will dir einen Schilling geben. Wenn du in weniger als fünf Minuten wieder da bist, kriegst du eine halbe Krone."

Der Knabe schoß davon wie eine Kanonenkugel. Doch nein, es müßte einer schon eine recht feste Hand haben, wenn er eine Kugel nur mit der halben Geschwindigkeit abfeuern wollte.

„Ich will ihn zu Bob Cratchit schicken!" flüsterte Scrooge, seine Hände reibend und fast vor Lachen berstend. „Er soll nicht wissen, wer ihm den Braten schickt. Er ist zweimal so groß wie Tiny Tim. Nie hat Eulenspiegel einen besseren Spaß gemacht, als dieser sein wird, wenn ich den Truthahn zu Bob schicke!"

Die Hand, mit der er die Adresse aufzeichnete, war nicht die festeste; aber er kam doch damit zustande, ging dann die Treppe hinunter und öffnete die Tür, um den Diener des Geflügelhändlers sogleich in Empfang nehmen zu können. Während er so dastand und der Ankunft des Mannes entgegensah, fiel sein Auge auf den Türklopfer.

„Ich will ihn lieben, solange ich lebe!“ rief Scrooge, ihn mit der Hand streichelnd. „Früher habe ich ihn kaum angesehen. Welch ein ehrlicher Ausdruck liegt in seinem Gesicht! 's ist ein wunderbarer Klopfer! Ha, da kommt der Truthahn. Holla! Hupp! Wie geht's Euch? Frohe Weihnachten!“

Das war ein Truthahn! Dieser Vogel hätte nie auf seinen Beinen stehen können, denn sie würden ihm in einer Minute abgeknickt sein, wie zwei Stangen Siegelwachs.

„Ei, 's ist nicht möglich, dieses Tier nach Cambden Town zu tragen“, sagte Scrooge. „Ihr müßt eine Droschke nehmen.“

Das Kichern, mit dem er das sagte, und das Kichern, mit dem er den Truthahn bezahlte, und das Kichern, mit dem er den Fuhrlohn entrichtete, und das Kichern, mit dem er den Knaben belohnte – alle diese Heiterkeit wurde nur von dem Kichern übertroffen, mit dem er sich atemlos wieder in seinen Stuhl setzte und vor sich hinkicherte, bis ihm die Tränen über die Wangen liefen.

Das Rasieren war kein leichtes Geschäft, denn seine Hand zitterte sehr, und Rasieren erfordert Aufmerksamkeit, auch wenn man nicht gerade tanzt, während man diese Prozedur vornimmt. Aber wenn er sich auch die Nasenspitze abgesäbelt hätte, so würde er ein Stück Pflaster darauf geklebt und sich vollkommen damit zufriedengegeben haben.

Er zog seinen besten Anzug an und ging endlich auf die Straße hinunter. Die Leute strömten an ihm vorbei, wie er sie im Geleit des Geistes dieser Weihnacht gesehen hatte; und Scrooge betrachtete sie, die Hände auf den Rücken gelegt, samt und sonders mit einem entzückten Lächeln. Mit einem Wort, er sah so unwiderstehlich freundlich aus, daß drei oder vier gutmütige Burschen zu ihm sagten: „Guten Morgen, Sir! Frohe Weihnachten!“ und Scrooge versicherte nachher oft, von allen frohen Tönen, die er je gehört habe, seien das die allerbeseligendsten gewesen.

Er war noch nicht weit gekommen, als er dem stattlichen Gentleman begegnete, der abends zuvor in seinem Kontor vorgesprochen und gesagt hatte: „Scrooge und Marley, glaube ich?“ Er fühlte einen Stich durchs Herz, wenn er dachte, mit welchem Auge dieser alte Gentleman ihn wohl betrachten werde; aber er wußte, welch ein Pfad gerade vor ihm lag, und schlug ihn ein.

„Mein teurer Sir“, sagte Scrooge, seinen Schritt beschleunigend und den alten Gentleman bei beiden Händen fassend, „wie geht es Ihnen? Ich hoffe, Ihre Bemühungen gestern hatten Erfolg. Es war sehr gütig von Ihnen. Frohe Weihnachten, Sir!“

„Mr. Scrooge?“

„Ja“, sagte Scrooge. „Das ist mein Name, und ich fürchte, daß er nicht sehr angenehm in Ihren Ohren klingt. Erlauben Sie mir, Sie um Verzeihung zu bitten, und wollen Sie die Güte haben –“

Hier flüsterte Scrooge ihm etwas ins Ohr.

„Gott behüte mich!“ rief der Gentleman, als ob ihm der Atem versagen wollte. „Mein teurer Mr. Scrooge, ist das Ihr Ernst?“

„Aber ja doch“, sagte Scrooge. „Keinen Penny weniger. Es sind viele Rückstände darin eingeschlossen. Wollen Sie mir diese Gunst erweisen?“

„Mein teurer Sir“, sagte der andere, ihm die Hand drückend, „ich weiß nicht, was ich sagen soll zu einer solchen Frage –“

„Ich bin's. Dein Onkel Scrooge. Ich bin zum Essen gekommen. Willst du mich einlassen, Fred?"

„Sie sollen gar nichts dazu sagen, wenn ich bitten darf“, entgegnete Scrooge. „Besuchen Sie mich. Wollen Sie zu mir kommen?“

„Ich will es!“ erwiderte der alte Gentleman. Und es war offensichtlich, daß er sein Versprechen wirklich zu halten gedachte.

„Ich danke Ihnen“, sagte Scrooge. „Ich bin Ihnen sehr verbunden. Tausend Dank! Gott behüte Sie!“

Er begab sich zur Kirche, ging in den Straßen umher, sah zu, wie die Leute auf und ab liefen, tätschelte Kindern den Kopf, unterhielt sich mit Bettlern, blickte in die Küchen der Häuser hinunter oder nach den Fenstern hinauf und fand, daß ihm alles eine Freude bereiten konnte. Er hatte sich's nie träumen lassen, daß ein Spaziergang oder irgend etwas imstande wäre, ihn so glücklich zu machen. Nachmittags lenkte er seine Schritte zu dem Haus seines Neffen.

Er spazierte ein dutzendmal an der Tür vorbei, ehe er den Mut fand, hinaufzugehen und zu klopfen. Endlich aber nahm er einen Anlauf und tat es.

„Ist Ihr Gebieter zu Hause, meine Liebe?“ fragte Scrooge das Mädchen.

„Ja, Sir.“

„Wo ist er, meine Liebe?“ fragte Scrooge.

„Er befindet sich bei seiner Frau im Speisezimmer. Wenn Sie wünschen, will ich Sie die Treppe hinaufführen.“

„Danke. Er kennt mich“, entgegnete Scrooge, der die Hand bereits auf die Klinke des Speisezimmers gelegt hatte. „Ich will ohne Umstände zu ihm hineingehen, meine Liebe.“

Er drückte sachte auf die Klinke und steckte den Kopf halb zur Tür hinein. Sie betrachteten gerade den Tisch, der prächtig ausstaffiert war, denn so junge Hausfrauen sind immer nervös in solchen Dingen und haben's gern, wenn alles in Ordnung ist.

„Fred!“ sagte Scrooge.

Ach du lieber Himmel, wie seine Nichte zusammenfuhr! Scrooge hatte für den Augenblick vergessen, daß sie auf dem Schemel in der Ecke gesessen hatte, sonst würde er sie um keinen Preis so erschreckt haben.

„Ei, Gott behüte!“ rief Fred. „Wer ist das?“

„Ich bin's. Dein Onkel Scrooge. Ich bin zum Essen gekommen. Willst du mich einlassen, Fred?“

Ihn einlassen! Es war noch ein Glück, daß er ihm nicht den Arm aus dem Gelenk riß. In fünf Minuten fühlte sich Scrooge wie zu Hause. Nichts konnte herzlicher sein. Auch seine Nichte war die Freundlichkeit selbst gegen ihn. Ebenso Topper, als er kam; ebenso die rundliche Schwester, als sie kam; ebenso alle übrigen Gäste, als sie sich der Reihe nach zu ihnen gesellten. Eine wundervolle Gesellschaft, wundervolle Speisen, wundervolle Spiele, wundervolle Harmonie, wun-der-volles Glück!

Aber am anderen Morgen war er früh in seinem Kontor – oh, er war sehr früh dort. Wenn er nur zuerst eintreffen und Bob Cratchit dabei ertappen konnte, daß er zu spät kam; das war das, worauf er sein Herz gesetzt hatte.

Und es gelang ihm – ja, es gelang ihm! Die Glocke schlug neun, kein Bob. Viertel. Kein Bob. Er kam volle achtzehn und eine halbe Minute zu spät. Scrooge hatte seine Tür weit offengelassen, um Zeuge zu sein, wie er in seine Zelle hereinkam.

„Ich will Ihnen jetzt was sagen, mein Freund", entgegnete Scrooge.

Bobs Hut und Tröster waren herunter, ehe er noch die Tür öffnete. Im Nu saß er an seinem Pult und ließ seine Feder dahinfliegen, als versuchte er, neun Uhr wieder einzuholen.

„Heda!" brummte Scrooge, so gut wie möglich in seiner gewöhnlichen Stimme. „Was soll das heißen, daß Sie heute erst um diese Zeit kommen?"

„Es tut mir sehr leid, Sir", sagte Bob. „Ich habe mich verspätet."

„Wirklich?" sagte Scrooge. „Ja, ich mein's auch. Kommen Sie hierher, wenn ich bitten darf."

„'s ist nur einmal im Jahr, Sir", entschuldigte sich Bob, während er aus der Zelle hervorkam. „Es soll nicht wieder vorkommen. Ich habe mich gestern ein wenig vergnügt, Sir."

„Ich will Ihnen jetzt was sagen, mein Freund", entgegnete Scrooge. „So kann es nicht weitergehen. Und deshalb", fügte er hinzu, indem er von seinem Schemel heruntersprang und Bob mit dem Finger einen solchen Stoß vor den Magen gab, daß dieser wieder in die Zelle zurücktaumelte – „und deshalb habe ich mir vorgenommen, Ihr Gehalt zu erhöhen!"

Bob zitterte und versuchte in die Nähe des Lineals zu gelangen. Er hatte eine augenblickliche Eingebung, Scrooge damit niederzuschlagen, ihn festzuhalten und den Leuten im Hof zuzurufen, daß sie ihm helfen und eine Zwangsjacke herbeischaffen sollten.

„Frohe Weihnachten, Bob!" sagte Scrooge mit einem Ernst, der nicht mißverstanden werden konnte, während er ihn auf den Rücken klopfte. „Fröhlichere Weihnachten, Bob, mein guter Bursche, als ich Ihnen seit vielen Jahren gewünscht habe! Ich will Ihr Gehalt erhöhen und mich bemühen, Ihrer Familie, die sich so schwer plagen muß, beizustehen. Wir wollen Ihre Angelegenheiten heute nachmittag bei einer dampfenden Terrine Punsch besprechen, Bob. Schüren Sie jetzt die Feuer und kaufen Sie einen zweiten Kohlenkasten, ehe wir nach Hause gehen, lieber Bob Cratchit."

Scrooge hielt mehr als Wort. Er tat nicht nur alles, was er versprochen hatte, sondern auch noch unendlich mehr. Vor allem war er für Tiny Tim, der *nicht* starb, ein zweiter Vater. Er wurde ein so guter Freund, ein so guter Vorgesetzter und ein so guter Mensch, wie die gute alte City oder irgendeine andere gute alte Stadt, Dorf oder Flecken in der guten alten Welt nur je einen aufzuweisen hatte. Einige Leute lachten über ihn, als sie ihn so verändert fanden; aber er ließ sie lachen und achtete nicht darauf. Denn er war klug genug, um zu wissen, daß auf diesem Erdball nie ein Wandel zum Besseren vorgeht, ohne daß einige Leute den Anfang mit Gelächter begrüßen. Da er wohl einsah, daß diese Lacher für alle Fälle blind bleiben würden, so dachte er, es sei ebenso gut, daß die ihre Augen mit grinsenden Runzeln umgaben, als daß sie ihre Krankheit in weniger anziehenden Formen zeigten. Sein eigenes Herz lachte, und das war ihm vollkommen genug.

Er hatte keinen weiteren Verkehr mit Geistern, sondern lebte weiterhin stets nach dem Grundsatz vollständiger Abstinenz, und man sagte ihm nach, wenn irgendein Mensch auf Erden die Kunst besitze, gut Weihnachten zu feiern, so müsse man sie bei ihm suchen. Möge sich das in Wahrheit auch von uns und von uns allen sagen lassen! Und so möge denn, wie Tiny Tim bemerkte, Gott uns segnen samt und sonders!

Äsopische Fabeln

Das Königreich des Löwen

Als der Löwe über die Tiere auf Erden regierte, war er niemals grausam oder tyrannisch, sondern sanftmütig und gerecht, wie ein König sein soll. Während seiner Regierungszeit berief er eine allgemeine Versammlung der Tiere ein und gab ihnen ein dickes Bündel Gesetze, nach denen sie alle in Gleichheit und Harmonie leben sollten: Der Wolf und das Lamm, der Tiger und der Hirsch, der Leopard und das Zicklein, der Hund und der Hase; sie alle sollten Seite an Seite in Frieden und Freundschaft leben. Der Hase sprach: „Oh, wie sehr habe ich auf diesen Tag gewartet, an dem der Schwache ohne Furcht seinen Platz an der Seite des Starken einnehmen kann!"

Der Nordwind und die Sonne

Zwischen dem Nordwind und der Sonne kam es zu einem Streit, da jeder behauptete, er sei der Stärkere. Schließlich einigten sie sich darauf, ihre Kräfte an einem Wandersmann zu messen. Wer ihm eher den Mantel abstreifen könne, habe gewonnen. Der Nordwind begann. Er sammelte alle seine Kräfte für diesen Angriff, fuhr wütend auf den Wandersmann herab, als wolle er ihm den Mantel gleich beim ersten Anlauf entreißen. Doch je stärker er blies, desto enger zog der Wanderer den Mantel um sich. Dann kam die Sonne an die Reihe. Zunächst schien sie freundlich auf den Wandersmann herab, der seinen Mantel aufknöpfte und ihn sich über die Schulter hängte. Dann schien sie mit ihrer vollen Kraft, und dem Mann wurde schon nach wenigen Schritten so heiß, daß er seinen Mantel gerne freiwillig auszog und froh war, die Reise ohne ihn fortsetzen zu können.

Überzeugung ist besser als Gewalt.

Die Stadtmaus und die Feldmaus

Die Stadtmaus und die Feldmaus hatten sich kennengelernt, und eines Tages lud die Feldmaus ihren Freund aus der Stadt zu sich ein. Die Stadtmaus kam, und man setzte sich zum Essen, das aus Gerstenkörnern und Wurzeln bestand, wobei die Wurzeln einen starken Erdgeruch hatten. Diese Kost war nicht sehr nach dem Geschmack des Gastes, und er konnte es sich nicht verkneifen, seinen armen Freund zu bedauern: „Mein armer Freund“, sagte er, „du lebst ja hier nicht besser als die Ameisen! Du solltest einmal sehen, wie ich lebe! Meine Speisekammer ist ein wahres Füllhorn; Du mußt ein paar Tage mit zu mir kommen, und ich verspreche dir, du wirst leben wie die Made im Speck.“ Als die Stadtmaus in die Stadt zurückkehrte, nahm sie die Feldmaus mit und zeigte ihr stolz die Speisekammer voll mit Mehl, Feigen, Honig und Datteln. Die Feldmaus hatte solche Dinge noch nie gesehen und setzte sich, um den Luxus zu genießen, den ihr Freund ihr bot. Doch bevor sie richtig mit dem Mahl begonnen hatten, öffnete sich die Tür, und jemand trat ein. Die beiden Mäuse fuhren hoch und versteckten sich in einem engen und höchst unbequemen Loch. Als es wieder ruhig war, wagten sie sich wieder heraus, doch schon öffnete sich die Tür von neuem, und sie mußten sich wieder verstecken. Das war zuviel für die Feldmaus. „Adieu“, sagte sie, „ich gehe. Du lebst inmitten von Luxus, das habe ich gesehen, doch umgeben von Gefahren. Ich dagegen kann zu Hause mein einfaches Mahl aus Gerstenkörnern und Wurzeln in Ruhe genießen.

Die kleine Krabbe und ihre Mutter

Eine alte Krabbe sagte zu ihrem Sohn: „Warum läufst du immer seitwärts? Du mußt geradeaus laufen!“ Die kleine Krabbe antwortete: „Zeige mir, wie es geht, Mutter, und ich folge deinem Beispiel.“ Die alte Krabbe versuchte es, doch vergeblich, und da sah sie ein, wie dumm es von ihr gewesen war, ihr Kind zu kritisieren.

Ein gutes Beispiel ist besser als Befehle.

Die kleine Krabbe und ihre Mutter

Der Hund und der Hase

Ein junger Hund lief einem Hasen nach. Als er ihn eingeholt hatte, schnappte er einmal mit den Zähnen nach ihm, so, als wolle er ihn fressen, dann ließ er ihn wieder los und tat so, als spiele er mit einem anderen Hund. Das wiederholte er ein paarmal. Schließlich meinte der Hase: „Ich wollte, du würdest die Karten auf den Tisch legen. Wenn du mein Freund bist, warum beißt du mich dann? Wenn du aber mein Feind bist, warum spielst du mit mir?"

Wahre Freundschaft kennt kein doppeltes Spiel.

Der Ochse und der Frosch

Zwei kleine Fröschlein spielten am Ufer eines Teiches, als ein Ochse zum Wasser kam, um zu trinken, und dabei ungewollt auf eines der Fröschlein trat und es tötete. Als es nicht nach Hause kam, fragte die Mutter den Bruder, wo es denn sei. „Es ist tot, Mutter", sagte der kleine Frosch, „ein riesengroßes Tier mit vier Beinen kam heute morgen zum Teich und hat es zertreten." – „Riesengroß, sagst du? So groß?" fragte die Froschmutter und blies sich auf, um so groß wie möglich zu erscheinen. „Oh, viel größer!" lautete die Antwort. Die Froschmutter blies sich noch mehr auf. „War es so groß?" fragte sie dann. „Viel, viel größer!" antwortete der kleine Frosch, worauf sich die Froschmutter noch mehr aufblies, bis sie so rund war wie ein Ball. „War es ..." begann sie – doch dann platzte sie.

Der Wolf und das Zicklein

Ein Zicklein entfernte sich von der Herde und wurde von einem Wolf verfolgt. Als es sah, daß dieser es bald eingeholt haben würde, drehte es sich um und sagte zu dem Wolf: „Ich weiß, werter Herr, daß ich meinem Schicksal nicht entkommen kann. Da mein Leben nur noch sehr kurz ist, bitte ich Euch sehr, es so fröhlich wie möglich ausklingen zu lassen. Wollt Ihr mir nicht noch einmal zum Tanz aufspielen, bevor ich sterbe?" Der Wolf sah keinen Grund, vor dem Mahl nicht noch ein bißchen Musik zu machen, deshalb zog er seine Pfeife hervor und spielte, und das Zicklein tanzte dazu. Kaum waren einige Minuten vergangen, da kamen die Hunde, welche die Ziegenherde bewachten, um zu sehen, was die Musik zu bedeuten habe. Sobald sie den Wolf sahen, stürzten sie sich auf ihn und jagten ihn davon. Im Davonlaufen drehte er sich noch einmal um und sagte zu dem Zicklein: „Ich habe es nicht besser verdient; mein Beruf ist Schlächter, und ich hatte keine Veranlassung, dir zuliebe zum Pfeifer zu werden."

Der Fuchs und die Trauben

Ein hungriger Fuchs sah ein paar Trauben an einer Rebe, die in einiger Höhe an einer Schnur entlanggezogen war. Der Fuchs sprang, so hoch er konnte, und mühte sich ab, um die Trauben zu erreichen, doch vergebens, sie hingen außerhalb seiner Reichweite. Deshalb gab er seine Bemühungen auf und ging mit würdevoller, unbeteiligter Miene davon, wobei er bemerkte: „Ich hatte geglaubt, die Trauben seien reif, doch nun sehe ich, sie sind ja noch ganz grün."

Der Bär und der Fuchs

Ein Bär prahlte einst mit seiner gehobenen Denkungsart und seinem kultivierten Wesen. (Es ist tatsächlich so, daß sich der Bär niemals an einem toten Tier vergreift.) Ein Fuchs, der ihn so selbstgefällig reden hörte, lächelte und sagte: „Mein lieber Freund, ich wünschte mir, daß du, wenn dich der Hunger plagt, deine Aufmerksamkeit den Toten zuwendetest und die Lebenden in Ruhe ließest.“

Ein Heuchler täuscht nur sich allein.

Die Mücke und der Bulle

Eine Mücke ließ sich auf dem Horn eines Bullen nieder und blieb dort geraume Zeit sitzen. Als sie sich ausgeruht hatte und sich zum Weiterfliegen bereitmachte, fragte sie den Bullen: „Macht es dir etwas aus, wenn ich schon wieder gehe?“ Der Bulle wandte kaum die Augen in die Richtung, aus der die Stimme kam, und sagte gleichgültig: „Mir ist es gleich. Ich habe nicht gemerkt, als du gekommen bist, und ich werde auch nicht merken, wenn du wieder gehst.“

Wir kommen uns in unseren eigenen Augen oft viel wichtiger vor, als wir es in denen unserer Nachbarn sind.

Der Wunsch der Frösche nach einem König

Die Zeit war gekommen, da die Frösche unzufrieden wurden, weil sie niemanden hatten, der sie regierte. Deshalb sandten sie eine Abordnung zu Jupiter, um ihn zu bitten, ihnen einen König zu geben. Jupiter, der wußte, wie dumm ihr Wunsch war, warf einen Baumstumpf in den Teich, in dem sie lebten, und sagte, das sei ihr König. Das Aufklatschen des Baumstumpfes im Wasser hatte die Frösche zunächst sehr erschreckt, und sie hatten sich in die hintersten Winkel des Teiches geflüchtet, doch als sie sahen, daß das Holz unbeweglich blieb, wagte sich einer nach dem anderen wieder an die Oberfläche. Es dauerte nicht lange, da wurden sie noch mutiger, und bald hatten sie allen Respekt verloren und turnten sogar auf dem Baumstumpf herum. Überzeugt, daß ein solcher König eine Beleidigung für sie sei, schickten sie ein zweites Mal zu Jupiter und baten ihn, den trägen König wieder wegzunehmen und ihnen einen neuen zu geben. Jupiter, ärgerlich über die neuerliche Belästigung, schickte ihnen einen Storch, damit er über sie herrsche, und der Storch kam und begann auch sofort, die Frösche zu fangen und zu fressen, so schnell er nur konnte.

Der Quacksalber-Frosch

Eines Tages kam ein Frosch aus einem Tümpel im Moor hervor und verkündete aller Welt, er sei ein gelernter Doktor, kenne jede Medizin und sei in der Lage, alle Krankheiten zu heilen. Unter der Menge, die ihm zuhörte, war auch ein Fuchs, der rief: „Du und ein Doktor! Wie willst du denn andere kurieren, wenn du nicht einmal deine eigenen lahmen Beine und deine runzlige Haut heilen kannst?"

Wer ein Doktor sein will, heile zuerst sich selbst.

Der Löwe, Jupiter und der Elefant

Der Löwe ist trotz seiner Größe und Stärke und trotz seiner scharfen Zähne und Klauen in einer Sache ein Feigling: er kann das Krähen des Hahnes nicht ertragen und rennt davon, sobald er es hört. Er beklagte sich bitter bei Jupiter, daß dieser ihn mit einem solchen Mangel erschaffen hatte, doch Jupiter meinte, er könne nichts dafür; er habe für ihn getan, was er konnte, und da dies sein einziger Fehler sei, könne er wohl ganz zufrieden sein. Dem Löwen war dies jedoch kein Trost, ja, er schämte sich so wegen seiner Feigheit, daß er wünschte, er wäre tot. In dieser Stimmung traf er den Elefanten, und sie plauderten ein Weilchen miteinander. Dabei fiel dem Löwen auf, daß das große Tier ständig die Ohren spitzte, als lausche es angestrengt auf etwas, und der Löwe fragte nach dem Grund der Unruhe. In diesem Augenblick summte eine Fliege vorbei, und der Elefant sagte:

„Siehst du das verflixte kleine summende Insekt dort? Ich habe schreckliche Angst, daß es in mein Ohr fliegt, denn wenn es einmal drinnen ist, bin ich tot und erledigt."

Die Laune des Löwen hob sich sofort, als er das hörte. „Denn", so dachte er, „wenn der riesige Elefant Angst vor einer Fliege hat, brauch ich mich wegen meiner Angst vor dem Hahn, der ja tausendmal größer ist als eine Fliege, nicht mehr so sehr zu schämen."

Peter Pan im Stadtpark

J. M. Barrie

Peter Pan im Stadtpark

Wenn du Peter Pans Abenteuer richtig verfolgen willst, mußt du dich im Stadtpark auskennen, und zwar im Stadtpark von London, wo der König wohnt und wo ich mit David beinahe jeden Tag spazierenging, bis er entschieden genug davon hatte. Kein Kind hat jemals den ganzen Park gesehen, da es immer viel zu früh Zeit zum Heimgehen ist, und wenn du so klein bist wie David, mußt du so früh nach Hause gehen, weil du eben von zwölf bis ein Uhr schlafen mußt. Wenn deine Mutter nicht darauf bestehen würde, daß du von zwölf bis ein Uhr schlafen mußt, könntest du höchstwahrscheinlich einmal den ganzen Park sehen.

Der Park ist auf einer Seite begrenzt von einer endlosen Reihe von Omnibussen, über die jedes Kindermädchen eine solche Autorität hat, daß sie nur den Finger zu heben braucht, um sie anzuhalten, damit sie sicher die andere Straßenseite erreichen kann. Es gibt mehrere Tore, durch die man in den Park gelangen kann, aber du mußt durch *dieses* gehen, und bevor du hineingehst, sprichst du ein paar Worte mit der Luftballonfrau, die dort sitzt. Sie sitzt so nah am Tor wie möglich, um sich an den Gitterstäben festhalten zu können, denn wenn sie losließe, würden die Luftballons sie hochheben und mit ihr davonfliegen. Sie sitzt da ziemlich breit, denn die Luftballons ziehen ständig an ihr, und sie hat davon schon ein ganz rotes Gesicht. Seit kurzem sitzt eine neue Luftballonfrau da, denn die alte hatte losgelassen, was David sehr leid tat, vor allem, weil er nicht dabei war, als sie davonflog.

Der Park ist unheimlich groß, mit Millionen von Bäumen darin. Zuerst kommst du zu den Pützchen, doch dort trödelst du nicht herum, denn das ist der Bereich höherer kleiner Wesen, denen es verboten ist, sich unter die Allgemeinheit zu mischen und die, wie die Legende sagt, so heißen, weil sie immer ganz herausgeputzt auftreten. Gelegentlich klettert ein rebellisches Pützchen über den Zaun in die Welt, und eines davon war Miß Mabel Grey, von der ich euch erzählen will, wenn wir zu Miß Mabel Greys Tor kommen. Sie war das einzige wirklich berühmte Pützchen.

Wir kommen nun zum Großweg, der viel größer als die anderen Wege ist, genau wie dein Vater größer ist als du. David fragte sich immer, ob er wohl auch klein angefangen hatte und dann gewachsen war, und ob die anderen Wege wohl seine Kinder waren, und er zeichnete ein Bild, das ihm sehr viel Spaß machte, ein Bild vom Großweg, der ein ganz kleines Wegbaby im Kinderwagen trockenlegt.

Auf dem Großweg triffst du alle Leute, die du kennen mußt, doch gewöhnlich ist eine erwachsene Person dabei, die sie zurückhält, wenn sie ins feuchte Gras springen wollen, oder neben deren Stuhl sie stehen müssen, wenn sie „verrückter Hund" gespielt oder sich „mariannisch" benommen haben. Sich mariannisch benehmen heißt, sich benehmen wie ein kleines Mädchen, also weinen, weil das Kindermädchen dich nicht tragen will oder am Daumen lutschen und überhaupt alles Verachtenswerte tun; „verrückter Hund" spielen aber heißt, nach allem, was auf dem Weg liegt, kicken, und darin liegt eine gewisse Befriedigung. Wenn ich alle markanten Punkte auf dem Großweg aufzählen sollte, wäre es Zeit zum Nachhausegehen, noch bevor wir sie erreicht hätten, und deshalb zeige ich nur kurz mit meinem Stock in Richtung Cecco-Hewlett-Baum, jenem bemerkenswerten Platz, an dem ein Junge namens Cecco einen Pfennig verlor und ein Fünf-Pfennig-Stück dafür fand. Seitdem hat man in fünf Meter Umkreis enorme Grabarbeiten geleistet. Ein Stück weiter siehst du das kleine Holzhaus, in dem sich Marmaduke Perry versteckte. Es gibt keine schrecklichere Geschichte im ganzen Stadtpark, als die von Marmaduke Perry, der sich drei Tage hintereinander mariannisch benommen hatte und dazu verurteilt worden war, auf dem Großweg mit den Kleidern seiner Schwester zu erscheinen. Er versteckte sich in dem kleinen Holzhaus und weigerte sich, wieder herauszukommen, bis sie ihm Knickerbocker mit Taschen kauften.

Jetzt versuchst du, zum Runden Teich zu gehen, doch alle Kindermädchen hassen ihn, weil sie keinen Mut haben, und sie versuchen dich abzulenken und in die andere Richtung zu schauen zum Big Penny oder zum Baby-Palast. Im Baby-Palast wohnte einst das berühmteste Baby vom ganzen Stadtpark, und es wohnte dort ganz allein mit seinen Puppen, und wenn irgend jemand am Tor läutete, stand es auf, selbst wenn es schon nach sechs Uhr war, zündete eine Kerze an und öffnete in seinem Nachthemd das Tor, und dann riefen alle hocherfreut „Heil dir, Königin von England!“

Was David am meisten wunderte, war, woher es wußte, wo die Streichhölzer lagen. Big Penny war ein Denkmal, das man ihm zu Ehren errichtet hatte.

Als nächstes kommst du zum Hügel, dem Teil des Großweges, an dem alle großen Rennen stattfinden. Und selbst wenn du gar nicht rennen willst, rennst du von ganz allein, wenn du zum Hügel kommst, denn es ist der phantastischste Hügel, den es gibt. Wenn du anhältst, nachdem du den halben Weg hinuntergerannt bist, bist du verloren; aber in der Nähe steht ein zweites kleines Holzhaus, „Das verlorene Haus“ genannt, und du sagst dem Mann dort einfach, daß du verloren bist, und schon findet er dich. Es ist ein Mordsspaß, den Hügel hinunterzurennen, doch an stürmischen Tagen kannst du es nicht tun, weil du dann gar nicht da bist, aber die welken Blätter tun es für dich. Es gibt nichts, das einen größeren Sinn für Spaß hat, als ein welkes Blatt.

Vom Hügel aus kann man das Tor sehen, das nach Miß Mabel Grey benannt wurde, jenem Pützchen, von dem ich euch zu erzählen versprochen habe. Sie wurde immer von zwei Kindermädchen begleitet, manchmal auch von einer Mutter und einem Kindermädchen, und lange Zeit war sie ein richtiges Mustermädchen, das nie vom Tisch aufsprang und die anderen Pützchen immer höflich grüßte, und das einzige Spiel, das sie spielte, war graziös einen Ball zu werfen, den das Kindermädchen zurückbrachte. Doch eines Tages hatte sie das alles satt und spielte verrückter Hund, und um zu zeigen, daß sie tatsächlich verrückt geworden war, löste sie ihre beiden Schnürsenkel und streckte die Zunge nach Osten, Westen, Norden und Süden heraus. Dann nahm sie ihren Schal, warf ihn in eine Pfütze und tanzte darauf herum, bis ihr Kleidchen ganz mit Pfützenwasser beschmutzt war. Danach kletterte sie über den Zaun und erlebte eine Reihe unglaublicher Abenteuer, die darin gipfelten, daß sie ihre eigenen Schuhe von sich kickte. Schließlich kam sie zu dem Tor, das jetzt ihren Namen trägt, rannte hinaus und in Straßen, die weder David noch ich jemals betreten haben, und sie rannte immer weiter und man hätte wohl niemals wieder etwas von ihr gehört, wäre nicht ihre Mutter in einen Bus gesprungen und hätte sie überholt. Doch das alles ist schon lange her und es war nicht die Mabel Grey, die David kennt.

Doch kehren wir auf den Großweg zurück. Rechter Hand liegt der Baby-Weg, auf dem so viele Kinderwagen fahren, daß man beim Überqueren des Weges ohne Anstrengung von einem Baby zum anderen hüpfen könnte, doch die Kindermädchen sähen das sicherlich nicht gern.

Von diesem Weg führt ein kurzes Verbindungsstück, die Daumen-Passage (so benannt, weil sie genau einen Daumen lang ist) zur Picknick-Straße, wo es richtige Kühe gibt, denen Haselnußblüten in den Trog fallen, wenn sie trinken wollen. Ganz gewöhnliche Kinder picknicken hier auch und ihnen fallen genauso die Haselnußblüten in die Becher.

Als nächstes kommt man zum Sankt-Govor-Brunnen, der voll Wasser war, als der kühne Malcolm hineinfiel. Er war der Liebling seiner Mutter, und er ließ es gerne zu, daß sie ihm in aller Öffentlichkeit den Arm um die Schultern legte, da sie Witwe war, doch er mochte Abenteuer ebenso gerne und spielte oft mit einem Kaminfeger, der schon eine ganze Menge Bären getötet hatte. Der Kaminfeger hieß Sooty, und eines Tages, als sie in der Nähe des Brunnens spielten, fiel Malcolm hinein und wäre sicherlich ertrunken, wenn Sooty nicht hinter ihm hergesprungen und ihn gerettet hätte; das Brunnenwasser wusch Sooty rein, und er stellte sich als Malcolms lange verloren geglaubter Vater heraus. Seither läßt es Malcolm nicht mehr zu, daß seine Mutter ihren Arm um seine Schultern legt.

Zwischen dem Brunnen und dem Runden Teich sind die Fußballplätze, und oft nimmt die Seitenwahl so viel Zeit in Anspruch, daß zum Spielen kaum mehr welche bleibt. Jeder will zuerst am Ball sein, und wenn du dann einmal so richtig schön im Zweikampf mit deinem Gegner bist und dich mit ihm um den Ball balgst, hauen die anderen Spieler ab und spielen etwas neues. Der Stadtpark ist bekannt für zwei Arten von Fußball: den Jungen-Fußball, der mit einem richtigen Lederball und auf einem richtigen Feld gespielt wird, und dem Mädchen-Fußball, bei dem nur so herumgekickt wird. Mädchen können ja nun wirklich nicht Fußball spielen, und wenn man sieht, wie sie vergeblich hinter dem Ball herrennen, kann man nicht anders als lachen und Gesichter schneiden. Trotzdem passierte einmal ein recht peinlicher Zwischenfall, als ein paar Mädchen Davids Mannschaft herausforderten und eine ganz wilde Person namens Angela Clare so viele Tore schoß, daß ... doch lassen wir das und gehen wir lieber schnell weiter zu dem Runden Teich, der das Herz des ganzen Stadtparks ist.

Er ist rund, wie schon der Name sagt, und liegt genau in der Mitte des Parks, und wenn du erst einmal da bist, willst du nicht mehr weitergehen. Es ist absolut unmöglich, am Runden Teich immer brav zu sein; du kannst auf dem Großweg stundenlang brav sein, aber nicht am Runden Teich, und der Grund dafür liegt darin, daß du einfach von Zeit zu Zeit vergißt, daß du dich nicht naß machen sollst, und wenn du dann wieder drandenkst, bist du schon so naß, daß du gut auch noch ein bißchen nasser werden kannst. Manche Väter lassen hier Schiffe schwimmen, und einige davon sind so groß, daß sie sie auf einem kleinen Handwagen oder einem Kinderwagen herbringen, so daß das Baby dann nebenher laufen muß. All die O-beinigen Kinder, die du im Stadtpark siehst, gehören zu den armen Geschöpfen, die zu früh laufen mußten, weil ihre Väter die Kinderwagen brauchten.

Dein größter Wunsch war schon immer eine richtige Yacht, die du auf dem Runden Teich schwimmen lassen kannst, und eines Tages schenkt dir dein Onkel eine. Es ist herrlich, sie am ersten Tag stolz zum Teich zu tragen und mit den Jungen, die keinen solchen Onkel haben, darüber zu reden, aber bald läßt du sie lieber zu Hause, denn das Größte, was auf dem Runden Teich seine Runden dreht, ist ein sogenanntes Stockboot. Es sieht aus wie ein Stock, bis man es ins Wasser läßt und den Strick fest in der Hand hält. Dann gehst du mit ihm rund um den Teich, siehst kleine Männer geschäftig auf dem Deck hin- und herlaufen, siehst, wie die Segel sich blähen und die Brise ausnutzen, und du legst in finsteren Nächten an unheimlichen Häfen an, die den herrschaftlichen Yachten vollkommen unbekannt sind. Die Nacht vergeht wie im Fluge, und schon hat dein unverwüstliches Schiff wieder die Nase im Wind, du gleitest über versunkene Städte, siehst wasserspeiende Wale, kämpfst mit Piraten und wirfst deinen Anker vor Koralleninseln. Du bist ein Einzelgänger während all dieser Unternehmungen, denn zwei Jungen zusammen können solche Abenteuer am Runden Teich nicht erleben. Du kannst zwar während der Reise mit dir selber sprechen, gibst auch Befehle und achtest darauf, daß sie ausgeführt werden, du weißt nicht, wann es Zeit ist, nach Hause zu gehen, noch wo du gewesen bist oder welche Brise deine Segel geschwellt hat. Du hast deine Schatztruhe, gefüllt mit Abenteuern, fest verschlossen. Vielleicht öffnet ein anderer kleiner Junge in vielen, vielen Jahren sie am Runden Teich wieder.

Aber eine Yacht birgt rein gar nichts in sich. Oder hast du schon einmal erlebt, daß jemand zu den Lieblingsplätzen seiner Jugendzeit zurückkehrt, nur weil er dort eine Yacht schwimmen ließ? Sicherlich nicht. Das Stockboot ist es, das Erinnerungen in sich birgt. Eine Yacht ist ein Spielzeug, ihr Besitzer ein Süßwassermatrose; man kann sie auf einem Teich hin- und herfahren lassen, doch mit einem Stockboot kann man zur See fahren. Ihr Yachtkapitäne mit euren Kommandostäben, die ihr glaubt, wir alle seien nur da, um euch zu bestaunen, eure Schiffe sind nur zufällige Erscheinungen auf diesem Platz, doch wenn die Enten sie alle leckbeißen oder versenken würden, ginge das Leben auf dem Runden Teich weiter wie immer.

Wie die Kinder drängen sich auch die Wege aus allen Richtungen zum Teich. Einige sind ganz gewöhnliche Wege, mit Begrenzungen an beiden Seiten und von Männern in Hemdsärmeln angelegt; andere sind unregelmäßig, sehr breit an einer Stelle und an anderen so schmal, daß man sie mit gespreizten Beinen überspannen kann. Man nennt sie „Wege, die sich selbst angelegt haben“ und David hätte zu gerne einmal gesehen, wie sie das machen. Aber wie all die wundervollen Dinge, die im Stadtpark geschehen, geht auch das in der Nacht vor sich, wenn die Tore geschlossen sind. Wir haben uns überlegt, daß die Wege sich selbst anlegen, weil das ihre einzige Chance ist, zum Runden Teich zu kommen.

Ein paar dieser Wege kommen von der Wiese, wo die Schafe geschoren werden. Als David seine Lockenpracht beim Friseur ließ, sagte er ihr adieu, ohne mit der Wimper zu zukken, obwohl seine Mutter ihn seither nie mehr mit demselben strahlenden Lächeln angeschaut hat; aber seither verachtet David die Schafe, die vor ihrem Scherer davonlaufen und ruft ihnen „Feiglinge, Feiglinge!“ nach.

Aber wenn der Mann sie dann eingefangen hat und zwischen seinen Knien festhält, schüttelt David doch die Faust gegen ihn, weil er eine so große Schere nimmt. Aufregend wird es dann, wenn der Mann die schmutzige Wolle von den Schultern der Schafe schiebt und sie plötzlich so nackt aussehen, wie die Damen im Theater, wenn sie an der Garderobe ihre Mäntel abgegeben haben. Die Schafe haben solche Angst vor dem Scheren, daß sie hinterher ganz bleich und mager sind und sobald sie ihre Freiheit wiederhaben, sofort am Gras zu rupfen beginnen. David fragte sich oft, ob sie sich wohl nach der Schur, wenn sie so ganz anders aussehen als vorher, wiedererkennen, oder ob dann Freunde gegen Freunde kämpfen, anstatt gegen Feinde.

Sie sind, im Gegensatz zu Schafen auf dem Lande, große Kämpfer und versetzen damit meinem Bernhardinerhund Porthos jedes Jahr von neuem einen Schock. Er kann eine ganze Herde Landschafe durch sein bloßes Auftauchen in die Flucht treiben, doch diese Stadtschafe nähern sich ihm mit einer Dreistigkeit, daß er sich nicht mehr so einfach zurückziehen kann, ohne sein Gesicht zu verlieren. Also tut er so, als sei er ganz in den Anblick der Landschaft versunken und trollt sich dann gelassen mit einem schrägen Seitenblick auf mich.

Hier in der Nähe beginnt auch der Serpentinenteich, ein herrlicher Teich, auf dessen Grund ein überfluteter Wald liegt. Wenn du dich über das Wasser beugst, siehst du die Bäume alle von oben nach unten wachsen, und es heißt, in der Nacht seien auch überflutete Sterne in ihm zu sehen. Wenn das stimmt, sieht Peter Pan sie bestimmt auch, wenn er nachts in seinem Drosselnest über den Teich rudert.

Nur ein kleiner Teil des Serpentinenteiches liegt im Stadtpark. Er erstreckt sich unter einer Brücke hindurch bis zu jener Insel, auf der die Vögel geboren werden, aus denen einmal kleine Jungen und Mädchen werden. Kein menschliches Wesen kann auf dieser Insel landen, außer Peter Pan (und der ist ja auch nur ein halber Mensch), aber wenn man einen kleinen Jungen oder ein Mädchen haben will, braucht man das nur auf ein Stück Papier zu schreiben, ein Schiffchen daraus zu falten und es ins Wasser zu lassen, und schon in der nächsten Nacht erreicht es Peter Pans Insel.

Wir tun jetzt so, als seien wir wieder auf dem Heimweg, denn es ist natürlich unmöglich, all die Plätze, an denen wir waren, an einem Tag zu sehen. Die beiden letzten wichtigen Punkte, bevor wir zu unserem Tor kommen, sind der Hundefriedhof und das Buchfinknest,

doch an dem Hundefriedhof gehen wir ganz schnell vorbei, weil Porthos immer dabei ist. Das Nest ist ganz weiß, und daß wir es gefunden haben, war ein wunderbarer Zufall. Wir suchten im Gebüsch nach Davids weißem Wollball, den er verloren hatte, doch anstelle des Balles fanden wir ein herrliches Nest aus Wolle mit vier Eiern darin. Auf den Eiern waren komische Zeichen und Kratzer, wie David sie macht, wenn er zu schreiben versucht, deshalb nahmen wir an, daß es kleine Liebesbriefe der Vogelmutter an ihre Kleinen waren. Jeden Tag, wenn wir im Stadtpark waren, schauten wir nach dem Nest, gaben acht, daß keiner jener grausamen Buben uns beobachtete, verstreuten Brotkrumen, und bald betrachtete uns die Vogelmutter als Freunde, blieb ruhig im Nest sitzen, wenn wir kamen, und schaute uns mit freundlichen Augen an. Doch als wir eines Tages kamen, waren nur noch zwei Eier im Nest, und am nächsten Tag gar keines mehr. Und das Schlimmste an der ganzen Sache war, daß die arme Buchfinkmutter im Gebüsch umherflatterte und uns so vorwurfsvoll anschaute, daß wir gleich wußten, sie glaubte, wir seien es gewesen. David versuchte ihr zwar zu erklären, daß das nicht stimmte, doch es ist schon so lange her, seit er die Vogelsprache gesprochen hat, daß ich fürchte, sie hat ihn nicht verstanden. David und ich verließen den Park an diesem Tag mit unseren Taschentüchern vor den Augen.

Die Elfen vom Serpentinenteich

Peter Pan

Wenn du deine Mutter fragst, ob sie Peter Pan kannte, als sie ein kleines Mädchen war, wird sie antworten: „Selbstverständlich, mein Kind!“ Und wenn du sie weiter fragst, ob er damals auf einer Ziege ritt, wird sie wieder antworten: „Was für eine dumme Frage! Selbstverständlich tat er das!“ Wenn du dann deine Großmutter fragst, ob sie Peter Pan kannte, als sie ein kleines Mädchen war, wird auch sie antworten: „Selbstverständlich, mein Kind!“ Aber wenn du sie dann fragst, ob er damals auf einer Ziege ritt, wird sie dir sagen, sie habe überhaupt nicht gewußt, daß er eine Ziege hat. Nun könnte man sagen, sie hat es vergessen, wie sie auch manchmal deinen Namen vergißt, doch eine so wichtige Sache wie die Ziege hätte sie sich sicher gemerkt. Also hat es, als Großmutter ein kleines Mädchen war, noch keine Ziege gegeben. Das beweist, daß es genauso dumm ist, die Geschichte von Peter Pan mit der Ziege zu beginnen (was die meisten Leute tun), als den Mantel vor der Jacke anzuziehen.

Es beweist aber auch, daß Peter sehr alt ist, auch wenn er in Wirklichkeit nie älter wird. Er ist genau eine Woche alt, und obwohl er nun schon vor so langer Zeit geboren wurde, hat er nie Geburtstag gehabt und hat auch nicht die geringste Chance, irgendwann einmal einen feiern zu können; und zwar, weil er dem Menschsein entfloh, als er sieben Tage alt war. Er entfloh durch das Fenster und flog zurück in den Stadtpark.

Wenn du nun glaubst, er sei das einzige Baby, das dem Menschsein habe entfliehen wollen, so zeigt das nur, wie wenig du dich an die ersten Tage deines Lebens erinnern kannst. Als David die Geschichte zum erstenmal hörte, war er ganz sicher, daß er nie versucht hatte, zu entfliehen, bis ich ihm sagte, er solle ganz stark nachdenken und dabei die Fäuste an die Schläfen pressen. Als er so ganz fürchterlich nachgedacht hatte, erinnerte er sich – zunächst noch unbestimmt, dann ganz deutlich – an seinen frühkindlichen Wunsch, in die Baumwipfel zurückzukehren. Und mit dieser Erinnerung kamen andere, wie er zum Beispiel im Bett gelegen hatte mit dem Gedanken zu fliehen, sobald seine Mutter eingeschlafen sei, und wie sie ihn einmal gerade noch erwischt hatte, als er schon halb den Kamin oben war. Alle Kinder könnten sich an solche Erlebnisse erinnern, wenn sie nur ihre Fäuste stark genug gegen die Schläfen pressen wollten, denn da sie alle vor ihrem Menschsein Vögel waren, sind sie in den ersten Tagen natürlich noch etwas wild, und die Schultern jucken noch da, wo früher die Flügel saßen. So erzählte mir zumindest David.

Peter Pan konnte also durchs Fenster entfliehen, vor dem glücklicherweise keine Gitterstäbe waren. Als er so auf dem Fensterbrett stand, konnte er in der Ferne Baumwipfel sehen, die zweifellos zum Stadtpark gehörten, und im selben Moment vergaß er vollkommen, daß er ein kleiner Junge im Nachthemd war, und er flog davon über die Dächer und in den Park. Es ist schon etwas Wunderbares, daß er fliegen konnte ohne Flügel, doch seine Schultern juckten so stark, und – und – vielleicht könnten wir alle fliegen, wenn wir uns unserer Sache nur so todsicher wären, wie der kühne Peter Pan an jenem Abend.

Er landete sicher auf dem Rasen zwischen dem Baby-Palast und dem Serpentinenteich, und das erste, was er tat war, sich auf den Rücken zu legen und mit den Beinen strampeln. Er hatte schon beinahe vergessen, daß er einmal ein menschliches Wesen war und dachte, er sei wie in seinen frühesten Tagen ein Vogel mit allem, was dazugehört; und als er vergeblich versuchte, eine Fliege zu fangen, wollte er nicht begreifen, daß sein Mißerfolg daran lag, daß er mit den Händen nach ihr gegriffen hatte, was ja kein Vogel tut.

Er merkte jedoch, daß es schon nach Torschluß sein mußte, da überall Elfen herumliefen, sämtlich zu beschäftigt, um ihn zu bemerken. Sie bereiteten ihr Frühstück vor, molken ihre Kühe, holten Wasser und so weiter, und der Anblick der Wassereimer machte Peter Pan durstig. Also flog er hinüber zum Runden Teich, um etwas zu trinken. Er stellte sich ans Ufer und senkte den Schnabel ins Wasser; er dachte zumindest, es sei sein Schnabel, obwohl es natürlich nur seine Nase war, weshalb er auch nur sehr wenig Wasser bekam und es lange nicht so erfrischend war wie sonst. Deshalb versuchte er ein bißchen herumzuplanschen und fiel glatt ins Wasser. Wenn ein richtiger Vogel ins Wasser gefallen ist, spreizt er seine Flügel und schüttelt sie trocken, doch Peter konnte sich absolut nicht mehr erinnern, was zu tun sei, und so beschloß er, am Tränenufer schlafen zu gehen.

Zunächst hatte er einige Schwierigkeiten, sich auf dem Ast, den er sich ausgesucht hatte, im Gleichgewicht zu halten, doch dann fiel ihm der Trick wieder ein und er entschlummerte. Lange vor Morgengrauen wachte er zitternd wieder auf und sagte zu sich: „Ich war noch nie in einer so kalten Nacht im Freien!“ Natürlich hatte er als Vogel schon viel kältere Nächte erlebt, doch wie jedermann weiß, kann eine Nacht, die einem Vogel in seinem Federkleid warm erscheint, für einen kleinen Jungen im Nachthemd empfindlich kalt sein. Peter fühlte sich auch schrecklich unbehaglich und hatte einen ganz steifen Hals. Laute Geräusche ließen ihn erschreckt hochfahren, doch es war nur sein eigenes Niesen. Er wünschte sich irgend etwas sehnlichst herbei, doch er wußte nicht, was. Was er sich wünschte, war seine Mutter, die ihm die Nase putzen sollte, doch darauf wäre er nie gekommen. Deshalb beschloß er, sich an die Elfen zu wenden, die in dem Ruf stehen, ziemlich gescheit zu sein.

Zwei von ihnen kamen gerade Arm in Arm den Baby-Weg herauf, und er hüpfte von seinem Ast, um sie anzusprechen. Die Elfen kabbeln sich oft mit den Vögeln, doch wenn sie höflich gefragt werden, geben sie normalerweise auch eine höfliche Antwort; deshalb war Peter ziemlich wütend, als diese beiden Hals über Kopf davonliefen, als sie ihn sahen. Ein anderer Elf räkelte sich auf einer Parkbank und las eine Briefmarke, die ein Parkbesucher verloren hatte, doch als er Peters Stimme hörte, verschanzte er sich erschreckt hinter einer Tulpe.

Zu seiner größten Verwunderung merkte Peter bald, daß sämtliche Elfen flohen, sobald er sich ihnen zeigte. Ein Trupp Arbeiterelfen, der einen Blätterpilz niedermähte, ließ die Sensen fallen und rannte davon, als koste es das Leben, ein Milchmädchen kippte ihren Eimer um und versteckte sich darunter. Bald war der ganze Stadtpark in Aufruhr. Schwärme von Elfen rannten hierhin und dorthin, Lichter wurden gelöscht, Türen verbarrikadiert und vom königlichen Palast konnte man das ra-ta-tam von Trommeln vernehmen, das zeigte, daß die königliche Garde auf den Plan gerufen worden war. Ein Regiment von Lanzenträgern kam den Großweg herauf, bewaffnet mit Stechpalmenzweigen, mit denen es jedem Feind im Vorbeigehen arg zusetzte. Peter hörte die kleinen Wesen immer wieder rufen, daß ein Mensch nach Torschluß noch im Garten sei, doch er dachte nicht einen Augenblick daran, daß er damit gemeint sein könnte. Er fühlte sich immer ungemütlicher und steifer und wollte endlich wissen, was mit seiner Nase geschehen mußte, doch er verfolgte die kleinen Elfen mit dieser wichtigen Frage vergebens. Die schönen Wesen liefen vor ihm davon, und

Die Elfen kabbeln sich oft mit den Vögeln.

selbst die Lanzenträger bogen rasch in einen Seitenweg ein, als sie ihn sahen, und gaben vor, ihn dort zu suchen.

Enttäuscht von den Elfen, beschloß Peter Pan, sich an die Vögel zu wenden, doch jetzt erst erinnerte er sich wieder, daß alle Vögel davongeflogen waren, als er am Tränenufer erschienen war. Wenn er sich auch da noch nichts daraus gemacht hatte, so erkannte er jetzt: jedes lebende Wesen mied ihn. Armer kleiner Peter Pan! Er setzte sich hin und weinte, und selbst da merkte er noch nicht, daß er auf dem für einen Vogel falschen Körperteil saß. Es war ein Segen, daß er es nicht merkte, denn sonst hätte er den Glauben in seine Fähigkeit des Fliegens verloren, und sobald du anfängst, an dieser Fähigkeit zu zweifeln, geht sie dir für immer verloren. Der Grund, weshalb Vögel fliegen können und wir nicht, liegt einfach darin, daß Vögel einen unumstößlichen Glauben haben, und ein solcher Glaube läßt Flügel wachsen.

Außer durch Fliegen kann niemand die Insel im Serpentinenteich erreichen, denn für die Boote der Menschen heißt es dort „Anlegen verboten". Rundherum stehen Pfähle, und auf jedem sitzt Tag und Nacht ein Wächter-Vogel. Zu dieser Insel flog Peter nun, um seinen Fall vor den weisen Raben Salomon zu bringen. Als er endlich erleichtert dort ankam, schliefen alle Vögel, einschließlich der Wächter-Vögel. Nur Salomon war auf einem Auge hellwach und hörte sich geduldig Peters Abenteuer an. Dann erklärte er ihm, was das alles zu bedeuten hatte.

„Schau nur dein Nachthemd an, wenn du mir nicht glauben willst", sagte Salomon, und Peter starrte zuerst mit großen Augen auf sein Nachthemd, dann auf die schlafenden Vögel. Kein einziger Vogel hatte ein Nachthemd an. „Und dann schau dir deine Hände an", fuhr Salomon erbarmungslos fort, „hast du so etwas jemals bei einem Vogel gesehen?" Peter sank der Mut. Doch um das Maß voll zu machen, forderte der grimmige alte Salomon ihn nun noch auf: „Spreize doch einmal dein Gefieder!" Peter versuchte es verzweifelt, doch ohne Federn geht das schlecht. Er stand auf, und zum erstenmal, seit er auf dem Fensterbrett gestanden hatte, kam ihm wieder jene Dame in den Sinn, die ihn so lieb gehabt hatte.

„Ich denke, es ist besser, ich gehe zurück zu meiner Mutter", bemerkte er kleinlaut. „Adieu", erwiderte Salomon mit einem schrägen Seitenblick. Doch Peter zögerte. „Warum gehst du nicht?" fragte ihn der alte Rabe freundlich. „Ich darf doch annehmen", sagte Peter hastig, „ich darf doch annehmen, daß ich noch fliegen kann?" Du siehst, er hatte seinen Glauben verloren.

„Armes kleines Zwischending", meinte da Salomon, der gar nicht so hartherzig war, „jetzt wirst du nie mehr fliegen können, nicht einmal mehr an windigen Tagen. Du wirst für immer und ewig hier auf der Insel leben müssen." „Kann ich denn nicht einmal mehr in den Stadtpark?" fragte Peter enttäuscht.

„Wie willst du denn hinüberkommen?" fragte Salomon zurück. Doch er versprach Peter, ihm so viel von der Lebensart der Vögel beizubringen, wie bei seinem ungünstigen Wuchs möglich sei. „Dann bin ich also kein richtiger Mensch mehr?" fragte Peter.

„Nein."

„Und auch kein richtiger Vogel?"

„Nein."

„Was bin ich denn dann?"

Sämtliche Elfen flohen, sobald er sich ihnen zeigte.

„Ein Zwischending“ erwiderte Salomon lakonisch, und er war schon ein schlauer alter Kamerad, denn genauso war es mit Peter auch.

Die Vögel auf der Insel gewöhnten sich nie richtig an ihn. Sein komisches Äußere brachte sie jeden Tag zum Lachen, so, als ob er sich jeden Tag veränderte, und dabei waren es die Vögel, die jeden Tag andere waren. Denn sie flogen weg, um Menschen zu werden, und andere Vögel krochen aus anderen Eiern, und so ging es immer weiter.

Wenn die geschäftigen Vogelmütter nicht mehr länger auf ihren Eiern sitzen wollten, brachten sie ihre Jungen mit einem Trick dazu, die Eier schon einen Tag früher aufzubrechen. Sie flüsterten ihnen nämlich durch die Schale zu, daß sie jetzt die einmalige Chance hätten, zu sehen, wie Peter Pan sich wäscht, wie er ißt oder trinkt. Tausende schauten ihm jeden Tag zu, wenn er so selbstverständliche Dinge tat, so wie man einem Pfau zuschaut, der ein Rad schlägt, und sie zwitscherten vor Vergnügen, wenn er die Krumen, die sie ihm zuwarfen, mit den Händen aufhob, anstatt wie bei ihnen üblich mit dem Mund. Auf Salomons Befehl hin brachten ihm übrigens die Vögel sein ganzes Essen aus dem Stadtpark herüber. Da er weder Würmer noch Insekten essen wollte (was sie nicht verstehen konnten), brachten sie ihm Brotstückchen in ihren Schnäbeln. Wenn du also in Zukunft einen Vogel mit einem großen Brotstückchen im Schnabel davonfliegen siehst, dann ruf ihm nicht mehr „Gierhals“ nach, denn er bringt es höchstwahrscheinlich Peter Pan.

Inzwischen trägt Peter kein Nachthemd mehr. Die Vögel bettelten ihm immer wieder ein Stück davon für ihre Nester ab, und da Peter so gutmütig ist, konnte er es ihnen nicht abschlagen, bis nur noch ein kleines Stückchen davon übrig war, das er auf Salomons Rat hin vor ihnen versteckte. Doch wenn er jetzt auch splitterfasernackt war, so brauchst du nicht zu glauben, daß er fror oder gar unglücklich war. Die meiste Zeit war er sogar sehr glücklich und fröhlich und das vor allem deshalb, weil Salomon sein Versprechen gehalten und ihm vieles von der Lebensart der Vögel beigebracht hatte: sich auch über Kleinigkeiten freuen zu können, zum Beispiel, und immer bereit zu sein, etwas zu tun, und alles, was man tut, ungemein wichtig zu nehmen. Peter half den Vögeln oft beim Nestbau und er entwickelte eine große Geschicklichkeit darin. Bald konnte er es besser als eine Waldtaube und beinahe so gut wie eine Amsel, nur den Finken machte er es nie gut genug. Er bastelte hübsche kleine Wassertröge, die er neben die Nester stellte, und grub mit seinen Fingern Würmer aus der Erde für die Jungen. Auch in den Wissenschaften der Vögel kannte er sich bald aus: er lernte einen Ostwind von einem Westwind am Geruch unterscheiden, konnte das Gras wachsen sehen und hören, wie die Insekten im Innern eines Baumstumpfes herumliefen. Doch das Beste, was Salomon ihm gelehrt hatte, war, immer ein fröhliches Herz zu haben. Alle Vögel haben fröhliche Herzen, solange man ihre Nester nicht ausraubt, und da Salomon nichts anderes kannte, war es höchst einfach für ihn, Peter zu lehren, wie man ein fröhliches Herz bekommt.

Peter war so fröhlich, daß er den ganzen Tag hätte pfeifen mögen, so wie die Vögel vor Freude pfeifen, doch da er zur Hälfte Mensch war, brauchte er dazu ein Instrument. Also schnitzte er sich eine Flöte. Abends saß er dann am Strand und versuchte das Säuseln des Windes, das leise Plätschern des Wassers und eine Handvoll Mondschein in seiner Flöte einzufangen, und er gab es so wundervoll wieder, daß er selbst die Vögel täuschte und sie sich manchmal fragten: „War das ein Fisch, der aus dem Wasser sprang, oder war es Peter Pan,

Nur Salomon hörte sich geduldig Peter Pans Abenteuer an.

der ‚springender Fisch' spielte?" Manchmal spielte er auch ‚Ein Vogel wird geboren', dann drehten sich die Vogelmütter um und schauten nach, ob sie ein Ei gelegt hatten. Wenn du öfter im Stadtpark bist, ist dir bestimmt schon der Haselnußstrauch aufgefallen, der immer als allererster blüht, aber vielleicht weißt du noch nicht, weshalb das so ist. Das ist so, weil Peter sich nach dem Sommer sehnt und spielt „Der Sommer ist gekommen", und der Haselnußstrauch hört es und läßt sich täuschen.

Doch manchmal, wenn Peter am Ufer saß und göttergleich auf seiner Flöte blies, überfielen ihn traurige Gedanken, und sein Spiel wurde auch traurig. Der Grund für seine Traurigkeit lag darin, daß er nicht in den Stadtpark konnte, obwohl er ihn durch den Brückenbogen hindurch sehen konnte. Er wußte, daß er kein richtiges Menschenkind mehr werden konnte, und wollte es auch gar nicht, doch wie sehnte er sich danach, spielen zu können wie die anderen Kinder, und zum Spielen ist nun mal der Stadtpark der beste Platz. Die Vögel berichteten ihm ab und zu von neuen Spielen der Kinder, und dann füllten sich Peters Augen mit Tränen. Vielleicht fragst du dich, warum er nicht einfach zum Stadtpark hinüberschwamm. Peter konnte nicht schwimmen. Er hatte es schon lernen wollen, doch niemand auf der Insel wußte, wie man es macht, außer den Enten, aber die sind zu dumm, um es jemandem beizubringen. Alles, was sie ihm sagen konnten, war: „Du mußt dich so aufs Wasser setzen und dann so mit den Beinen strampeln." Peter hatte es oft versucht, doch bevor er mit den Beinen strampeln konnte, war er schon gesunken. Was er hätte wissen müssen war, wie man sich aufs Wasser setzt, ohne zu sinken, doch sie sagten, es sei ganz unmöglich, eine so einfache Sache zu erklären. Gelegentlich kamen auch Schwäne an der Insel vorbei und Peter gab ihnen sein Essen für den ganzen Tag, damit sie ihm zeigen sollten, wie man auf dem Wasser sitzt, ohne zu sinken, doch sobald sie merkten, daß er kein Brot mehr hatte, zischten sie ihn hochmütig an und segelten davon.

Einmal dachte er, er hätte tatsächlich einen Weg gefunden, in den Stadtpark zu gelangen. Ein wundervolles weißes Etwas, das aussah wie eine entflogene Zeitung, schwebte hoch über der Insel dahin, dann taumelte es und überschlug sich immer wieder, wie ein Vogel mit gebrochenem Flügel. Peter war zunächst so erschrocken, daß er sich versteckte, doch die Vögel sagten, es sei nur ein Drachen und erklärten ihm was ein Drachen ist, und daß er seine Schnur aus der Hand eines Jungen losgerissen habe und entflohen sein mußte. Später lachten sie Peter wegen seiner großen Liebe zu dem Drachen aus. Er liebte ihn so sehr, daß er ihn selbst beim Schlafen noch mit einer Hand festhielt, und er liebte ihn deshalb so sehr, weil er einem richtigen kleinen Jungen gehört hatte.

Für die Vögel war das ein recht armseliger Grund, doch da sie ihm eine gewisse Dankbarkeit schuldeten dafür, daß er ihre Jungen gehütet hatte, als sie alle die Masern hatten, boten sie sich an, ihm zu zeigen, wie Vögel einen Drachen steigen lassen. Sechs von ihnen nahmen also das Ende der Schnur in ihre Schnäbel und flogen mit ihr davon, und zu Peters Verwunderung flog der Drachen hinter ihnen her und flog sogar noch höher als sie.

Peter krähte: „Noch einmal!", und weil sie so gutmütig waren, ließen die Vögel den Drachen mehrere Male steigen, doch anstatt sich zu bedanken, krähte Peter immer nur: „Noch einmal!", was beweist, daß er immer noch nicht ganz vergessen hatte, was es heißt, ein kleiner Junge zu sein.

Schließlich bat er sie – mit einem großen Plan in seinem tapferen Herzen – den Drachen noch einmal steigen zu lassen, er wolle sich dann an dessen Schwanz anhängen. Hunderte von Vögeln faßten nun die Schnur, und Peter hielt sich am Schwanz fest, mit der Absicht loszulassen, sobald sie über dem Stadtpark seien, doch der Drachen brach in der Luft in Stücke, und Peter wäre im Serpentinenteich ertrunken, wenn er nicht zwei dieser hochnäsigen Schwäne zu fassen gekriegt hätte, die ihn dann zur Insel zurückbrachten, woraufhin ihm die Vögel erklärten, sie würden ihn nie mehr bei seinem verrückten Unternehmen unterstützen.

Peter erreichte den Stadtpark schließlich doch noch, und zwar mit Hilfe von Shelleys Boot, wovon ich euch nun erzählen möchte.

Das Drosselnest

Shelley war ein junger Gentleman. Er war ein Dichter, und Dichter werden niemals wirklich erwachsen. Sie haben immer nur so viel Geld, wie sie zu ihrem Lebensunterhalt brauchen, mehr verachten sie. Und Shelley hatte fünf Pfund mehr. Also machte er, als er im Stadtpark spazierenging, ein Schiffchen aus seiner Fünfpfundnote und ließ es auf dem Serpentinenteich schwimmen.

Es kam bei Nacht an der Insel an. Der Wachposten brachte es Salomon, der es zunächst für die übliche Bitte einer Dame um ein braves Kind hielt. Jede Dame will das beste haben, das er hat, und wenn ihm der Brief gefällt, schickt er auch eines aus der A-Klasse. Aber wenn es ihn gerade juckt, schickt er auch einmal ein ganz Schlimmes, oder er schickt gar keines oder aber ein ganzes Nest voll auf einmal. Es kommt immer darauf an, wie er gerade gelaunt ist. Er hat es auf jeden Fall gerne, wenn man die Auswahl ihm überläßt, und wer in seinem Brief darum bittet, „diesesmal doch einen Jungen" zu bekommen, kann sicher sein, daß Salomon ihm wieder ein Mädchen schickt. Und wenn auch du ihm einmal schreibst, dann achte vor allem darauf, daß die Adresse deutlich geschrieben ist, denn kein Mensch ahnt, wieviele Babys Salomon schon ins falsche Haus geschickt hat.

Als Salomon Shelleys Boot auseinanderfaltete, verwirrte ihn das Stück Papier einigermaßen. Er zog seine Assistenten zu Rate, die zweimal darüber hinwegtrippelten, einmal die Zehen nach innen und einmal nach außen gerichtet, und die dann feststellten, beim Absender müsse es sich um irgendeine verrückte Person handeln, die fünf Babys auf einmal haben wolle. Die große 5 auf dem Papier hatte sie darauf gebracht. „Hirnverbrannt!" rief Salomon wütend und gab Peter das Papier (alles Nutzlose, das auf der Insel angeschwemmt wurde, gab man gewöhnlich Peter Pan zum Spielen). Doch mit diesem wertvollen Besitz spielte Peter nicht. Er hatte das Papier sofort als Banknote erkannt, denn er hatte gut aufgepaßt während der sieben Tage, als er ein Mensch war. Mit soviel Geld, überlegte er, müßte es ihm doch gelingen, in den Stadtpark zu gelangen. Er ging alle Möglichkeiten durch und entschied sich dann – wie ich meine – für die beste. Doch zunächst mußte er die Vögel über den Wert von Shelleys Boot aufklären. Obwohl sie zu höflich waren, es zurückzuverlangen, sah er doch, daß sie sich mächtig ärgerten und Salomon so böse Blicke zuwarfen, daß dieser, der bisher auf seine Klugheit so stolz gewesen war, sich auf das hinterste Fleckchen der Insel verzog. Da Peter jedoch wußte, daß man auf der Insel nichts erreichen konnte, wenn man Salomon nicht auf seiner Seite hatte, folgte er ihm und schenkte ihm eine Ecke von seiner Banknote, wodurch er sich den Raben für alle Zeiten zum Freund machte. Nachdem sie über Peters Plan beraten hatten, beriefen sie eine Versammlung der Drosseln ein. Du wirst gleich sehen, weshalb nur Drosseln eingeladen wurden.

Der Plan, der den Drosseln unterbreitet werden sollte, stammte zwar von Peter, doch das Reden übernahm Salomon. Er begann seine Ansprache mit einer Lobeshymne auf den Einfallsreichtum und die Geschicklichkeit, welche die Drosseln beim Nestbau an den Tag legten. Seine Worte verfehlten ihre Wirkung nicht, die Drosseln fühlten sich geschmeichelt. Andere Vögel, meinte Salomon, unterließen es, ihre Nester mit Erde auszustreichen, und was sei der Erfolg? Sie seien nicht wasserdicht! Hier machte Salomon eine Kunstpause, die ein vorlautes Finkenweibchen (das uneingeladen zu der Versammlung gekommen war) für einen Zwischenruf nutzte: „Wir bauen unsere Nester auch nicht, um Wasser darin aufzubewahren, sondern Eier!" Die Drosseln verstummten mit einem Schlag und auch Salomon war so verwirrt, daß er mehrere Male an seinem Wasserglas nippen mußte.

„Bedenke", sagte er schließlich, „wie warm die Erde die Nester hält."

„Bedenke", rief das Finkenweibchen, „daß, wenn in Drosselnester Wasser kommt, es nicht mehr abfließen kann und die Jungen ertrinken müssen!"

Die Drosseln baten Salomon mit flehenden Blicken, etwas Unwiderlegbares darauf zu erwidern, doch Salomon war zu verwirrt. „Versuch es mit einem Schluck Wasser", riet ihm das Finkenweibchen gehässig. Salomon versuchte es, und tatsächlich kam ihm dabei eine Idee. „Wenn man ein Finkennest auf den Serpentinenteich setzt, füllt es sich mit Wasser und zerfällt in Stücke", meinte er, „doch ein Drosselnest bleibt so trocken wie die Federn am Hals eines Schwanes."

Frag' nicht, wie die Drosseln applaudierten! Jetzt wußten sie endlich, weshalb sie ihre Nester mit Erde ausstrichen, und als das Finkenweibchen rief: „Wir setzen unsere Nester aber nicht auf den Serpentinenteich!" taten sie, was sie schon gleich zu Anfang hätten tun sollen: sie jagten es aus der Versammlung. Danach blieb man ungestört. Der Grund, weshalb man zusammengekommen sei, erklärte Salomon, sei folgender: Ihr junger Freund, Peter Pan, der allen bestens bekannt sei, wünschte sich nichts sehnlicher, als zum Stadtpark hinüberzugelangen, und er schlage deshalb vor, mit ihrer Hilfe ein Boot zu bauen.

Hier begannen die Drosseln, unruhig von einem Bein aufs andere zu treten, und Peter fürchtete schon um das Gelingen seines Planes.

Salomon erklärte hastig, daß er keines jener Riesenboote meine, die bei den Menschen üblich seien, sondern ein einfaches Drosselnest, das lediglich groß genug sei, um Peter aufzunehmen. Doch die Drosseln verhielten sich immer noch ablehnend. „Wir sind sehr beschäftigt", murrten sie, „und so ein Nest ist ein schweres Stück Arbeit."

„Das stimmt", meinte Salomon, „doch Peter würde euch ja nicht umsonst arbeiten lassen. Schließlich ist er jetzt reich und kann euch Löhne bezahlen wie kein anderer. Peter hat mich beauftragt, euch zu sagen, daß ihr jeden Tag 10 Pennys haben sollt."

Bei diesen Aussichten hüpften die Drosseln vor Freude, und noch am selben Tag began-

„Hirnverbrannt!“ rief Salomon wütend.

nen sie mit dem Bau des berühmten Bootes. Die Drosseln vergaßen darüber vollkommen ihre anderen Aufgaben, und kein einziges Drosselweibchen legte in diesem Jahr ein Ei. Doch dafür war Peter auch ein guter Bauherr. Er bezahlte seine Arbeiter pünktlich jeden Abend, indem er winzige Fetzchen von der Fünfpfundnote abriß und jedem eines davon aushändigte.

Und endlich, nach monatelanger harter Arbeit, war das Boot fertig. Peters Freude war unbeschreiblich! Er hatte schon vom ersten Tag an bei seinem Boot geschlafen, und als es dann mit Erde ausgestrichen worden und getrocknet war, hatte er sich jede Nacht darin zusammengerollt. (Es war gerade groß genug, daß er bequem darin liegen konnte, wenn er sich zusammenrollte wie ein Kätzchen.)

Die anderen Vögel waren schrecklich neidisch und orakelten, das Boot würde auf dem Wasser sofort umkippen, doch es lag ruhig und unerschütterlich auf dem Teich; dann meinten sie, es würde sich sicherlich bald mit Wasser füllen, doch kein Tropfen kam herein. Als nächstes beanstandeten sie, Peter habe keine Paddel, und da schauten sich die Drosseln beschämt an. Doch Peter sagte, er brauche gar keine, da er ein Segel habe, und stolz und glücklich zauberte er aus dem Rest seines Nachthemdes, das er auf Salomons Rat hin versteckt hatte, ein Segel, und obwohl es immer noch aussah wie ein Nachthemd, gab es doch ein wundervolles Segel ab. Und noch in derselben Nacht, es war Vollmond und alle Vögel schliefen, stieg Peter in sein Boot und legte ab. Seine Augen waren fest nach Westen gerichtet.

Er hatte den Drosseln zwar versprochen, zunächst mit kleineren Ausflügen unter ihrer Aufsicht zu beginnen, doch unter der Brücke hindurch sah er in der Ferne den Stadtpark liegen, der sehnsüchtig auf ihn zu warten schien, und das gab den Ausschlag. Peters Gesicht war gerötet, doch er schaute nicht zurück. War er der letzte englische Seefahrer, der nach Westen segelte, um unbekannte Welten zu entdecken?

Zunächst drehte sich sein Boot ständig im Kreis und er wurde zu seinem Ausgangspunkt zurückgetrieben, woraufhin er durch das Abreißen eines Ärmels das Segel verkleinerte. Doch nun packte ihn ein Gegenwind und er wurde zurückgetrieben zu jenen Ufern mit den schwarzen Schatten, deren Gefahren er zwar nicht kannte, die er jedoch ahnen konnte. Also hißte er sein Nachthemd wieder und wartete, bis ihn ein günstiger Wind westwärts trug. Doch nun schoß er so schnell dahin, daß er Gefahr lief, an der Brücke zu zerschellen. Als er auch dieses Hindernis geschafft und sicher unter der Brücke hindurchgesegelt war, sah er den Stadtpark in seiner ganzen Pracht vor sich liegen. Doch als er versuchte, seinen Anker zu werfen, der aus einem Stein bestand, den er an das Ende der Drachenschnur gebunden hatte, fand er keinen Grund. Auf der Suche nach einer flacheren Stelle wurde er gegen ein versunkenes Riff getrieben, der Aufprall ließ sein Boot kentern, und er wäre beinahe ertrunken. Schließlich gelang es ihm, wieder in sein Boot zurückzuklettern, doch nun erhob sich ein so gewaltiger Sturm, wie Peter noch keinen erlebt hatte. Sein Boot wurde hierhin und dorthin getrieben und seine Hände waren schon so kalt, daß er die Finger nicht mehr bewegen konnte. Doch endlich hatte er auch diese Gefahr glücklich überstanden, und sein Boot wurde in eine kleine Bucht getragen, wo es ruhig auf dem Wasser schaukelte. Doch noch war Peter nicht in Sicherheit, denn als er sich anschickte, an Land zu gehen, sah er eine Menge kleiner Gestalten, die sich am Ufer aufgestellt hatten, um zu verhindern, daß er auch

Nun schoß er so schnell dahin, daß er Gefahr lief, an der Brücke zu zerschnellen.

nur einen Fuß darauf setzte. Mit schrillen Stimmen hießen sie ihn verschwinden, da es schon lange nach Torschluß sei.

Peter, der in den kleinen Gestalten die Elfen erkannte, rief ihnen zu, er sei kein richtiges Menschenkind und wolle ihnen nichts zuleide tun, er sei als Freund gekommen. Er trat ans Ufer und die Elfen umringten ihn sofort, um ihn zu töten, doch plötzlich erhob sich ein Geschrei unter den Elfenfrauen, die in Peters Segel ein Kindernachthemd erkannt hatten, und Peter daraufhin sofort in ihr Herz schlossen. Die Elfenkrieger, die große Stücke auf ihre Frauen hielten, steckten ihre Waffen weg und geleiteten Peter höflich zu ihrer Königin, die ihn mit der ganzen Freundlichkeit des Stadtparks nach Torschluß empfing. Von nun an konnte Peter gehen, wohin er wollte, und die Elfen hatten Anweisung, ihm zu Diensten zu sein.

Dies war Peters erste Reise zum Stadtpark, der unzählige weitere folgten. Ich bin sicher, er hißt auch heute abend wieder sein Nachthemd und macht sich auf den Weg. Doch lange bevor die Tore geöffnet werden, stiehlt er sich wieder auf seine Insel zurück, damit die Leute ihn nicht sehen. Trotzdem hat er immer stundenlang Zeit zum Spielen, und er spielt genau wie richtige Kinder auch. Er glaubt es zumindest, wenn er es auch in Wirklichkeit oft falsch macht.

Es hatte ihm schließlich nie jemand gesagt, wie Kinder eigentlich spielen. Die Elfen hielten sich ja meist bis zum Abend versteckt und wußten gar nichts, und wenn auch die Vögel meinten, sie könnten ihm eine ganze Menge erzählen, wenn die Zeit zum Erzählen erst gekommen sei, war es doch erstaunlich, wie wenig sie tatsächlich wußten. Sie sagten ihm die Wahrheit über das Versteckspiel, und er spielt es jetzt oft mit sich selbst, doch nicht einmal die Enten konnten ihm erklären, was die kleinen Jungen am Runden Teich so faszinierte. Sobald es Abend wird, vergessen die Enten alles, was am Tag passierte, nur nicht, wieviele Kuchenkrümel man ihnen zugeworfen hat. Enten sind melancholische Tiere. Sie sagen, der Kuchen sei auch nicht mehr das, was er einmal war.

Deshalb mußte Peter viele Dinge selbst herausfinden. Er ließ oft auf dem Runden Teich Schiffchen fahren, doch sein Schiff war nur ein alter Reifen, den er im Gras gefunden hatte. Er hatte natürlich noch nie einen Reifen gesehen und fragte sich, was man wohl damit spiele, bis er entschied, es müsse das Schiffchenspiel sein. Der Reifen sank natürlich sofort, doch Peter holte ihn unermüdlich immer wieder heraus. Manchmal zog er ihn auch fröhlich am Ufer entlang hinter sich her und war ganz stolz bei dem Gedanken, herausgefunden zu haben, was kleine Jungen mit einem Reifen machen.

Einmal fand er auch ein kleines Eimerchen und dachte, man müsse sich hineinsetzen, und er setzte sich so fest hinein, daß er Mühe hatte, wieder herauszukommen. Ein andermal fand er einen Luftballon, der den Hügel hinunterhüpfte, gerade so, als spiele er mit sich selbst, und nach einer aufregenden Jagd hatte er ihn endlich eingefangen. Er dachte jedoch, es sei ein Ball, und da Jenny Wren ihm gesagt hatte, daß Jungen mit einem Ball kicken, tat auch er es; er konnte ihn danach nirgends mehr finden.

Das erstaunlichste Ding, das ihm im Stadtpark begegnete, war ein Kinderwagen. Er stand unter einer Linde beim Eingang zum Winterpalast der Feekönigin (der von einem Ring von sieben Kastanienbäumen umgeben ist), und Peter näherte sich ihm vorsichtig, da die Vögel ihm gegenüber bisher ein solches Ding noch nicht erwähnt hatten. Für den Fall, daß es lebendig war, sprach er es höflich an. Dann, als es keine Antwort gab, trat er näher heran und berührte es sanft. Er gab ihm einen kleinen Schubs und es lief vor ihm davon, was ihn zu der Überzeugung brachte, daß es sich doch um ein Lebewesen handeln müsse. Da es jedoch vor ihm davonlief, fürchtete er sich nicht. Deshalb streckte er die Hand aus, um es wieder zu sich herzuholen, doch als es dann auf ihn zugerollt kam, erschrak er so, daß er in großen Sätzen zum Boot zurücklief. Du darfst jedoch nicht glauben, daß Peter ein Feigling war, denn am nächsten Tag kam er wieder mit einem Stückchen Brot in der einen und einem Stock in der anderen Hand, doch der Kinderwagen war verschwunden und er sah nie mehr einen.

Bedauerst du Peter wegen all seiner Fehler, die er macht? Wenn ja, dann halte ich das für ziemlich dumm von dir. Manchmal muß man ihn bedauern, das stimmt, aber ihn die ganze Zeit über zu bedauern, wäre Überheblichkeit. Er glaubte, er habe die schönste Zeit im Stadtpark, und zu glauben, man habe sie, ist beinahe so gut wie sie wirklich haben. Er spielte ohne Unterbrechung, während du oft deine Zeit damit vergeudest, dich verrückt oder mariannisch aufzuführen. Er konnte weder das eine noch das andere tun, da er beides nicht kannte, doch glaubst du, daß er deshalb zu bedauern ist?

Und dann denke an die Melodien, die er auf seiner Flöte spielte. Leute, die nachts am Stadtpark vorbeigingen, schrieben an die Zeitung, daß eine Nachtigall darin wohne, und dabei hatten sie nur Peter auf seiner Flöte spielen hören. Zugegeben, er hatte keine Mutter, doch was hätte sie ihm hier nützen können? Er kann dir deshalb leid tun, doch nicht zu sehr, denn als nächstes will ich auch erzählen, wie er ihr einen Besuch abstattete. Die Elfen gaben ihm Gelegenheit dazu.

Nach Torschluß

Es ist schrecklich schwierig, etwas über die Elfen zu erfahren, und beinahe das einzige, was man wirklich sicher weiß, ist, daß es da, wo Kinder sind, auch Elfen gibt. Vor langer, langer Zeit, als die Kinder noch nicht in den Stadtpark durften, gab es dort auch keine Elfen. Dann wurden die Kinder zugelassen, und in derselben Nacht erschienen auch die Elfen. Es zieht sie einfach in die Nähe von Kindern, und wenn man sie trotzdem so selten sieht, dann liegt das zum Teil daran, daß sie sich tagsüber hinter den Wegeinfassungen aufhalten, wo du nicht hindarfst, und zum Teil daran, daß sie so schlau sind. Sie sind kein bißchen schlau nach Torschluß, aber vorher – ich kann euch sagen!

Als du noch ein Vogel warst, kanntest du die Elfen gut, und in deiner Babyzeit erinnerst du dich auch noch oft an Einzelheiten über sie. Leider kannst du es nicht aufschreiben, und mit der Zeit vergißt du es wieder. Ich habe tatsächlich schon Kinder gekannt, die allen Ernstes behaupteten, sie hätten noch nie eine Elfe gesehen. Wenn sie das im Stadtpark sagten, könnte es sein, daß eine Elfe direkt neben ihnen stünde. Man sieht sie nur nicht, da sie alle möglichen Tricks kennen, um unerkannt zu bleiben. Für gewöhnlich tun sie so, als seien sie Blumen, da es so viele Blumen im Stadtpark gibt, daß keine mehr besondere Aufmerksamkeit erregt. Die Elfen ziehen sich genauso an wie die Blumen, die gerade blühen; weiß, wenn Lilienzeit ist, blau, wenn die Glockenblumen blühen und so weiter. Die Krokus- und die Hyazinthenzeit gefällt ihnen am besten, da sie eine Schwäche für sanfte Farben haben. Doch Tulpen (ausgenommen die weißen, welche die Wiegen der Elfen sind) können sie nicht ausstehen, und oft weigern sie sich tagelang, ihre Tulpenkleider anzuziehen, so daß die erste Woche der Tulpenblüte die beste Zeit ist, sie zu fangen. Wenn sie denken, du schaust nicht hin, huschen sie recht lebendig herum, doch wenn du hinschaust, und sie finden keine Zeit mehr, sich zu verstecken, bleiben sie unbeweglich stehen und tun so, als seien sie Blumen. Wenn du dann vorbeigegangen bist, ohne zu merken, daß es eine Elfe war, laufen sie nach Hause und erzählen ihrer Mutter von ihrem Abenteuer. Die meisten Blumen im Stadtpark sind tatsächlich Blumen, doch einige davon sind auch Elfen, und eine sichere Methode, die echten von den unechten zu unterscheiden ist, den Weg entlang zu laufen und auf die andere Seite zu schauen und sich dann ganz plötzlich umzudrehen, so daß die Elfen keine Zeit mehr haben, sich zu verstecken. Nach einer Weile müssen sie sich einfach bewegen, und dann weißt du sicher, daß du eine Elfe vor dir hast.

Auf dem Baby-Weg sind immer welche zu finden, da der als stilles, freundliches Plätzchen bekannt ist. Einmal hatten 24 kleine Elfen dort ein ungewöhnliches Abenteuer. Es waren Schülerinnen eines Elfen-Internats mit ihrer Lehrerin, die einen Spaziergang machten. Sie trugen alle Hyazinthenkleidchen, und als plötzlich die Lehrerin ein Zeichen gab, blieben alle unbeweglich stehen und taten so, als seien sie Hyazinthen. Was die Lehrerin gehört hatte, waren unglücklicherweise zwei Gärtner, die genau an der Stelle, an der die Elfen standen, neue Blumen pflanzen wollten. Sie brachten in einem Schubkarren die neuen Blumen mit und waren höchst erstaunt, es in dem Beet schon blühen zu sehen. „Schade um die Hyazinthen", sagte einer der Männer. „Befehl der Herzogin", erwiderte der andere. Nachdem sie ihre Schubkarre geleert hatten, gruben sie die ganze Klasse samt ihrer Lehrerin aus und setzten sie in Fünferreihen hinein. Weder die Schülerinnen noch die Lehrerin hatten zu erkennen gegeben, daß sie in Wirklichkeit Elfen waren, und so wurden sie auf einen Abfallhaufen in die hinterste Ecke des Gartens gekarrt, wo sie erst in der Nacht und ohne ihre Schuhe entfliehen konnten. Die Eltern regten sich ganz fürchterlich über die Sache auf und die Elfenschule war ruiniert.

Was ihre Häuser betrifft, so hat es keinen Sinn, nach ihnen suchen zu wollen. Sie sind nämlich das genaue Gegenteil unserer Häuser. Unsere Häuser kann man bei Tag sehen, doch nicht bei Nacht. Die Elfenhäuser dagegen kann man bei Nacht und nicht bei Tag sehen, da sie mit den Farben der Nacht gebaut sind, und ich habe noch nie gehört, daß jemand bei Tag die Nacht gesehen hätte. Das soll jedoch nicht heißen, daß sie schwarz waren, denn die

Elfen sind ganz ausgezeichnete Tänzer.

Nacht hat ihre Farben genau wie der Tag, nur viel viel leuchtender. Das Blau, Rot und Grün der Nacht sieht aus, als stünde ein Licht dahinter. Der Palast der Elfenkönigin zum Beispiel ist ganz aus verschiedenfarbigem Glas gebaut und es ist bestimmt die hübscheste aller königlichen Residenzen, doch die Königin beklagt sich manchmal, daß jedermann hereinschauen und sehen kann, was sie tut. Die Elfen sind ein ziemlich neugieriges Volk und drücken ihre Nasen recht fest gegen das Glas, weshalb sie fast alle Stupsnasen haben.

Einer der Hauptunterschiede zwischen den Elfen und uns ist der, daß sie niemals etwas Nützliches tun. Als das erste Erdenbaby zum erstenmal lachte, zerbrach sein Lachen in tausend Stückchen, die in alle Richtungen stoben. Das war die Geburtsstunde der Elfen. Sie sehen immer unheimlich beschäftigt aus, und so, als hätten sie keinen Augenblick Zeit zu verlieren, doch wenn du sie dann fragst, was sie eigentlich tun, können sie dir keine Antwort darauf geben. Sie sind erschreckend unwissend, und alles, was sie tun, ist nur vorgetäuscht. Sie haben einen Postboten, doch sie können gar keine Briefe schreiben, und sie haben eine Schule, in der nichts gelehrt wird.

In der Elfenfamilie ist das jüngste Kind immer die Hauptperson und wird gewöhnlich ein Prinz oder eine Prinzessin, und wenn bei uns ein Baby auf die Welt kommt, meint es natürlich, das müsse bei den Menschen genauso sein. Du hast vielleicht schon beobachtet, daß deine kleine Schwester immer genau das tun will, was deine Mutter oder das Kindermädchen wollen, daß sie nicht tut, zum Beispiel aufstehen, wenn sie sitzenbleiben sollte, oder aufwachen, wenn sie fest schlafen sollte, oder auf dem Boden herumkrabbeln, wenn sie ihr bestes Kleidchen anhat, und vielleicht glaubst du, das sei Ungezogenheit. Doch das ist es nicht, sie tut lediglich das, was sie bei den Elfen gesehen hat. Zunächst eifert sie natürlich ihnen nach, und es dauert ungefähr zwei Jahre, bis sie sich an die menschlichen Verhaltensweisen gewöhnt hat. Ihre Wutausbrüche, die gewöhnlich auf die wachsenden Zähne geschoben werden, sind lediglich Akte der Verzweiflung, weil wir sie nicht verstehen, obwohl sie doch eine klare Sprache spricht: Die Elfensprache eben.

Vor noch nicht allzu langer Zeit hat David versucht, sich an die Elfensprache zu erinnern. Er preßte die Hände fest gegen seine Schläfen und erinnerte sich tatsächlich an einige Sätze, die ich euch später aufschreiben will, wenn ich es nicht vergesse. Er hatte sie aufgeschnappt, als er noch eine Drossel war, und ich vermutete zunächst, es sei die Vogelsprache, an die er sich erinnerte, doch er blieb dabei, es sei die Elfensprache, da die Sätze von Spaß und Abenteuer handelten, und die Vögel von nichts anderem als von ihrem Nestbau gesprochen hätten.

Elfen sind ganz ausgezeichnete Tänzer und Tänzerinnen. Sie halten ihre rauschenden Bälle unter freiem Himmel ab und tanzen den sogenannten Elfenreigen, wobei sie das ganze Gras ringförmig niedertanzen. Noch Wochen später kann man den Ring im Gras erkennen. Manchmal findet man Pilze innerhalb des Ringes, das sind die Stühle der Elfen, welche die Diener vergessen haben wegzuräumen. Die Stühle und die Ringe sind die einzigen Dinge, welche die Elfen verraten können, und sie würden auch die noch beseitigen, wenn sie eher aufhören könnten zu tanzen. Doch es macht ihnen so großen Spaß, daß sie weitertanzen, bis die Tore geöffnet werden. David und ich fanden einmal einen Elfenring, der noch ganz warm war.

Doch es gibt auch ein Zeichen, das auf den Ball hinweist, noch ehe er stattgefunden hat.

… und die Fackelträger, die mit ihren Blasenkirschen den Zug anführen.

Du kennst doch die Tafeln, auf denen jeden Tag steht, wann der Stadtpark geschlossen wird. Die schlauen Elfen ändern nun an Balltagen die Zeit auf der Tafel, so daß sie eine Stunde eher beginnen können.

Wenn wir an einem solchen Abend einmal nach Torschluß im Stadtpark bleiben könnten, wie es der berühmten Mimi Mannering gelang, könnten wir herrliche Dinge sehen: hunderte von Elfen, die zum Ball eilen; die Verheirateten mit ihrem Ehering um die Taille, die Herren, welche die Schleppen der Damen tragen, alle in Uniform, und die Fackelträger, die mit ihren Blasenkirschen, den Laternen der Elfen, den Zug anführen: wir könnten einen Blick in die Garderobe werfen, wo sie ihre Umhänge ablegen und in ihre silbernen Pantöffelchen schlüpfen; wir könnten die Blumen betrachten, die vom Baby-Weg heraufströmen, um wie wir dem Schauspiel zuzuschauen; und dann die reich gedeckte Tafel mit Königin Mab an der Stirnseite und dem Schatzkanzler neben ihr, der eine Pusteblume unter dem Arm hat, die er aufbläst, wenn ihre Majestät wissen will, wie spät es ist.

Das Tischtuch ist je nach Jahreszeit verschieden. Im Mai besteht es zum Beispiel aus Kastanienblüten, im Herbst aus Blattgerippen, die wie Spitzen aussehen. Die Elfen haben richtige Gläser und drei Sorten richtigen Weines, nämlich Schwarzdornwein, Schlehenwein und Schlüsselblumenwein, und die Königin macht den Mundschenk. Die Mahlzeit beginnt mit Butterbroten in der Größe eines Pfennigstückes und endet mit Kuchen, die so klein sind, daß es keine Krumen gibt. Die Elfen sitzen auf Pilzstühlen um die Tafel und benehmen sich zunächst noch sehr gesittet, doch bald vergessen sie ihre gute Erziehung und bohren die Finger in die Butter, die aus den Wurzeln alter Bäume gemacht wird, und die ganz Schlimmen krabbeln über den Tisch und jagen sich gegenseitig Zuckerstückchen ab. Wenn die Königin sieht, daß es so weit ist, gibt sie den Dienern ein Zeichen, damit sie abräumen, und dann begibt man sich zur Tanzfläche. Die Königin geht voraus und hinter ihr kommt der Schatzkanzler mit zwei kleinen Fläschchen. In dem einen ist der Saft des Goldlack, im anderen der Saft des Fingerhutes. Goldlacksaft hilft, wenn die Elfen vom vielen Tanzen ohnmächtig geworden sind, und Fingerhutsaft ist gut gegen blaue Flecken. Sie holen sich sehr rasch blaue Flecken, und wenn Peter immer schneller spielt, tanzen sie immer wilder, bis sie ohnmächtig zu Boden sinken. Du hast natürlich schon lange erraten, daß Peter Pan bei den Bällen zum Tanz aufspielt. Er sitzt in der Mitte des Ringes und keine Elfe kann sich mehr einen Ball vorstellen ohne seine Musik. ‚P.P.' steht in einer Ecke der Einladungskarten, wenn die Familie, die sie verschickt, etwas auf sich hält. Die Elfen sind ein sehr dankbares kleines Volk, und anläßlich des Volljährigkeitsballes zu Ehren der Prinzessin (die Elfen werden an ihrem zweiten Geburtstag volljährig und feiern jeden Monat einmal Geburtstag) stellten sie ihm einen Herzenswunsch frei. Die Königin hieß ihn niederknien und sagte dann feierlich, daß er zum Dank für sein wundervolles Spiel einen Herzenswunsch frei habe. Dann warteten alle gespannt, daß Peter etwas sagte, doch eine ganze Weile schwieg er nur, da er selbst nicht so genau wußte, was sein Herzenswunsch war.

„Wenn ich mir nun wünschte, zu meiner Mutter zurückzukehren", fragte er schließlich, „könntest du mir diesen Wunsch erfüllen?" Das hörten die Elfen gar nicht gern, denn wenn sie ihn zu seiner Mutter zurückkehren ließen, müßten sie ja auf seine Musik verzichten. Deshalb rümpfte die Königin verächtlich die Nase und sagte: „Puh! Weshalb wünschst du dir nur eine solche Kleinigkeit? Wünsche dir doch etwas Größeres!"

„Ist das denn so ein kleiner Wunsch?“ fragte er. „So klein“, erwiderte die Königin, indem sie Daumen und Zeigefinger ihrer rechten Hand aufeinanderpreßte. „Wie groß ist denn ein großer Wunsch?“ Sie zeigte es ihm an der Länge ihres Kleides, und es war ganz hübsch lang.

Peter überlegte kurz, dann meinte er: „Ich glaube, ich wünsche mir lieber zwei kleine Dinge als ein großes.“

Den Elfen blieb nichts anderes übrig, als sich einverstanden zu erklären, auch wenn seine Schlauheit sie ziemlich schockierte.

Peters erster Wunsch war, zu seiner Mutter zurückzukehren, doch mit dem Recht, wieder in den Stadtpark kommen zu dürfen, wenn es ihm bei ihr nicht gefiele. Den zweiten Wunsch hob er sich noch auf.

Die Elfen versuchten, Peter von diesem ersten Wunsch abzubringen, und sie legten ihm alle möglichen Hindernisse in den Weg:

„Ich kann dir zwar die Kraft verleihen, zu ihrem Haus zu fliegen“, sprach die Königin, „doch die Tür kann ich nicht für dich öffnen.“ „Das Fenster, durch das ich hinausflog, ist bestimmt offen“, erwiderte Peter zuversichtlich. „Mutter läßt es immer offen, in der Hoffnung, daß ich eines Tages wieder zurückkomme.“

„Woher weißt du das?“ fragten ihn die Elfen erstaunt, doch Peter konnte es nicht erklären, er wußte es einfach.

Als er weiter auf seinem Wunsch bestand, mußten sie ihn ihm erfüllen und das geschah folgendermaßen: Sie kitzelten ihn alle an den Schultern, bis es ihn auf beiden Seiten ganz schrecklich juckte. Dann stieg er hoch und immer höher, und flog über den Stadtpark und die Hausdächer davon. Es gefiel ihm so gut, daß er, anstatt auf dem schnellsten Weg zum Haus seiner Mutter zu fliegen, noch ein bißchen zwischen der St. Pauls Kirche und dem Regent Park herumtrödelte und ein paar Runden über der Westminster Abtei drehte. Als er endlich bei seinem Fenster angelangt war, stand für ihn fest, daß er den zweiten Wunsch dazu benutzen würde, sich in einen Vogel verwandeln zu lassen.

Das Fenster stand weit offen, wie er es vorausgesagt hatte, und er flatterte hinein und fand seine Mutter schlafend im Bett. Peter setzte sich vorsichtig ans Fußende des Bettes und betrachtete sie lange. Sie hatte eine Hand unter ihren Kopf geschoben, der von weichen braunen Locken umrahmt wurde. Wie süß die Rüschen ihres Nachthemdes aussahen! Er war sehr stolz, eine so hübsche Mutter zu haben. Doch sie sah traurig aus, und Peter wußte auch weshalb. Sie bewegte ihren Arm, als wollte sie ihn um irgend etwas herumlegen und Peter wußte, was es war.

„Oh, Mutter“, sagte Peter leise zu sich selbst, „wenn du wissen könntest, wer jetzt gerade am Fußende deines Bettes sitzt!“

Er streichelte sacht die kleine Erhebung, die ihre Füße bildeten, und an ihrem Gesicht konnte er sehen, daß es ihr gefiel. Er wußte, daß er nur einmal – und sei es noch so leise – ‚Mutter‘ zu rufen brauchte, und sie würde aufwachen (jede Mutter wacht auf, wenn ihr Kind sie beim Namen ruft). Dann würde sie vor Freude und Überraschung jauchzen und ihn ganz fest an sich drücken. Ihm würde es zwar auch gefallen, aber welche Freude mußte es ihr erst machen! So sah Peter die Sache. Er hatte nicht den geringsten Zweifel, daß er ihr mit seiner Rückkehr die größte Freude bereitete, die es für sie geben konnte. Es gibt für Mütter nichts Herrlicheres, so dachte er, als einen kleinen Jungen zu haben, auf den sie stolz sein können.

Und damit hatte er sogar recht. Doch warum sitzt Peter so lange schweigend am Fußende des Bettes, warum sagt er ihr nicht, daß er zurückgekommen ist?

Die Wahrheit ist, daß er mit sich kämpfte. Mit einem Auge sah er verlangend nach seiner Mutter, und mit dem anderen blickte er ebenso verlangend zum Fenster. Es wäre sicherlich sehr schön, wieder ihr Junge zu sein, doch auf der anderen Seite war da der Stadtpark, in dem er herrliche Zeiten verbracht hatte. War er so sicher, daß er wieder Kleider tragen wollte? Er hüpfte vom Bett und zog ein paar Schubladen auf, um sich seine Kleider von früher anzusehen. Sie waren alle noch da, doch er konnte sich nicht mehr erinnern, wie man sie anziehen mußte. Trug man die Socken nun an den Händen oder an den Füßen? Er war gerade damit beschäftigt, einen davon über seine Hand zu ziehen, als etwas Aufregendes geschah. Vielleicht hatte eine der Schubladen geknarrt; auf jeden Fall war seine Mutter aufgewacht, denn er hörte sie leise seinen Namen rufen „Peter", als sei es das herrlichste Wort auf der ganzen Welt. Er blieb mit angehaltenem Atem auf dem Boden sitzen und fragte sich, woher sie wohl wußte, daß er zurückgekommen war. Wenn sie noch einmal ‚Peter' sagte, würde er ‚Mutter' rufen und zu ihr hinlaufen. Doch sie sprach nicht mehr, sondern schluchzte nur noch leise, und als er verstohlen zu ihr hinschaute, sah er, daß sie wieder eingeschlafen war mit Tränen auf dem Gesicht.

Peter fühlte sich sehr elend, und was glaubst du, daß er als nächstes tat? Er setzte sich wieder ans Fußende des Bettes und spielte ihr ein wunderschönes Schlaflied auf seiner Flöte. Er hatte die Melodie selbst gemacht nach der Art, wie sie ‚Peter' gesagt hatte und er hörte nicht eher auf zu spielen, bis ihr Gesicht wieder einen glücklichen Ausdruck angenommen hatte.

Er war so stolz auf diesen Erfolg, daß er sie am liebsten aufgeweckt hätte, um sie sagen zu hören ‚Oh, Peter, wie herrlich du spielst!' Doch jetzt, wo sie wieder zufrieden schien, warf Peter von neuem sehnsüchtige Blicke zum Fenster. Nicht, daß du glaubst, er wollte wegfliegen und nie mehr wiederkommen. Nein, sein Entschluß stand fest: er wollte wieder ein kleiner Junge sein, nur zögerte er noch, ob er in dieser Nacht schon damit beginnen sollte. Der zweite Wunsch, den er noch frei hatte, bereitete ihm Kopfzerbrechen. Er wollte ihn nicht mehr dazu verwenden, ein Vogel zu werden, doch seinen zweiten Wunsch einfach verfallen zu lassen, schien ihm Verschwendung, und er konnte ihn ja nur nutzen, wenn er zu den Elfen zurückkehrte. Außerdem könnte es auch schlecht für ihn aussehen, wenn er ihn zu lange hinausschöbe. Und er fragte sich, ob es nicht ausgesprochen unhöflich von ihm gewesen sei, wegzufliegen, ohne Salomon adieu zu sagen. „Ich würde zu gerne noch einmal in meinem Boot über den Teich segeln", sagte er sehnsüchtig zu seiner schlafenden Mutter. Er sprach mit ihr, als sei sie wach. „Es wäre herrlich, den Vögeln von meinem Abenteuer berichten zu können!" fügte er schmeichelnd hinzu. „Ich komme zurück, das verspreche ich dir!" schloß er ernst, und er meinte es auch so.

Und schließlich flog er davon. Zweimal noch kam er zurück, als er schon auf dem Fensterbrett stand, um seiner Mutter einen Abschiedskuß zu geben, doch dann fürchtete er wieder, daß sie davon aufwachen könnte, und so spielte er ihr einen Kuß auf seiner Flöte und flog dann zum Stadtpark zurück.

Viele Nächte, ja sogar Monate vergingen, bevor er die Elfen um seinen zweiten Wunsch bat. Ich bin mir nicht sicher, ob ich wirklich weiß, weshalb er es so lange aufschob. Ein Grund war sicher der, daß er so viele Abschiedsbesuche machen mußte, nicht nur bei seinen

Der Schatzkanzler, der eine Pusteblume anbläst, wenn Ihre Majestät wissen will, wie spät es ist.

Freunden, sondern auch bei hundert seiner Lieblingsplätze. Dann segelte er zum letztenmal mit seinem Boot und zum allerletztenmal und dann zum allerallerletztenmal und so weiter. Und dann wurden ihm zu Ehren wieder mehrere Abschiedsfeste gegeben. Ein weiterer bequemer Grund war der, daß es ja schließlich keine Eile hatte, da seine Mutter nie aufhören würde, auf ihn zu warten. Dieser letzte Grund mißfiel dem alten Salomon sehr, denn er verführte auch die Vögel dazu, alles auf die lange Bank zu schieben. Salomon hatte immer einige gute Sprüche parat, um sie bei der Arbeit zu halten, wie zum Beispiel: ‚Verschiebe nie auf morgen, was du heute kannst besorgen!' oder ‚Morgen, morgen, nur nicht heute, sagen alle faulen Leute!' und da kam nun Peter daher und verschob seine Abreise von einem Tag zum andern, und die Vögel machten es ihm nach und wurden immer fauler. Über eines mußt du dir allerdings im Klaren sein: wenn Peter die Reise zu seiner Mutter auch immer wieder hinausschob, so war er doch fest entschlossen zu gehen. Der beste Beweis dafür war seine Vorsicht im Umgang mit den Elfen. Sie wollten unbedingt, daß er im Stadtpark bliebe, um für sie zu spielen, und um das zu erreichen, versuchten sie ihm durch allerlei Tricks immer wieder Bemerkungen zu entlocken wie: ‚Ich wollte, das Gras wäre nicht so naß!' oder: ‚Ich wollte, ihr würdet den Takt halten!' wenn sie absichtlich aus der Reihe tanzten. Dann könnten sie nämlich sagen, er habe seinen zweiten Wunsch vertan. Doch er merkte, auf was sie hinauswollten, und hielt immer noch rechtzeitig inne, wenn er einen Satz mit ‚Ich wollte …' begonnen hatte. So mußten sie ihn, als er schließlich tapfer zu ihnen sagte: „Jetzt möchte ich zu meiner Mutter zurück für immer und ewig!" an den Schultern kitzeln und fliegen lassen.

Er hatte es zum Schluß sehr eilig, da er geträumt hatte, seine Mutter habe geweint, und er wußte genau, weshalb sie weinte und daß eine kleine Umarmung von ihrem großartigen Peter sie wieder zum Lächeln bringen konnte. Er war sich dessen ganz sicher und hatte es so eilig, sich in ihre Arme zu kuscheln, daß er diesesmal auf direktem Weg zum Fenster flog, das ja immer für ihn offenstand.

Doch das Fenster war geschlossen und eiserne Stäbe waren davor, und als er ins Zimmer hineinschaute, sah er seine Mutter friedlich im Bett liegen mit einem anderen kleinen Jungen in ihren Armen.

Peter rief „Mutter! Mutter" doch sie hörte ihn nicht. Vergeblich rüttelte er an den Eisenstäben. Schluchzend flog er zum Stadtpark zurück. Seine Mutter sah er nie wieder. Und er hatte sich für unersetzlich gehalten. Ja, Peter, oft wissen wir erst, wenn es zu spät ist, was wir anders hätten machen sollen. Und Salomon hatte recht mit seinem ‚verschiebe nichts auf morgen …' Denn es kann sein, daß es einmal kein Morgen mehr gibt, und daß schon nach Torschluß ist, wenn wir ans Fenster kommen. Und die Gitterstäbe sind ein Leben lang davor.

Jeder hat schon einmal von dem ‚kleinen Haus' im Stadtpark gehört, dem einzigen Haus, das Elfen jemals für einen Menschen gebaut haben. Noch niemand hat es tatsächlich gesehen, außer drei oder vier, und die haben es nicht nur gesehen, sondern auch darin geschlafen, denn bevor du nicht darin schläfst, kannst du es auch nicht sehen. Es ist nämlich noch gar nicht da, wenn du dich hinlegst, sondern erst, wenn du aufwachst und hinausgehst.

Eigentlich kann es doch jeder sehen, das heißt nicht das Haus direkt, sondern das Licht, das aus den Fenstern scheint. David zum Beispiel hat es einmal durch die Bäume hindurchscheinen sehen, als wir nach dem Kasperltheater am Stadtpark vorbei nach Hause gingen; und Oliver Bailey sah es an jenem Abend, als er so lange bei seinem Vater im Büro bleiben durfte. Angela Claire, die sich gerne Zähne ziehen läßt, weil sie dann hinterher immer mit ihrer Mutter in eine Teestube gehen darf, sah sogar mehrere Lichter, und eines davon war größer als die anderen, und das muß Peter Pans Licht gewesen sein. Eine ganze Menge Kinder haben das Licht gesehen, so daß nichts mehr dabei ist, aber die berühmte Mimi Mannering war die erste, für die das Haus gebaut wurde. Mimi war schon immer ein reichlich seltsames Mädchen gewesen. Sie war vier Jahre alt und tagsüber von der ganz gewöhnlichen Sorte Mädchen. Sie freute sich, wenn ihr Bruder Toni, ein prächtiger Bursche von sechs Jahren, sich mit ihr abgab, sie schaute ehrfurchtsvoll zu ihm auf und versuchte vergeblich, so zu sein wie er, und sie fühlte sich eher geschmeichelt als ausgenutzt, wenn er sie herumscheuchte. Außerdem konnte sie mitten im Ballspiel aufhören und dir ihre neuen Schuhe zeigen. Tagsüber war sie wirklich von der ganz gewöhnlichen Sorte.

Doch sobald die Schatten der Nacht sich senkten, war es an Toni, dem Angeber, ehrfurchtsvoll zu Mimi aufzuschauen, denn mit Einbruch der Dunkelheit nahm ihr Gesicht einen Ausdruck an, den ich nur als vergeistigt beschreiben kann. Außerdem erschien ein heiterer Zug um ihren Mund, während Tonis Lippen verdächtig zu zittern begannen. Er schenkte ihr dann gewöhnlich sein Lieblingsspielzeug (das er ihr am nächsten Morgen regelmäßig wieder wegnahm), und sie nahm es mit einem verwirrenden Lächeln an. Der Grund für seine Großzügigkeit und ihr geheimnisvolles Benehmen lag (um es kurz zu machen) darin, daß sie wußten, man würde sie bald zu Bett schicken. Das war die Zeit, in der Mimi zum Schrecken der Familie wurde. Toni flehte sie jeden Abend an, es nicht zu tun, und die Mutter und das Kindermädchen drohten mit Strafe, doch Mimi lächelte nur ihr unergründliches Lächeln. Und wenn sie dann allein in ihrem Zimmer waren und nur noch das Nachtlämpchen brannte, setzte sie sich im Bett auf und rief:

„Pst! Was war das?" Toni flehte sie an: „Es war nichts! Tu's nicht, Mimi, tu's nicht!" und er zieht die Decke über den Kopf. „Es kommt näher!" ruft sie. „Schau nur, Toni, es berührt mit seinen Hörnern schon dein Bett! Es stößt nach dir, oh Toni, wie schrecklich!"

Und sie hörte nicht eher auf, bis er in seinem Schlafanzug schreiend die Treppe hinunterlief. Wenn er dann mit der Mutter wieder heraufkam, fand diese eine friedlich schlafende Mimi vor; sie tat nicht nur so, nein, sie schlief wirklich, und sah dabei wie der süßeste kleine Engel aus, was meiner Meinung nach die Sache nur noch schlimmer machte.

Doch im Stadtpark waren sie natürlich tagsüber, und dann besorgte Toni das Reden. Man konnte seinen Worten entnehmen, daß er ein überaus tapferer Junge war, und niemand war stolzer darauf als Mimi. Am liebsten hätte sie sich ein Schild umgehängt, auf dem stand, daß sie seine Schwester war. Und nie bewunderte sie ihn mehr, als wenn er mit fester Stimme verkündete, er werde einmal nach Torschluß im Stadtpark bleiben.

„Oh, Toni", sagte sie dann respektvoll, „die Elfen sehen das doch nicht gern!"

„Schon möglich", meinte Toni gelassen.

„Vielleicht", bohrte sie weiter, „läßt Peter Pan dich einmal in seinem Boot mitsegeln."

„Dafür werde ich schon sorgen", erwiderte Toni. Kein Wunder also, daß sie stolz auf ihn war. Doch sie hätten nicht so laut darüber sprechen dürfen, denn eines Tages hörte sie eine Elfe, die gerade Blattgerippe für einen Sommervorhang sammelte, und seitdem war Toni ein Gezeichneter. Wenn er sich auf die Einzäunung setzen wollte, lockerten sie vorher die Bretter, so daß er auf dem Hosenboden landete; sie brachten ihn zum Stolpern, indem sie seine Schnürsenkel lösten, und überredeten die Enten, sein Schiff zu versenken. Fast alle unangenehmen Dinge, die dir im Stadtpark begegnen, geschehen nur, weil du die Gunst der Elfen verscherzt hast, deshalb solltest du aufpassen, was du über sie redest.

Mimi gehörte zu den Leuten, die bestimmte Dinge gern auf einen bestimmten Tag festlegen, doch Toni gehörte nicht zu der Sorte, deshalb antwortete er, wenn sie ihn fragte, wann er denn nach Torschluß im Stadtpark bleiben wolle, nur unbestimmt: „Irgendwann." Lediglich wenn sie ihn fragte, ob er es *heute* machen würde, antwortete er sehr bestimmt: „Nein, heute nicht." Sie nahm deshalb an, daß er auf eine besonders gute Gelegenheit wartete.

Und dann kam jener Nachmittag, da der Stadtpark weiß verschneit und der Runde Teich zugefroren war.

Als Toni und Mimi ankamen, wollten sie sofort zum Teich, doch das Kindermädchen meinte, sie müßten sich zuerst tüchtig warmlaufen, und während sie das sagte, schaute sie nach der Anzeigetafel, um zu wissen, wann der Stadtpark an diesem Tag geschlossen würde. Auf der Tafel stand halb sechs.

Sie gingen also den Baby-Weg hinauf und wieder hinunter und als sie zum zweitenmal bei der Tafel anlangten, stand dort plötzlich, Torschluß sei schon um fünf Uhr. Das Kindermädchen war nicht wenig erstaunt, denn im Gegensatz zu Toni und Mimi, die sofort Bescheid wußten, kannte sie die Tricks der Elfen nicht und konnte deshalb nicht ahnen, daß sie die Zeit geändert hatten, weil an diesem Abend ein Ball stattfinden sollte. Sie entschied deshalb, daß es gerade noch Zeit sei, zum Hügel und wieder zurück zu gehen, und Toni und Mimi trotteten gehorsam neben ihr her. Sie konnte gar nicht ahnen, was in den Köpfen ihrer Schützlinge vorging! Das war nämlich *die* Gelegenheit, einen Elfenball mitzuerleben, und beide wußten, daß Toni nie eine bessere finden würde.

In Mimis Augen stand offen die Frage: „Tust du es heute?" Toni schluckte, dann nickte er. Mimi griff nach seiner Hand; ihre war heiß, doch seine war ganz kalt. Da tat sie etwas sehr Liebes: Sie nahm ihren Schal und gab ihn Toni. „Falls dir kalt wird", flüsterte sie ihm zu. Ihr Gesicht glühte, doch Toni schaute ziemlich düster drein.

Als sie auf dem Hügel wieder umkehrten, raunte er ihr mit einem Blick auf das Kindermädchen zu: „Ich kann es doch nicht tun, ich fürchte, sie hat etwas gemerkt."

Mimi bewunderte ihn mehr denn je, weil er angesichts der vielen unbekannten Gefahren, die auf ihn zukommen konnten, nur an das Kindermädchen dachte. „Komm, wir machen ein Wettrennen bis zum Tor", sagte sie laut, und leise fügte sie hinzu: „Dann kannst du dich ver-

„Meine Güte, was ist denn das?“

stecken." Und schon rannte sie los. Toni war schon immer der bessere Läufer gewesen, doch sie hatte ihn noch nie so laufen sehen wie heute, und sie war sicher, er strengte sich nur deshalb so an, um mehr Zeit zu haben, sich zu verstecken. „Tapfer, tapfer", riefen ihm ihre Augen nach, doch dann stockte ihr der Atem: anstatt sich zu verstecken, war ihr Held zum Tor hinausgerannt! Mimi sah all ihre Hoffnungen wie eine Seifenblase zerplatzen; blanke Verachtung schnürte ihr die Kehle zu; aus Protest gegen alle elenden Feiglinge lief sie zum Sankt Govors-Brunnen und versteckte sich dort an Tonis statt.

Als das Kindermädchen den Ausgang erreichte und Toni schon weit vorne auf der Straße laufen sah, nahm sie an, Mimi sei bei ihm, und trat durch das Tor. Es war inzwischen dunkel geworden, und hunderte von Leuten strömten dem Ausgang zu, bis auch die letzten draußen waren. Mimi sah und hörte sie nicht. Sie hatte die Augen fest geschlossen und Tränen des Zorns liefen über ihre Wangen. Als sie sie wieder öffnete, kroch etwas Kaltes ihre Arme und Beine hinauf und senkte sich in ihr Herz. Es war die Stille des Parks. Dann hörte sie ein *Bäng* und noch ein *Bäng,* und noch einmal *Bäng, Bäng* in einiger Entfernung. Die Tore wurden geschlossen.

Als das letzte *Bäng* verklungen war, hörte Mimi eine Stimme sagen: „So, das hätten wir." Sie klang etwas hölzern und schien von oben her zu kommen, und als Mimi aufschaute, sah sie, wie eine Ulme ihre Äste ausstreckte und herzhaft gähnte. Sie wollte gerade sagen: „Ich wußte gar nicht, daß Bäume sprechen können", als eine metallene Stimme, die vom Brunnenschlegen zu kommen schien, krächzte: „Ist es nicht ein bißchen kühl dort oben?" Worauf die Ulme erwiderte:

„Nicht besonders, aber man wird ganz steif, wenn man immer nur auf einem Bein stehen muß", und sie schlenkerte mit ihren Ästen wie die Droschkenkutscher mit ihren Armen, bevor sie losfahren. Erstaunt stellte Mimi fest, daß andere Bäume dasselbe taten. Sie stahl sich zum Baby-Weg und kroch unter eine Stechpalme, die mit den Schultern zuckte, sich aber nicht weiter an ihr zu stören schien.

Mimi fror nicht im mindesten. Sie trug ein rotes Mäntelchen, dessen Kapuze sie über den Kopf gezogen hatte, so daß außer ihrem lieben Gesichtchen und ein paar Locken nichts von ihr zu sehen war. Alles andere steckte in so vielen warmen Kleidern, daß sie beinahe so rund war wie ein Ball.

Es war eine Menge los auf dem Baby-Weg, und Mimi kam gerade rechtzeitig, um eine Magnolie und einen Fliederstrauch über die Einfriedung klettern zu sehen. Zugegeben, ihre Bewegungen waren etwas steif und ungelenk, aber das kam daher, daß sie an Krücken gingen. Ein Holunderstrauch hoppelte über den Weg und blieb zu einem kleinen Schwatz bei ein paar Quittenbäumchen stehen, und alle gingen sie an Krücken. Die Krücken aber waren die Stöckchen, an denen man die jungen Bäumchen und Sträucher festbindet. Mimi hatte sie zwar schon oft gesehen, doch bis zu diesem Abend hatte sie nicht gewußt, zu was sie gut sind. Sie spähte den Weg hinauf und sah ihren ersten Elf. Es war ein Gassenjungen-Elf, der den Weg entlanglief und die Trauerweiden schloß. Das ging folgendermaßen vor sich: er piekte mit einer Feder in den Stamm, und sie schlossen sich wie Regenschirme, wobei sie all die kleinen Pflanzen in der Umgebung unter dem herabfallenden Schnee begruben.

„Du böser Junge, du!" schimpfte Mimi, denn sie wußte, wie es ist, wenn man unter einem tropfenden Schirm steht.

Zum Glück war der freche Bursche außer Hörweite, doch einer Chrysantheme war ihr Schimpfen nicht entgangen, und sie sagte in einem so bestimmten Ton: „Meine Güte, was ist denn das!“, daß Mimi unter ihrem Busch hervorkommen und sich zeigen mußte. Das ganze Pflanzenreich stand ihr ratlos gegenüber. Was sollte mit ihr geschehen?

„Das ist nicht unsere Sache“, meinte ein Pfaffenhütchen, nachdem es sich flüsternd mit seinen Brüdern und Schwestern beraten hatte, „du weißt genau, daß du nicht hier sein dürftest. Ich glaube, wir müssen dich den Elfen melden, was meinst du?“

„Ich meine, ihr solltet das nicht tun“, erwiderte Mimi. Das verwirrte die armen Pflanzen so, daß keine ihr zu widersprechen wagte. Doch Mimi hatte Mitleid mit denen, die an Krükken gingen, und bot sich an, ein Stück mit ihnen spazierenzugehen, bevor sie den Elfenball besuchte. „Ihr könnt euch auf mich stützen“, meinte sie gutmütig.

Bei diesem Angebot klatschten die Bäumchen vor Freude in die Hände, und Mimi führte eines nach dem anderen den Baby-Weg hinauf und wieder hinunter, indem sie einen Arm oder auch nur die Hand um die ganz Schwachen legte und die fremdländischen Pflanzen mit derselben Höflichkeit behandelte wie die einheimischen, auch wenn sie kein Wort von dem, was sie sagten, verstand.

Im großen und ganzen waren sie recht nett, auch wenn sich einige beklagten, daß sie mit ihnen nicht so weit gegangen sei, wie mit den anderen. Einige kratzten und piekten sie auch, doch es geschah unbeabsichtigt, und Mimi schimpfte sie nicht deshalb. Das viele Gehen machte sie ziemlich müde, und außerdem wollte sie nun endlich zu dem Ball. Ihre anfängliche Angst war vorüber, denn es war inzwischen ganz dunkel geworden und ihr wißt ja, daß Mimi bei Dunkelheit sehr tapfer wurde.

Die Bäumchen wollten sie nicht gehen lassen, denn „wenn die Elfen dich sehen“, warnten sie, „trampeln sie dich zu Tode oder zwingen dich, ihre Kinder zu hüten, oder sie verwandeln dich in irgendetwas Häßliches – in eine immergrüne Kröte, zum Beispiel.“ Bei diesen Worten schauten sie mit geheucheltem Mitleid auf eine grüne Kröte herab, die sie in Wirklichkeit in dieser Jahreszeit um ihr Grün beneideten. Und sie stellten ihr sämtliche Gefahren vor Augen, die ihr begegnen könnten, wenn sie darauf bestünde, zum Ball zu gehen.

Von einem Haselnußstrauch erfuhr sie, daß seit geraumer Zeit Trauer den Königshof überschattete, da der Herzog der Gänseblümchen an einer schrecklichen Krankheit, die man „Liebesunfähigkeit“ nennt, litt, und er sich einfach in keine Frau mehr verlieben konnte. Königin Mab, die im Stadtpark regierte, war sehr zuversichtlich gewesen, daß ihre Elfenmädchen ihn heilen könnten, doch ach! sein Herz blieb kalt, wie der Doktor feststellte. Dieser Doktor, der Leibarzt des Herzogs, fühlte diesem jedesmal, wenn sich eine Dame vorgestellt hatte, das Herz, dann schüttelte er jedoch regelmäßig den Kopf und murmelte: „Kalt, ganz kalt.“ Die Königin war beschämt und versuchte es mit einem neunminütigen Tränenvergießen des gesamten Hofstaates, doch vergeblich. Dann gab sie den Liebstöckel die Schuld und verurteilte sie dazu, Narrenkappen zu tragen, bis sie das erstarrte Herz des Herzogs zum Schmelzen gebracht hätten.

„Die Liebstöckel in ihren kleinen Narrenkappen muß ich gesehen haben!“ rief Mimi und rannte unbekümmert los, doch Liebstöckel haben es nicht gern, wenn man sich über sie lustig macht.

Den Platz zu finden, auf dem ein Elfenball stattfindet, ist sehr einfach, da nach allen Rich-

Mimi sah den Doktor, der das Herz des Herzogs befühlte.

tungen Bänder ausgelegt werden, damit die geladenen Gäste trockenen Fußes dorthin gelangen können. An diesem Abend waren die Bänder rot und machten sich sehr hübsch auf dem Schnee.

Mimi folgte geraume Zeit einem dieser Bänder, ohne jemanden zu treffen, doch dann sah sie in einiger Entfernung etliche Elfen zu Pferd sich nähern. Erstaunt stellte sie fest, daß sie schon wieder vom Ball zurückzukommen schienen, und sie hatte gerade noch Zeit, in die Hocke zu gehen und die Arme auszustrecken, so daß es aussah, als sei sie ein Gartenstuhl. Der Zug bestand aus sechs Reitern vorne und sechs Reitern hinten, und in der Mitte ging eine stolze Dame mit einer langen Schleppe, deren Ende von zwei Pagen hochgehalten wurde, und auf der Schleppe ruhte ein wunderschönes Mädchen wie auf einem Bett, denn das ist die Art, wie adlige Elfen reisen.

Mimi stellte weiter fest, daß der ganze Zug in großer Erregung war und alle ihre Nasen ziemlich hoch trugen, höher als es selbst für Elfen gut ist, und sie schloß daraus, daß dies ein Fall sein mußte, bei dem der Doktor wieder einmal gesagt hatte: „Kalt, ganz kalt."

Sie folgte dem roten Band weiter und kam zu einer Brücke, die über einen ausgetrockneten Graben führte, in den eine kleine Elfe hineingefallen war und sich nun nicht mehr allein heraushelfen konnte. Als Mimi ihr zu Hilfe kam, fürchtete sich das kleine Fräulein zunächst vor ihr, doch bald saß es fröhlich plaudernd auf ihrer Hand und erklärte, es heiße Braunchen, sei eine kleine Straßensängerin und auf dem Weg zum Ball, um zu sehen, ob der Herzog es zur Frau haben wolle.

„Ich bin zwar nicht besonders hübsch", sagte Braunchen, und Mimi wußte nicht, was sie darauf antworten sollte, denn das kleine Wesen war für eine Elfe wirklich nicht hübsch. „Ich sehe schon, du glaubst auch, daß ich beim Herzog keine Chance habe", sagte Braunchen betrübt. „Das habe ich nicht gesagt", erwiderte Mimi höflich. „Dein Gesicht ist vielleicht nicht gerade das, was man allgemein unter hübsch versteht, aber es ist sehr lieb."

Und dann fiel ihr zum Glück die Geschichte von ihrem Vater und dem Wohltätigkeitsfest ein. Ihr Vater war einmal zu einem großen Wohltätigkeitsfest gegangen, auf dem zugunsten armer und kranker Menschen auch ein Schönheitswettbewerb stattfand. Doch anstatt nach seiner Rückkehr mit dem Aussehen von Mimis Mutter unzufrieden zu sein, hatte er gesagt: „Du kannst dir gar nicht vorstellen, Liebling, wie froh ich bin, dein liebes Gesicht wiederzusehen."

Diese Geschichte erzählte Mimi der kleinen Elfe, und Braunchen hatte nun nicht mehr den geringsten Zweifel, daß der Herzog sie erwählen würde. Sie hüpfte auf dem roten Band davon, nicht ohne Mimi vorher zu warnen, daß die Königin ihren Zorn über sie ausschütten würde, falls sie ihr folgte. Doch Mimis Neugier zog sie vorwärts, und bald sah sie ein wunderbar helles Licht. Sie kroch im Schutz eines Baumes näher heran und lugte hinter dem Stamm hervor. Das Licht, das sich ungefähr in Kopfhöhe über der Erde befand, bestand aus Millionen kleiner Glühwürmchen, die sich bei den Händen hielten und so einen leuchtenden Baldachin über dem Elfenring bildeten. Mit ihr schauten Tausende von kleinen Leuten dem Schauspiel zu, doch sie schienen ausgesprochen düster im Vergleich zu den strahlenden Wesen innerhalb des Ringes, deren Glanz Mimi geradezu blendete.

Sie konnte nicht verstehen, wie des Herzogs Herz bei ihrem Anblick kalt bleiben konnte, doch daß es noch nicht wieder warm war, konnte man an der beschämten Miene der Königin sehen sowie an den Tränen der Elfendamen, die der Herzog wegschickte, und an dessen eigenem, düsteren Blick.

Mimi sah auch den Doktor, der das Herz des Herzogs befühlte, und Mimi taten die Liebstöckel leid, die in ihren Narrenkappen abseits standen und jedesmal, wenn sie sein „Kalt, ganz kalt“ hörten, betrübt den Kopf sinken ließen.

Mimi war enttäuscht, weil sie Peter Pan nirgends entdecken konnte, und ich will euch sagen, weshalb er noch nicht da war: Er war mit seinem Boot auf dem Serpentinenteich zwischen schwimmende Eisstücke geraten und mußte sich nun in einem gefährlichen Unternehmen einen Weg hindurchbahnen.

Die Elfen hatten ihn bis jetzt kaum vermißt, da sie zu traurig waren, um tanzen zu können. Wenn sie traurig sind, vergessen sie nämlich alle Tanzschritte, und sie fallen ihnen erst wieder ein, wenn ihre Fröhlichkeit zurückkehrt. David hat mir erzählt, daß Elfen nie sagen „Wir sind glücklich“, sondern immer „Wir sind *tänzlich.*“

Sie sahen wirklich sehr untänzlich drein, als plötzlich unter den Zuschauern lautes Gelächter ausbrach, weil Braunchen gekommen war und auf ihrem Recht beharrte, dem Herzog vorgeführt zu werden.

Mimi reckte den Hals, um besser sehen zu können, wie es ihrer kleinen Freundin erginge, obwohl sie absolut keine Hoffnung hatte. Niemand schien auch nur die geringste Hoffnung zu haben außer Braunchen selbst, die sich ihrer Sache überaus sicher war. Sie wurde seiner Gnaden vorgeführt, der Doktor legte seinen Finger achtlos auf das Herz des Herzogs und wollte gerade automatisch „Kalt, ganz kalt“ sagen, als er plötzlich stutzte.

„Was ist denn das?“ rief er verwirrt und legte das Ohr auf des Herzogs Brust.

„Der Himmel steh' mir bei!“ rief der Doktor; die Erregung unter den Zuschauern war ganz enorm, und rechts und links fielen die Elfen in Ohnmacht.

Alle starrten den Herzog an, der in höchstem Maße erschrocken schien und aussah, als wolle er gleich davonlaufen. „Das kann nicht wahr sein!“, hörte man den Doktor murmeln, und dann zog er plötzlich seine Finger zurück und steckte sie in den Mund, denn er hatte sich offensichtlich verbrannt. Das Herz des Herzogs stand in Flammen!

Die Atmosphäre war zum Zerreißen gespannt. Dann verbeugte sich der Doktor tief und verkündete stolz: „Ich habe die Ehre, Euer Gnaden mitzuteilen, daß Eure Exzellenz verliebt ist!“

Du kannst dir nicht vorstellen, welche Wirkung diese Worte hatten. Braunchen streckte dem Herzog die Arme entgegen und dieser warf sich hinein. Die Königin warf sich in die Arme des Schatzmeisters und die Hofdamen warfen sich in die Arme ihrer Kavaliere, da sie den Etiketten gemäß in allem dem Beispiel ihrer Königin folgen müssen. So fanden in einem einzigen Augenblick ungefähr fünfzig Hochzeiten statt, denn wenn eine Elfe in eines Elfen Arm sinkt, ist das eine Elfenhochzeit.

Die Menge applaudierte und hüpfte vor Freude. Trompeten schmetterten, der Mond kam heraus, und augenblicklich ergriffen tausende von Paaren seine Strahlen, als seien es die Bänder eines Maibaumes, und walzten in wilder Ausgelassenheit um den Elfenring. Am schönsten war es jedoch zu sehen, wie die Liebstöckel sich ihre Narrenkappen vom Kopf rissen und sie hoch in die Luft warfen. Und dann kam Mimi und verdarb alles.

Sie konnte nichts dafür. Sie freute sich so sehr über das Glück ihrer kleinen Freundin, daß sie ein paar Schritte nach vorn machte und rief: „Oh, Braunchen, herzlichen Glückwunsch!“

Jeder blieb stehen, wo er gerade stand, die Lichter gingen aus, und die Musik verstummte, und Mimi wurde sich augenblicklich der Gefahr bewußt, in der sie schwebte. Zu spät erinnerte sie sich, daß sie ein Fremdling war an einem Ort, an dem sich zwischen dem Schließen und Öffnen der Tore kein menschliches Wesen aufhalten darf.

Sie hörte ein unheildrohendes Murmeln durch die Menge gehen, sah Tausende von Schwertern, die sich gegen sie richteten, und sie stieß einen Schreckensschrei aus und floh.

Und wie sie rannte! Sie stolperte mehrere Male und fiel hin, doch jedesmal rappelte sie sich rasch wieder auf und lief weiter. Sie hatte solche Angst, daß sie nicht mehr wußte, wo sie war. Sie wußte nur, daß sie nie mehr aufhören durfte zu laufen, und sie glaubte, immer noch zu laufen, lange nachdem sie bei den Pützchen hingefallen und eingeschlafen war. Die Schneeflöckchen, die auf ihr Gesicht fielen, hielt sie für die Gutenacht-Küsse ihrer Mutter, die Schneedecke, die sie bald bedeckte, hielt sie für eine warme Bettdecke und sie versuchte, sie über den Kopf zu ziehen, und als sie durch ihren Traum hindurch Stimmen hörte, hielt sie sie für die Stimmen ihrer Eltern, die wie jeden Abend nach ihr schauen wollten, doch es waren die Stimmen der Elfen. Ich bin sehr froh, euch sagen zu können, daß sie ihr keinen Schaden mehr zufügen wollten. Nachdem Mimi davongelaufen war, hatte die Luft gebebt von Rufen wie: „Tötet sie!“ – „Verwandelt sie in einen immergrünen Frosch!“ und so weiter, doch die Verfolgung verzögerte sich, da man sich nicht einig werden konnte, wer an der Spitze laufen sollte, und so hatte Braunchen Zeit, sich der Königin zu Füßen zu werfen und um eine Gunst zu bitten.

Jede Elfenbraut darf die Königin um eine Gunst bitten, und Braunchen erbat sich Mimis Leben. „Alles, nur nicht das!“ rief die Königin entschieden, und die Elfen echoten „Alles, nur nicht das!“ Doch als sie hörten, wie sehr Mimi Braunchen geholfen und es überhaupt erst möglich gemacht hatte, daß sie am Ball teilnehmen und ihrer aller Ehre retten konnte, ließen sie das kleine Menschenkind dreimal hochleben und machten sich auf, ihm zu danken, allen voraus die Mitglieder des Hofes, denen der Glühwürmchen-Baldachin leuchtete.

Mimis Fußspuren waren im Schnee leicht zu verfolgen.

Als sie sie bei den Pützchen von hohem Schnee bedeckt fanden, schien es jedoch unmöglich, ihr zu danken, da sie einfach nicht aufwachen wollte. Sie dankten ihr nach den Etiketten, das heißt, der neue König kletterte ihr auf den Bauch und hielt eine lange Willkommensrede, doch sie hörte kein Wort davon. Sie räumten auch den Schnee von ihr, doch er deckte sie bald wieder zu und sie sahen, daß Mimi Gefahr lief zu erfrieren. „Verwandelt sie in etwas, dem die Kälte nichts ausmacht“, schien ein guter Vorschlag zu sein, doch das einzige, was ihnen einfiel, dem die Kälte nichts ausmachte, war eine Schneeflocke „und die könnte schmelzen“, gab die Königin zu bedenken, so daß der Gedanke aufgegeben werden mußte.

Man unternahm mutig den Versuch, sie zu einer geschützten Stelle zu tragen, doch trotz der vielen helfenden Arme gelang es nicht. Die Elfendamen weinten schon ihre Taschentücher naß, da hatten die Liebstöckel eine glänzende Idee: „Baut ein Haus um sie herum!“ riefen sie, und im selben Moment waren sich alle einig, daß dies das einzige war, was man tun konnte und tun mußte. Schon waren hunderte von Holzfällerelfen in den Zweigen, Architektenelfen liefen um Mimi herum und nahmen Maß, 75 Mauerelfen bereiteten die Grundsteinlegung vor, welche die Königin vornahm, Aufpasser wurden ernannt, um die Jungen von der Baustelle fernzuhalten, Baugerüste wurden errichtet, der ganze Platz dröhnte von Hammerschlägen, und da hatte das Haus auch schon ein Dach und die Glaser setzten die Fenster ein.

Das Haus hatte genau Mimis Größe und war wunderhübsch. Als Mimi ihren Arm ausstreckte, hatte das die Elfen eine Sekunde lang verwirrt, doch dann hatten sie einfach eine Veranda um ihn herumgebaut. Die Fenster hatten die Größe von Bilderbüchern und die Tür war sogar noch kleiner, doch Mimi konnte das Haus ohne Mühe verlassen, indem sie einfach das Dach abhob.

Die Elfen klatschten vor Freude über ihre Klugheit in die Hände und waren so vernarrt in das kleine Haus, daß sie den Gedanken nicht ertragen konnten, es fertig zu haben. Deshalb brachten sie so viele Extras an, wie nur irgend möglich, und selbst dann wollten sie noch nicht aufhören.

Zwei Elfen, zum Beispiel, stellten eine Leiter an und setzten einen Schornstein aufs Dach.

„Jetzt ist es leider fertig", seufzten sie dann. Doch nein, zwei andere Elfen stellten die Leiter noch einmal an und banden etwas Rauch an den Schornstein.

„Jetzt geht ganz bestimmt nichts mehr", seufzten sie dann.

„Oh, doch!" rief ein Glühwürmchen, „wenn sie aufwacht und kein Nachtlämpchen hat, könnte sie Angst bekommen; ich werde ihr Nachtlämpchen sein!"

„Warte noch", rief ein Seidenhändler, „ich mache dir einen Lampenschirm!"

Dann war das Haus endgültig fertig.

Doch nein, oh, nein!

„Du meine Güte!" rief ein Handwerker, „die Tür hat noch keine Klinke!" und er brachte eine Klinke aus Messing an.

Ein Eisenwarenhändler fügte einen Schuhabkratzer hinzu und eine alte Frau kam mit einer Fußmatte angelaufen. Einige Zimmerleute brachten eine Wassertonne und die Maler bestanden darauf, sie anzustreichen.

„Fertig!"

„Fertig? Wie kann es fertig sein", fragte der Klempner bedächtig, bevor es nicht fließend warmes und kaltes Wasser hat?" Und er legte die Leitungen für warmes und kaltes Wasser. Dann kamen die Gärtner mit Schubkarren und Spaten, Samen und Knollen und Gewächshäusern, und bald hatten sie zur Rechten der Veranda einen Blumengarten angelegt und zur linken einen Gemüsegarten. Rosen und Klematis rankten sich an den Hauswänden empor und in weniger als fünf Minuten stand alles in voller Blüte.

Wie hübsch das kleine Haus nun aussah! Doch nun war es unwiderruflich fertig, und sie mußten zum Ball zurückkehren. Sie warfen dem Häuschen noch eine Kußhand zu, bevor sie gingen, und zuallerletzt ging Braunchen. Sie war bis zum Schluß geblieben, um einen süßen Traum durch den Schornstein fallen zu lassen.

Die ganze Nacht über stand das kleine Haus dort bei den Pützchen und behütete Mimi, und sie wußte es nicht. Sie schlief, bis sie ihren Traum beinahe zu Ende geträumt hatte, und wachte mit einem Gefühl der Behaglichkeit auf, gerade als der Morgen anbrach. Sie rief nach Toni, da sie dachte, sie sei daheim im Kinderzimmer. Als sie keine Antwort erhielt, setzte sie sich auf, wobei ihr Kopf gegen das Dach stieß und es wie den Deckel einer Schuhschachtel abhob. Als sie merkte, daß sie nicht im Kinderzimmer war, sondern im Stadtpark,

Sie sahen wirklich sehr untänzlich drein.

fragte sie sich, ob sie eigentlich noch sie selbst sei und kniff sich in die Wange. Da wußte sie, daß sie noch dieselbe Mimi war und mitten in einem großen Abenteuer steckte. Sie erinnerte sich an alles, was seit dem Schließen der Tore bis zu ihrer Flucht vor den Elfen geschehen war, doch wie sie an diesen seltsamen Ort gekommen war, wußte sie nicht mehr. Sie verließ das Haus durch das Dach und jetzt erst sah sie, worin sie die Nacht verbracht hatte. Sie war so entzückt, daß sie ein-ums andere Mal rufen mußte:

„Was für ein liebes, nettes, goldiges Häuschen!"

Vielleicht erschreckte die menschliche Stimme das kleine Haus, vielleicht wußte es auch, daß es seine Pflicht nun getan hatte, denn kaum hatte Mimi den Mund aufgemacht, als es zu schrumpfen begann. Es schrumpfte so langsam, daß sie es erst merkte, als es zu spät war und sie nicht mehr hineinpaßte. Es hatte immer noch alle Extras, doch es wurde kleiner und kleiner und der Schnee kroch von allen Seiten darauf zu. Jetzt war es so groß wie eine Margarineschachtel, dann so groß wie eine Schuhschachtel, doch immer noch konnte man den Rauch und die Türklinke und die Rosen an den Mauern erkennen. Das Glühwürmchen-Nachtlicht wurde ebenfalls kleiner, doch es brannte immer noch. „Bitte geh nicht!" rief Mimi verzweifelt und warf sich auf die Knie, denn das Haus war nur noch so groß wie eine Garnrolle, wenn es auch immer noch alle Extras hatte. Doch als sie beschwörend die Arme ausstreckte, kroch der Schnee von allen Seiten an ihm hoch, bis er es ganz zugedeckt hatte und an der Stelle, wo es gestanden hatte, wieder eine unberührte weiße Schneedecke lag.

Mimi stampfte mit dem Fuß auf und fuhr sich mit den Händen über die Augen, als sie eine freundliche Stimme sagen hörte: „Weine nicht, du liebes Menschenkind, weine nicht!" Mimi drehte sich um und sah einen nackten kleinen Jungen vor sich, und sie wußte sofort, daß es Peter Pan war.

Mimi fühlte sich ein bißchen unsicher, doch Peter wußte nicht, was Unsicherheit war.

„Ich hoffe, du hast gut geschlafen", sagte er ernsthaft.

„Oh, ja", erwiderte sie, „Es war warm und gemütlich. Aber du ..." es war ihr peinlich, seinen nackten kleinen Körper anzusehen, „ist dir gar nicht kalt?"

Nun war ‚kalt' ein weiteres Wort, das Peter vergessen hatte, und so antwortete er: „Ich glaube nicht, aber ich kann mich täuschen. Ich bin nämlich ein bißchen dumm, mußt du wissen, und gar kein richtiger Junge. Salomon sagt, ich sei ein Zwischending."

„So nennt man das also", meinte Mimi gedankenvoll.

„Das ist nicht mein richtiger Name", erklärte Peter, „eigentlich heiße ich Peter Pan."

„Ich weiß", erwiderte Mimi, „Jeder weiß das."

Du glaubst gar nicht, wie stolz Peter war zu hören, daß die Leute auf der anderen Seite der Tore ihn alle kannten. Er bat Mimi, ihm zu erzählen, was sie von ihm wußten und was man über ihn redete, und sie tat ihm den Gefallen. Sie saßen auf einem gefällten Baum und Peter hatte den Schnee für Mimi weggeräumt, er selbst saß noch auf dem weißen Polster. So redeten sie und erzählten, und Peter erfuhr, daß die Leute außerhalb eine ganze Menge von ihm wußten, aber doch nicht alles. Sie wußten zum Beispiel nicht, daß er zu seiner Mutter hatte zurückkehren wollen und ausgesperrt worden war, und Peter sagte nichts davon zu Mimi, denn er schämte sich immer noch deshalb.

„Wissen sie auch, daß ich wie richtige Jungen spielen kann?" fragte er stolz. „Das mußt du ihnen unbedingt erzählen!" Doch als er ihr zeigte, wie er spielte – wie er zum Beispiel seinen Reifen auf dem Runden Teich schwimmen ließ und so weiter – war Mimi schlichtweg entsetzt.

„Du spielst ja alles ganz, ganz falsch!" sagte sie. „Richtige Jungen spielen ganz anders!"

Der arme Peter schluckte, und dann weinte er zum erstenmal nach – ich weiß nicht wie langer Zeit. Er tat Mimi ganz schrecklich leid, und sie reichte ihm ihr Taschentuch, und da Peter nicht wußte, was er damit anfangen sollte, zeigte sie es ihm, das heißt, sie wischte ihm die Tränen ab. „So, jetzt machst du es", forderte sie ihn dann auf, doch anstatt seine Tränen zu trocknen, wischte er Mimi über die Augen, und sie hielt es im Augenblick für das Beste, ihn nicht schon wieder zu verbessern. Er tat ihr leid und sie sagte: „Ich kann dir einen Kuß geben, wenn du magst." Doch Peter hatte auch vergessen, was Küsse sind und so sagte er „danke schön" und streckte die Hand aus, weil er glaubte, sie wolle ihm etwas schenken. Mimi war schockiert über seine Unwissenheit, doch sie spürte, daß sie ihn nicht aufklären konnte, ohne ihn zu beschämen, und so reichte sie ihm lächelnd einen Fingerhut, den sie zufällig in ihrer Manteltasche gehabt hatte und tat so, als sei dies ein Kuß. Und seit dieser Zeit trägt Peter einen Kuß auf seinem Finger. Obwohl er immer noch ein Baby war, war es eben doch schon Jahre her, seit er seine Mutter gesehen hatte, und das Baby, das seinen Platz bei ihr eingenommen hatte, war bestimmt schon ein erwachsener Mann mit einem Schnurrbart.

Doch das soll nicht heißen, daß Peter eher zu bemitleiden als zu bewundern war, und Mimi hatte das sehr bald gemerkt. Ihre Augen glänzten vor Bewunderung, als er ihr von seinen Abenteuern berichtete, vor allem davon, wie er in seinem Drosselnest von der Insel zum Stadtpark ruderte.

„Wie romantisch!“ rief Mimi, doch das war wieder ein Wort, welches Peter nicht kannte und er ließ betrübt den Kopf hängen, weil er glaubte, Mimi verachte ihn deshalb.

„Würde Toni das auch machen?“ fragte er ängstlich.

„Niemals!“ antwortete Mimi im Brustton der Überzeugung, „er hätte viel zu große Angst!“

„Was ist Angst?“ fragte Peter wißbegierig. Er hielt es für irgendetwas Großartiges. „Kannst du mir nicht zeigen, wie man Angst hat?“ bat er.

„Ich bin sicher, kein Mensch kann dir das beibringen“, erwiderte sie bewundernd, doch Peter glaubte, sie hielte ihn für zu dumm dazu. „Wenn ich doch nur so tapfer wäre wie Toni!“ sagte er sehnsüchtig.

Mimi war ganz durcheinander. „Aber du bist doch tausendmal tapferer als Toni!“ rief sie, „du bist der tapferste Junge, den ich je in meinem ganzen Leben gesehen habe!“

Peter konnte zuerst gar nicht glauben, daß sie wirklich meinte, was sie sagte, doch dann jauchzte er vor Freude. „Wenn dir sehr danach ist“, sagte Mimi, „kannst du mir jetzt einen Kuß geben.“

Enttäuscht nahm Peter den Fingerhut von seinem Finger, da er dachte, Mimi wollte ihn wieder zurückhaben. Als diese sah, was er tat, verbesserte sie sich rasch: „Ich meine keinen Kuß“, sagte sie, „ich meine einen Fingerhut.“

„Was ist das?“ fragte Peter.

„Es geht so“, sagte Mimi und küßte ihn. „Ich würde dir sehr gerne auch einen Fingerhut geben“, sagte Peter ernst, und gab ihr einen. Er gab ihr noch eine ganze Menge Fingerhüte, und dann kam ihm eine glänzende Idee. „Mimi“, fragte er, „willst du mich heiraten?“

Es ist sonderbar, aber genau im selben Augenblick hatte Mimi dieselbe Idee gehabt.

„Ich möchte schon“, antwortete sie, „aber hat es denn in deinem Boot Platz für zwei?“

„Wenn wir ganz nah zusammenrücken“, erwiderte er eifrig.

„Aber vielleicht haben die Vögel etwas dagegen?“

Er versicherte ihr, sie würden glücklich sein, sie bei sich zu haben, obwohl ich in diesem Punkt nicht ganz seiner Meinung bin. Außerdem gebe es im Winter relativ wenig Vögel auf der Insel. „Es ist allerdings möglich, daß sie deine Kleider haben wollen“, mußte er zögernd hinzufügen.

Mimi war empört. „Sie denken immer nur an ihre Nester“, sagte Peter entschuldigend, „und es gibt da ein paar Dinge an dir“ – er strich über den Pelz an ihrem Mantelkragen – „die sie bestimmt sehr gerne hätten.“

„Meinen Pelz bekommen sie aber nicht“, sagte Mimi bestimmt.

„Nein“, sagte er und streichelte ihn weiter, „nein.“ Und dann plötzlich: „Mimi, weißt du, weshalb ich dich so liebe? Weil du wie ein wundervolles kleines Nest bist.“

Mimi war darüber nicht gerade glücklich. „Ich finde, du redest eher wie ein Vogel, als wie ein Junge“, sagte sie zögernd, und im Augenblick sah er tatsächlich auch eher wie ein Vogel aus. „Schließlich bist du ja auch nur ein Zwischending.“ Doch das schien Peter weh zu tun, so daß sie rasch hinzufügte: „Es ist bestimmt wundervoll, ein Zwischending zu sein!“

„Dann komm und werde eines“, bat er und sie machten sich auf den Weg zum Boot, denn es war bald soweit, daß die Tore wieder geöffnet wurden. „Und du bist auch nicht ein bißchen wie ein Nest“, flüsterte er einschmeichelnd.

„Ich finde es aber ganz nett, eines zu sein", meinte Mimi in der Frauen eigenen, widersprüchlichen Art. „Wenn ich ihnen meinen Pelz auch nicht geben kann, so hätte ich doch nichts dagegen, wenn sie ein Nest hineinbauten. Stell dir einmal vor: ein Nest in meinem Nacken, mit kleinen gesprenkelten Eiern darin. Wäre das nicht herrlich!"

Als sie sich dem Serpentinenteich näherten, wurde ihr aber doch ein bißchen seltsam zumute, und um sich Mut zu machen, sagte sie laut: „Ich werde natürlich oft meine Mutter besuchen, sehr oft. Es ist ja nicht so, als nähme ich für immer Abschied. So ist es ja nicht im mindesten!"

„Natürlich nicht", erwiderte Peter, doch in seinem Herzen wußte er, daß es so war, und er hätte ihr das auch gesagt, wenn er nicht solche Angst gehabt hätte, sie zu verlieren. Er war so vernarrt in sie, daß er glaubte, nicht mehr ohne sie leben zu können. „Sie wird ihre Mutter bald vergessen haben und glücklich mit mir sein", redete er sich ein und zog sie schneller zum Teich, wobei er ihr ab und zu einen Fingerhut gab.

Doch selbst als sie das Boot gesehen und entzückt festgestellt hatte, wie hübsch es sei, hörte Mimi nicht auf, ängstlich von ihrer Mutter zu sprechen. „Du weißt ganz genau, Peter, nicht wahr, du weißt genau, daß ich nicht mitkommen würde, wenn ich nicht ganz genau wüßte, daß ich zu meiner Mutter zurückgehen kann, wenn immer ich möchte. Sag, daß es so ist, Peter!"

Er tat es, doch er konnte ihr nicht mehr ins Gesicht sehen.

„Bist du auch sicher, daß deine Mutter dich immer haben will?" fragte er säuerlich.

„Was für ein Gedanke, daß Mutter mich nicht mehr haben wollte!" rief Mimi und ihr Gesicht glänzte.

„Bis sie dich aussperrt", sagte Peter heiser.

„Die Tür bleibt immer, immer offen", erwiderte Mimi, „und Mutter wartet immer auf mich."

„Dann", sagte Peter nicht ohne Bitterkeit, „komm ins Boot, wenn du dir so sicher bist." Und er half Mimi in das Drosselnest.

„Warum schaust du mich nicht an?" fragte sie und faßte ihn am Arm.

Peter versuchte angestrengt, nicht zu ihr hinzusehen, er versuchte abzustoßen, doch dann schluckte er ein paarmal, sprang zurück ans Land und ließ sich schluchzend auf den Boden fallen. Mimi ging zu ihm. „Was ist denn, Peter, was hast du?" fragte sie verwirrt.

„Oh, Mimi!" rief er, „es ist nicht richtig von mir, dich mitzunehmen, wenn du glaubst, du könntest jederzeit zurück. Deine Mutter ..." er schluckte, „du kennst die Mütter nicht so gut wie ich."

Und dann erzählte er ihr, wie er selbst ausgesperrt worden war, und Mimi kämpfte nun auch mit den Tränen. „Aber meine Mutter", sagte sie, „*meine* Mutter ..."

„... würde es auch tun", sagte Peter, „sie sind alle gleich. „Ich möchte fast sagen, sie schaut sich jetzt schon nach einer neuen Mimi um."

„Ich kann es nicht glauben", rief Mimi entsetzt. „Sie hat ja noch Toni, und einer genügt ihr bestimmt auch!"

Peter berichtigte sie bitter: „Du solltest einmal die Briefe sehen, die Salomon von Müttern bekommt, die schon sechs haben!"

In diesem Augenblick hörten sie ein Knarren und noch ein Knarren und noch eines. Die

Tore wurden geöffnet. Peter sprang eilig in sein Boot. Er wußte, daß Mimi nicht mehr mitkommen würde und versuchte nicht zu weinen, doch Mimi schluchzte herzzerreißend.

„Wenn ich nun zu spät komme!“ rief sie verzweifelt. „Wenn sie nun schon eine andere gefunden hat!“

Peter sprang wieder an Land und nahm sie fest in die Arme: „Wenn du dich beeilst, kommst du sicher noch rechtzeitig“, tröstete er sie. „Ich werde heute abend nach dir schauen.“

Dann drückte er ihr einen letzten Fingerhut auf den Mund und verbarg sein Gesicht in den Händen, um nicht sehen zu müssen, wie sie wegging.

„Oh, Peter!“ rief sie.

„Oh, Mimi!“ rief er.

Sie warf sich in seine Arme, so daß eine Art Elfenhochzeit stattfand, dann lief sie davon. Und wie sie rannte! Peter wartete am Abend auf sie, doch sie war nicht da, und da wußte er, daß sie noch rechtzeitig gekommen war. Lange Zeit noch hoffte er, daß sie eines Abends zu ihm zurückkehren würde, und manchmal glaubt er, sie am Ufer des Serpentinenteiches warten zu sehen, wenn sein Boot anlegte, doch Mimi kam nie zurück. Sie wünschte es oft, doch dann hatte sie Angst, sich nicht mehr von ihrem geliebten Zwischending losreißen zu können, wenn sie es wiedersähe, und außerdem paßte das Kindermädchen jetzt immer besonders gut auf sie auf. Doch sie sprach oft liebevoll von ihrem Peter und häkelte einen Topflappen für ihn. Als sie sich überlegte, was er wohl am liebsten zu Ostern hätte, machte ihre Mutter einen Vorschlag.

„Nichts wäre nützlicher für ihn“, sagte sie bedächtig, „als eine Ziege.“

„Er könnte auf ihr reiten!“ rief Mimi begeistert. „Und gleichzeitig auf seiner Flöte spielen.“

„Dann könntest du ihm doch die Ziege geben“, meinte die Mutter, „mit der du Toni nachts immer erschreckst.“

„Aber das ist doch keine richtige Ziege“, wandte Mimi ein.

„Für Toni scheint sie aber so“, erwiderte die Mutter.

„Mir kommt sie manchmal selbst erschreckend echt vor“, meinte Mimi, „aber wie könnte ich sie Peter denn geben?“

Ihre Mutter wußte eine Möglichkeit, und am nächsten Tag gingen sie zusammen mit Toni (der im Grunde doch ein ganz netter Junge war, auch wenn er sich mit Peter natürlich nicht vergleichen konnte) zum Stadtpark. Mimi stellte sich in einen Elfenring und ihre Mutter begann:

„Mein Töchterlein, oh sage an,
Was hast du hier für Peter Pan?“

Worauf Mimi erwiderte:

„Eine Ziege hab' ich ihm gebracht
und schenke sie ihm jetzt, gib acht!“

Sie hob die Arme, als werfe sie etwas in die Luft und drehte sich dreimal um sich selbst. Dann sagte Toni:

„Hat P. sie erst gefunden hier,
erschreckt mich nie mehr dieses Tier.“

Und Mimi antwortete:

„Den Ziegenschreck, den gibt's nicht mehr,
das schwöre ich bei meiner Ehr'!“

Sie hinterlegte außerdem an einem geeigneten Platz einen Brief für Peter, indem sie ihm ihr Geschenk erklärte und ihm vorschlug, die Elfen zu bitten, daß sie die Ziege in ein richtiges Reittier verwandelten.

Und es geschah, wie Mimi es sich erhofft hatte: Peter fand den Brief, und die Elfen machten sich einen Spaß daraus, den Ziegenschreck in eine richtige Ziege zu verwandeln, und so kam Peter zu seiner Ziege, auf der er nun jede Nacht durch den Stadtpark reitet und in seiner unnachahmlichen Art auf seiner Flöte spielt. Und Mimi hielt ihr Versprechen und erschreckte Toni nie mehr mit der Ziege (obwohl ich gehört habe, daß sie inzwischen schon wieder ein anderes Tier erfunden hat). Sie legte noch lange Zeit an geeigneten Plätzen im Stadtpark Geschenke für Peter hin mit einem kleinen Brief dabei, indem sie ihm erklärte, wie die Menschenkinder damit spielen, und sie war nicht die einzige, die das tat, David tut es zum Beispiel auch, und er kennt die besten Plätze, an denen Peter die Geschenke auch sicher findet. Er verrät sie dir gerne, doch frage ihn um Himmels willen nicht danach, wenn Porthos dabei ist, denn der ist so verrückt nach Spielzeug, daß er sich alles holen würde, wenn er die Plätze wüßte.

Obwohl Peter noch oft an Mimi denkt, ist er doch wieder genauso fröhlich wie vorher. Manchmal weiß er sich vor lauter Freude nicht mehr anders zu helfen, als sich ins Gras zu legen und mit den Beinen zu strampeln. Er hat schon ein herrliches Leben!